不懂带人就当不好经理

把庸才变干将，提升执行力

Without the Knowledge of Leadership,
You could never be a Remarkable Manager

彦涛◎著

立信会计出版社
LIXIN ACCOUNTING PUBLISHING HOUSE

图书在版编目（CIP）数据

不懂带人就当不好经理／彦涛著. -- 上海：立信会计出版社，2016.6

（去梯言）

ISBN 978-7-5429-4992-9

Ⅰ.①不… Ⅱ.①彦… Ⅲ.①企业管理－人力资源管理 Ⅳ.①F272.92

中国版本图书馆CIP数据核字（2016）第080394号

策划编辑　蔡伟莉
责任编辑　蔡伟莉
封面设计　久品轩

不懂带人就当不好经理

出版发行　立信会计出版社
地　　址　上海市中山西路2230号　　邮政编码　200235
电　　话　（021）64411389　　传　　真　（021）64411325
网　　址　www.lixinaph.com　　电子邮箱　lxaph@sh163.net
网上书店　www.shlx.net　　电　　话　（021）64411071
经　　销　各地新华书店

印　　刷　固安县保利达印务有限公司
开　　本　720毫米×1000毫米　1/16
印　　张　18.25　　插　页　1
字　　数　315千字
版　　次　2016年6月第1版
印　　次　2017年4月第3次
书　　号　ISBN 978-7-5429-4992-9/F
定　　价　36.00元

前　言

Preface

企业经理人有两个工作的内容，一个是“人”，一个是“事”。这里，有两个原因使得人比事更重要：第一，事是人做的。人的问题不解决，事的问题会一再出现。第二，所有的资源都要通过人来发挥作用。但是，人又是最复杂、最难领导和管理的。人的复杂表现在他不是理性的，而是感性的；不是静止的，而是变动的。经理人成就的大小，最终取决于他整合团队内部人力资源能力的大小。

搭班子、定战略、带队伍，是联想创始人柳传志总结的企业管理三大要素，落实到企业日常经营的层面上，最核心、最困难的就是带队伍。不是说把一群精英聚合到一起就是个好团队，“带”字至关重要。带队伍不仅要带人还要带“心”，要带出员工的激情和积极性，带你的员工完成工作目标，带你的员工成长，将你的员工从优秀带到卓越。

你和你带的团队做得如何呢？可以自测一下：

当你不在公司的时候，你的团队能不能无障碍地执行工作计划？

你的员工对公司是否有归属感，并且在公司遇到困难时不离不弃？

你的公司是否有被大多数人认可的薪酬设计和人人皆知的透明制度？

公司是否有一个合理的人才选聘机制和畅通无阻的人才流动通道？

团队上下一心、一切为了公司利益，你的团队做到了吗？

……

让你头疼的员工激励与凝聚问题，马云也曾遇到过，现在他已经建立起一个任何人也挖不走的团队；企业中总有几个“鸡肋”员工让你不知道如何处理，这个问题李嘉诚也同样苦恼过，但他已经制定出一套先进的用人机制，确保每一个员工都被放在最适合的岗位上；放权不放心，不放权自己累死累活，这样的痛苦王石也曾感受过，但是他已经成功掌握了一种放权不放养的领导管理哲学，让企业更健康地发展……

在带人的道路上，诸如李嘉诚、比尔·盖茨、乔布斯、柳传志、马云、任正非、马化腾、冯仑、史玉柱、王石、俞敏洪等商界大腕都进行过海量思考和漫长摸索。在《不懂带人就当不好经理》这本中，作者浓缩了众多企业领导者管人、用人的经验与心得，从制度、计划、流程、任务、执行、沟通、开会等多个方面，详细阐述带人的方法和技巧。

书中融合中外管理思想于一体，理论与案例相辅，原理和方法并重，方便实用，易于掌握，适于各类管理者阅读。只要用心研究，灵活运用，必能突破管理瓶颈，让你在管理工作中得心应手、呼风唤雨，打开一扇全新的事业之门。

目　录

Contents

第5章 下任务：

第6章 抓执行：

第1章 会带人，你就能做好管理：把身边的庸才变干将

给你一个团队，你要怎么带?

不懂带人，你就自己干到老

作为管理者，要扮演好带队者的角色。有人说，带队者应有“平常时段，看出来；关键时刻，站出来；生死关头，豁出去”的素养。“平常时段，看出来”，是个人素质、潜在能力和品质的体现；“关键时刻，站出来”，是勇气、原则和实力的展现；“生死关头，豁出去”，是一种勇于奉献和敢于牺牲的精神。很多人在关键时刻丧失领导力的原因就是：要求下属“照我说的去做”，而不是“照我做的去做”，在关键时刻不能坚持原则，更没有勇气和实力站出来，也就是不敢说“看我的”！

管理者的行为，将影响追随者和身边的每一个人。追随者会通过一种被称为“示范”的学习过程而受到影响。这种影响在平时是潜移默化的，也许不会被清醒地认识到，可在关键时刻却是非常强烈的。

有一个著名的寓言：春秋时，一位晋国人想到南方的楚国去，他的马够快，车够结实，带的粮食也够多，可惜，他的方向错了，南辕北辙，结果愈行愈远。

很多管理者就像这个晋国人一样，不是没有行动能力，而是找不到正确的前进方向。当大家为何去何从不知所措时，管理者的作用就显示出来了。身为管理者，其主要工作任务就是告诉追随者们应该朝哪个方向前进，应该选择哪一条路，在这条路的前方，有怎样的风险和利益……在必要的情况下，他还应该走在队伍的前面。在大家四顾茫然的关键时刻，一声“跟我来”，就像一支“强心针”，能使团队士气大振，并形成一股强大的冲击力。

1942年，随着“二战”局势的变化，盟军与德军的战场逐渐转移到北非。盟军最优秀的将领之一巴顿将军意识到自己的部队可能无法适应北非酷热的气候。一旦移师北非，盟军士兵的战斗力就有可能随着酷热的天气而减弱。

战争不会随着人的意志而转移，摆在盟军面前的只有一条路：那就是适应。为了让部队尽早适应战场变化，巴顿建立了一个类似北非沙漠环境的训练基地，让士兵们在48度的高温下每天跑一英里①，而且只给他们配备一壶水。巴顿的训练演说词就是："战争就是杀人，你们必须杀死敌人；否则他们就会杀死你们！如果你们在平时流出 品脱②的汗水，那么战时你们就会少流 加仑③的鲜血。"

虽然人人都意识到战争的残酷性，但酷热的天气还是让许多士兵暗地里抱怨不已。巴顿从不为训练解释，他以身作则，和士兵们一样在酷热的环境中坚持训练。当士兵们看到巴顿每次都毫不犹豫地钻进闷罐头一样的坦克车中时，再多的怨言也只能变成服从。

显然，巴顿把自己当作是一个的普通士兵，在这个角色上，他以完美的职业军人精神树立了典范，起到了榜样作用。在他榜样的作用下，整个军队的训练进行得非常顺利。正是有了这样的训练，在随后的北非战场上，巴顿的部队迅速适应了沙漠环境，以较小的代价一举击败德军，取得重大胜利。

企业也就是军队，其领导者也必然是像巴顿将军一样，成为具有强大影响力的带队者，才能促进团队成长。不懂带人，不能促进团队成长，管理者就只能自己干到老、只能自己累到倒。

伟大的公司必然是一个积极的、开放的、沟通顺畅的组织，这些优秀的组织更趋向于积极地经营、管理和运用员工的天才和潜能。他们将许多精力放在识别员工的潜力方面，根据他们的个体差异，有针对性地提供专门培训，竭尽全力促进他们成长。

经理如何做才能成为具有影响力的带队者呢？不妨用以下方法：

（1）成为遵守制度的模范。经理不仅是制度的制定者，更要是制度的忠实维护者。

（2）加强自我管理。善于自我管理的经理能够独立思考、工作，无须严密的监督。

（3）为目标的达成全力以赴。大多数人都喜欢与将感情和身心都奉献给工作的人共事。

（4）具有超强的解决实际问题的能力。轻而易举地解决掉别人无法解决的问题，能够获得追随。

（5）具有非权力影响力。不仅要关爱员工，还要具有人格魅力。具有较高的道德标准，获得信赖。

---

① 1英里＝1.6千米
② 1品脱＝0.473升
③ 1加仑＝3.785升

带队者具有无限能量。作为公司的管理者，努力提升和发展自己，才能潜移默化影响员工，成为员工学习的正面案例。

别再讲大道理啦，没人听

在强调管理的时候，人们喜欢引用“没有规矩不成方圆”这句话，但他们忽视了一个事实：如果人的积极性未能充分调动起来，规矩越多，管理成本越高，所以说，管理最起码的一条规矩就是要尊重个人。

“要尊重个人”，这句口号早在100多年前，也就是1914年老托马斯·沃森创办IBM公司时已提出，小托马斯·沃森在1956年接任公司总裁后，将该口号进一步发扬光大，上至总裁下至传达室，无人不知，无人不晓。IBM公司的“尊重个人”既体现在“公司最重要的资产是员工，每个人都可以使公司变成不同的样子，每位员工都是公司的一分子”的朴素理念上，更体现在合理的薪酬体系、能力与工作岗位相匹配、充裕的培训和发展机会、公司的发展有赖于员工的成长等方方面面。

管理，尤其是对人的管理，有时会过多地强调“约束”和“压制”，讲大道理。事实上，这样的管理适得其反，没人肯听，没人愿意服从。聪明的企业和企业家已经意识到这一点，开始在“尊重”上下工夫，了解员工的需要，然后满足他们。

惠普中国公司原副总裁吴建中曾说过，一个好的企业和好的管理者始终牢记这一条，他的职责是帮助员工成功，如果管理者用权力欺压员工，就不是一个称职的管理者，至少不是一个具有现代意识的管理者。管理者最重要的事情是要用他的权力、他的专长、他的影响力来帮助员工成功。管理者不能让自己手下的员工不断地失败，也不能不断地炒员工的鱿鱼。

让管理者使人觉得亲和，让管理者与员工心理距离拉近，让管理者与员工彼此在无拘无束的交流中互相激发灵感、热情与信任，这样的理念在优秀的企业家心中越来越达成共识。有位专栏作家参观英特尔公司时，看到当时英特尔的首席执行官葛鲁夫的格子间与员工的格子间一样大小后，很尖刻地指责葛鲁夫这种做法是虚伪的，葛鲁夫却回答说，他这样做的理由是不想让权力放大，给员工造成心理压力，以便能更好地与员工进行交流。

要让管理者真正亲和于员工，不仅表面上要与员工拉近距离，还要真正关心员工，不单是关心员工的家长里短，更重要的是关心员工的前途和未来，包括员工的薪水和股票，也包括员工学习机会、得到认可的机会和得到发展的机会。

对人的尊重还包括对不同思想的容忍。百分之一百的求同思维，常常让创新之苗过早夭折。作为管理者，如果你不能容人，只喜欢提拔那些想法、做法和你一致的人，那么当你的周围聚集的都是与你思维相似的人，你就很危险了。因为当你遇到困难时，他们的想法和做法都和你一样，并不能帮你。

日本企业界权威人士土光敏夫曾经为日本经济振兴作过巨大贡献，特别是在他后半生里更是宝刀不老，业绩斐然，就是得益于其尊重员工的领导作风。土光敏夫就任东芝社长时，已是68岁高龄，可是他不辞辛苦，遍访东芝各地工厂和营业所，同许许多多的员工交谈，乐此不疲。

一次，他到了川崎的东芝分厂，厂里的职工说："历任社长从未来过，如今土光社长一来，员工们干劲大增。"他在总部的办公室完全对员工开放，欢迎他们前来讨论问题。刚开始时，员工们还不够踊跃，但他耐心等待，半年之后就变得门庭若市。

如果员工作为个体受到了管理者的尊重，自我发展和自我实现的欲求得到了重视和满足，他们就更愿意用心工作，更愿意接受管理者的加班要求，更有效率地完成管理者的指令。

尊重员工是人性化管理的必然要求，只有员工的私人身份受到了尊重，他们才会真正感到被重视、被激励，做事情才会真正发自内心，才愿意和管理者打成一片，站到管理者的立场，主动与管理者沟通想法探讨工作，完成管理者交办的任务，心甘情愿为工作团队的荣誉付出。

尊重员工就是给予员工一个私人的空间，即使是在上班时间。作为管理者你不可以也不可能每时每刻都在员工的身边监督，你所能做的就是指导帮助员工学会时间管理，利用好自己的时间，做好自己职责范围内的工作规划和计划，做好自己的发展计划，用计划和目标管理员工。

尊重员工就是让员工学会对工作负责，自己主动承担工作，提高自我管理水平。在尊重的基础上，员工将沿着依赖——独立——互赖的发展过程有序地发展提高，最终满足员工自我实现的欲求，达到团队合作，共谋发展。

人性化的管理就要有人性化的观念和人性化的表现，最为简单和最为根本的就是尊重员工的私人身份，把员工当作一个社会人来看待和管理，让管理从尊重开始。

带人前，别忘考察人

用人如器，各取所长。对待不同类型的下属，可采取不同的带人之道，使他们克服短处，发挥长处，为组织发展增添人力资源：

知识高深的下属，懂得高深的理论，对其可以用商量的口吻。

文化低浅的下属，听不懂高深的理论，对其应多举明显的事例。

刚愎自用的下属，不宜循循善诱时，对其可以用激将法。

好夸大的下属，对其不能用表里如一的话使他接受，不妨用诱兵之计。

脾气急躁的下属，讨厌喋喋不休的长篇说理，对其用语须简要直接。

性格沉默的下属，要多诱其说话，不然你将在云里雾中。

头脑顽固的下属，对其硬攻容易形成僵局、造成顶牛之势，应看准对方的兴趣点。

在这里，实际上提出了“带人的前提在于察人”的问题，做到既要察人所长，用人之长，又要察人所短，因人而用。

对一个人才来说，性情是天生的。但作为管理者，应能“巧夺天工”地运用人才，使之既显其能，又避其短。以下是10条察人的经验之谈：

（1）性格刚强却粗心的下属，不能深入细致地探求道理，因此他在论述大道理时，就显得广博高远，但在分辨细微的道理时就容易粗略疏忽。此种人可委托其做大事。

（2）性格倔强的下属，不能屈服退让，谈论法规与职责时，他能约束自己并做到公正，但说到变通，他就显得乖张顽固，与他人格格不入。此种人可委托其立规章。

（3）性格坚定又有韧劲的下属，喜欢实事求是，因此他能把细微的道理揭示得明白透彻，但涉及大道理时，他的论述就过于直露单薄。此种人可让他办具体的事。

（4）能言善辩的下属，辞令丰富、反应敏锐，在推究人事情况时，见解精妙而深刻，但一涉及根本问题，他就说不周全容易遗漏。此种人可让其做谋略之事。

（5）随波逐流的下属，不善于深思，当他安排关系的亲疏远近时，能做到有豁达的情怀，但是要他归纳事情的要点时，他的观点就疏于散漫，说不清楚问题的关键所在。这种人可让他做低层次的领导工作。

（6）见解浅薄的下属，不能提出深刻的问题，当听别人论辩时，由于思考的深度有限，他很容易满足，要他去核实精微的道理，他又反复犹豫没有把握。这种人不可大用。

（7）宽宏大量的下属，思维不敏捷，谈论精神道德时，他的知识广博，谈吐文雅，仪态悠闲，但要他去紧跟形势，他就会因为行动迟缓而跟不上。这种人可用他去带动下属的行为举止。

（8）温柔和顺的下属，缺乏强硬的气势，他去体会和研究道理就会非常顺利通畅，但要他去分析疑难问题，他就拖泥带水，一点也不干净利索。这种人可委托他根据上级意图办事。

（9）喜欢标新立异的下属，潇洒超脱，喜欢追求新奇的东西，在制定锦囊妙计时，他卓越的能力就显露出来了，但要他按部就班地做事，却会发现他办事不合常理又容易遗漏。

（10）性格正直的下属，缺点在于喜欢斥责别人而不留情面；性格刚强的下属，其缺点在于过分严厉；性格温和的下属，其缺点在于过分软弱；性格耿直的下属，其缺点在于过分拘谨。这四种下属的性格特点都要主动加以克服。所以可将他们安排在一起，借以取长补短。

金无足赤，对人才不可苛求完美，任何人都难免有些小毛病，只要无伤大雅，何必过分计较呢？最重要的是发现他最大的优点，以及能够为企业带来怎样的利益。

现代企业领导学主张对人实行功能分析：“能”，是指一个人能力的强弱，是长处短处的综合；“功”，是指这些能力是否可转化为工作成果。

宁可使用有缺点的能人，也不用没有缺点的平庸的“完人”。

制定出合理的人才计划

人才计划是指根据公司的发展规划，通过公司未来的人力资源的需求和供给状况的分析及估计，对职务编制、人员配置、教育培训、人力资源管理政策、招聘和选择等内容进行的人力资源部门的职能性计划。

计划根据时间的长短不同，可分为长期计划、中期计划、年度计划和短期计划4种。长期计划适合于大型公司，往往是5～10年的规划；中期计划适合于大型、中型公司，一般的期限是2～5年；年度计划适合于所有的公司，它每年进行一次，常常是公司的年度发展计划的一部分；短期计划适用于短期内单位人力资源变动加剧的情况，是一种应急计划。

人才计划处于整个人力资源管理活动的统筹阶段，它为下一步整个人力资源管理活动制定了目标、原则和方法。人才计划的可靠性直接关系着人力资源管理工作整体的成败。所以，制定好人才计划是公司人力资源管理部门的一项非常重要和有意义的工作。

需注意的是，人才计划与单位发展计划密切相关，它是达成单位发展目标的一个重要部分。公司的人才计划不能与公司的发展计划相背离。

在制定人才计划时，要注意以下三点：

（1）充分考虑内部、外部环境的变化。人才计划只有充分地考虑了内外环境的变化，才能适应公司发展的需要，真正地做到为公司发展目标服务。内部变化主要是指销售的变化、开发的变化，或者单位发展战略的变化，还有公司员工流动的变化，等等；外部变化指社会消费市场的变化、政府有关人力资源政策的变化、人才市场的供需矛盾的变化，等等。为了能更好地适应这些变化，在人才计划中应该对可能出现的情况做出预测和风险分析，最好能有面对风险的应急策略。

（2）确保公司的人力资源保障。公司的人力资源保障问题是人才计划中应解决的核心问题。它包括人员的流入预测、流出预测、人员的内部流动预测、社会人力资源供给状况分析、人员流动的损益分析等。只有有效地保证了对公司的人力资源供给，才可能去进行更深层次的人力资源管理与开发。

（3）使公司和员工都得到长期的利益。人才计划不仅是面向公司的计划，也是面向员工的计划。公司的发展和员工的发展是互相依托、互相促进的关系。如果只考虑公司的发展需要，而忽视了员工的发展，则会有损单位发展目标的达成。优秀的人才计划，一定是能够使公司和员工得到长期利益的计划，一定是能够使公司和员工共同发展的计划。

由于各公司的具体情况不同，所以编写人才计划的步骤也不尽相同。下面是编写人才计划的典型步骤：

（1）制定职务编制计划。根据公司发展规划，结合职务分析报告的内容来制定职务编制计划。职务编制计划阐述了公司的组织结构、职务设置、职务描述和职务资格要求等内容。制定职务编制计划的目的是描述公司未来的组织职能规模和模式。

（2）制定人员配置计划。根据公司发展规划，结合公司人力资源盘点报告来制定人员配置计划。人员配置计划阐述了公司每个职务的人员数量，人员的职务变动，职务人员空缺数量等。制定人员配置计划的目的是描述公司未来的人员数量和素质构成。

（3）预测人员需求。根据职务编制计划和人员配置计划，使用预测方法来进行人员需求预测。人员需求中应阐明需求的职务名称、人员数量、希望到岗时间等。最好形成一个标明有员工数量、招聘成本、技能要求、工作类别，以及为完成组织目标所需的领导数量和层次的分类表。实际上，预测人员需求是整个人力资源规划中最困难和最重要的部分。因为它要求以富有创造性的、高度参与的方法处理未来经营和技术上的不确定性问题。

（4）确定人员供给计划。人员供给计划是人员需求的对策性计划。主要阐述人员供给的方式（外部招聘、内部招聘等）、人员内部流动政策、人员外部流动政策、人员获取途径和获取实施计划等。通过分析劳动力过去的人数、组织结构和构成以及人员流动、年龄变化和录用等资料，就可以预测出未来某个特定时刻的供给情况。预测结果勾画出了组织现有人力资源状况以及未来在流动、退休、淘汰、升职及其他相关方面的发展变化情况。

（5）制定培训计划。为了提升单位现有员工的素质，适应公司发展的需要，对员工进行培训是非常重要的。培训计划中包括了培训政策、培训需求、培训内容、培训形式、培训考核等内容。

（6）制定人力资源管理政策调整计划。计划中明确计划期内的人力资源政策的调整原因、调整步骤和调整范围等。其中包括招聘政策、绩效考评政策、薪酬与福利政策、激励政策、职业生涯规划政策、员工管理政策等。

（7）编写人力资源部费用预算。其中主要包括招聘费用、培训费用、福利费用等的预算。

（8）关键任务的风险分析及对策。每个公司在人力资源管理中都可能遇到风险，如招聘失败、新政策引起员工不满等，这些事件很可能会影响公司的正常运转，甚至会对公司造成致命的打击。风险分析就是通过风险识别、风险估计、风险驾驭、风险监控等一系列活动来防范风险的发生。

人才计划编写完毕后，应先积极地与各部门领导进行沟通，根据沟通的结果进行修改，最后再提交公司决策层审议通过。

将合适的人放在合适的位置

日本“重建大王”坪内寿夫是一位“点将”的高手，他曾指出：每个企业都有一些“窗边族”，也就是专门在窗边待着，什么也不必做，就可以领取高薪的人。终日卖命勤奋的员工，看到这些悠闲的“窗边族”，心中当然有所不满。如果公司无法改变这种现象，恐怕是难以长久的。我们讲究的是劳动价值，假如公司存在着游手好闲者，其他的人自然也会缺乏工作意愿。在某些公司里，管理者会把这些“窗边族”另派用场，在造船部门中绝对看不见任何“窗边族”。

这就是坪内寿夫所倡导的适才适所主义。适才适所主义是要根据员工的不同情况，安排他们到最适合他们的工作岗位上去。实施的结果使得原先只从事造船业的人，都觉得自己还能够从事其他工作。很多人尝试新的工作后，对自己的能力感到惊讶，发现自己竟也对新的工作得心应手。

俗话说：“三人行，必有我师。”人各有所长，能善用其所长以处事，必可收事半而功倍之效。成功的企业家用人的重要原则之一就是适才适所，也就是说“把恰当的人放在最恰当的位置上”。

一位商界著名人物，也是银行界的领袖曾说：“我的成功得益于鉴别人才的眼力。这种眼力使得我能把每一个职员都安排到恰当的位置上，并且从来没有出过差错。”不仅如此，他还努力使员工们知道他们所担任的位置对于整个事业的重大意义，这样一来，这些员工无须监督，就能把事情办得有条有理、十分妥当。

但是，鉴别人才的眼力并非人人都有。许多经营大事业失败的人，大部分原因是因为他们缺乏识别人才的眼力，常常把工作分派给不恰当的人去做。他们本身尽管工作非常努力，但他们常常对能力平庸的人委以重任，却反而冷落了那些有真才实学的人，把他们埋没在角落里。

听说有这样一位厂长，他让爱吹毛求疵的人去当产品质量管理员；让谨小慎微的人去当安全生产监督员；让喜欢斤斤计较的人去参加财务管理；让爱道听途说、传播小道消息的人去当信息员；让性情急躁、争强好胜的人去当青年突击队长……结果，这个工厂变消极因素为积极因素，大家各尽其力，使工厂效益倍增。

一个善于用人、善于安排工作的管理者就会在管理上少出许多麻烦。他对每个员工的特长都了解得很清楚，也尽力做到把他们安排在最恰当的位置上。但那些不善于管理的人竟然往往忽视这个重要的方面，而总是考虑管理上一些鸡毛蒜皮的小事，这样的人当然要失败。

很多精明能干的总经理、大主管在办公室的时间很少，常常在外旅行或应酬客户。但他们公司的营业丝毫未受不利的影响，公司的业务仍然像时钟的发条机制一样有条不紊地进行着。那么，他们如何能做到这样省心呢？他们有什么管理秘诀呢？没有别的秘诀，只有一条：他们善于把恰当的工作分配给最恰当的人。

金无足赤，人无完人；任何人有其长处，也必有其短处。人之长处固然值得发扬，而从人之短处中挖掘出长处，由善用人之长发展到善用人之短，这是用人艺术的精华。在用人问题上不能机械从事，要根据具体情况灵活使用人的长处和短处，要根据工作需要和被用人才的素质，取其之所长，避其之所短。

一个善于用人的管理者，首先在于他能够根据每个人的才能和长处，把他们放在最能发挥其长处的岗位上，并着意为他们提供能够发挥才能的各种条件。其次他善于取长补短，把各种不同类型的专才或偏才组织成互补结构，任何人才，只有在集体中各显其长，互补其短，才能充分地发挥其作用。通常人才类型当中，有的高瞻远瞩、多谋善断、具有组织和领导才能，称为指挥人才；有的善解人意、忠诚积极、埋头苦干、任劳任怨，称为执行人才；有的公道正派、铁面无私、熟悉业务、联系群众，称为监督人才；还有的思想活跃、知识广博、综合分析力强、敢于坚持真理，称为参谋人才，等等。这些人，如果一个个孤立起来看，几乎都是“偏才”，但一经合理组合，各展所长，就成了“全才”。列宁说得好：“组织能使力量增加十倍。”

由此可见，合理使用人才，可以使“劣马”变成“千里马”；反之，则可能使“千里马”变成“劣马”。高明的管理者不仅善于用人之长，而且能够容人之短；不仅能容人之短，而且能化短为长，使各类人才创业有机会，做事有舞台，发展有空间。

不用任何一个多余的人

社会上有种情况屡见不鲜，即某个职位由一人担任便足以应付，却安排了好几人。这种现象表面上看是体制问题，实际上是领导者在用人上的严重失误。不用余人是领导者应该严格遵守的原则，否则就会造成机构臃肿，冗员繁多，效率低下。

1. 兵不在多而在精

唐太宗李世民，任人就一贯坚持“官在得人，不在员多”的原则。他多次对群臣说要选用精明能干的官员，人数虽少，效率却很高；如果任用阿谀奉承的无能之辈，数量再多，也人浮于事。他曾命令房玄龄调整规划30个县的行政区域，减少冗员。唐太宗还亲自监督削减中央机构，把中央文武官员由两千多人削减为643人。他还提倡让精力旺盛、精明能干的年轻官员取代体弱多病的年迈官员。通过这种方法，朝廷上下全都由能人主持，办事效率大大提高，使得政通人和，出现了繁荣昌盛的“贞观之治”。

相反，太平天国在南京建立政权以后，洪秀全滥封王位，至天京失陷前，封王竟达二千七百多人，造成多王并立，各自拥兵自重，争权夺利的混乱局面，从而致使天京事变的发生，促使太平天国由盛而衰，走向败亡。这成为领导者以后用人的深刻教训之一。不用余人，是保证令行禁止和高效率的重要条件。

微利时代，“兵不在多而在精”越来越为众多领导人重视。近年来，企业都大力进行“能者上，庸者下”的改革。这样削减了大量不必要的机构和冗员，既减轻了负担，又大大提高了办事效率。许多企业逐渐扭亏为盈，一些国家机关、部门也由原来的一片混乱变得井然有序。可见，“能者上，庸者下”，同时把好数量关，是做到不用余人的关键之处。

2. 人多未必好办事

有许多俗话，比如“众人拾柴火焰高”“人多力量大”以及“人多好办事”等形容人多好处大，但这些并非“放之四海而皆准”的真理。领导者们应具体问题具体分析，不要盲目应用。尤其在任人问题上，人多未必好办事。

首先，人多了不利于统一管理。无论是企业还是机关部门都必须统一管理，才能有高效率的出现。而如果本该一个人办的事却安排几个人去做，就可能产生意见分歧，互不相让，甚至产生矛盾，最后分头行事或者大家都一走了之，谁也不办。人多了，各有各的看法，加上一些人可能心怀不轨，就难以统一意见，办事效率可想而知了。避免这种情况发生的最好办法就是领导者在任人时就不用余人。

其次，冗员繁多易形成懒散的作风，效率低下。古语说，“一个和尚挑水喝，两个和尚抬水喝，三个和尚没水喝”，这无疑是人多未必好办事的生动写照。不难理解，由于一职多官，遇到事后相互推诿，都怕惹火烧身，都想明哲保身，做一个好人，效率当然上不去了。中国有句很流行的话，“一个人是条龙，两个人是条蛇，三个人是只虫”，可能就是形容这类现象吧。

最后，冗员繁多不利于人才聪明才智的发挥。由于没有集中的权力，加上相互牵制，都怕对方超过自己，一些人才的想法和看法得不到尊重，策略也无法实施，导致了人才资源的浪费。一些有才之士虽有满腹经纶却无法施展，这对公司或部门的发展都非常不利。

附：人品低下的人，才能越大越有危险
——腾讯掌门人马化腾谈带人

腾讯掌门人马化腾有一次接受了《互联网周刊》的专访。当记者问道：“您说到要招更好的人，您对人才的要求最关键的是什么？”

马化腾回答说：“第一，对我们而言，选人品很重要，我们超级强调这块，这跟我们的文化有关。喜欢简单的，不喜欢搞政治化。包括选干部，先看人品。第二，是看专业能力和配合能力、聪明度等。这是我们选择人才的几个基本原则。”

马化腾直言：“我面临的最大挑战就是人才奇缺，这让人很头痛，我们一直很欢迎优秀的人才加入我们，大家一起闯一番事业。”

“腾讯不会为短期目的而招聘，一旦招聘对象进入公司，就希望他能和大家一直共事。”腾讯人力资源总监奚丹说。这些要求同样适用于那些高层次的稀缺人才，腾讯不欢迎短期逐利者，无论他的专业水平多高。倘若一个人要进入腾讯，往往要经历几轮面试，不仅有分管领导，还要和团队内的成员交流业务，他们要考察

新人是否能和团队和谐相处。

腾讯对员工作评估时，会邀请他的上级，和他同级的同事以及他的直属下级来参与一个第三方的评估问卷的调查，然后对其中的一些问题进行跟踪和走访，以确保在文化和价值观上对所考核员工有一个相对比较客观的评价。

腾讯对高级人才综合能力的全面评估，仅一张雷达图即可呈现。比如，腾讯对高级人才有7个维度的纵向评估，分别是正直诚信、激情、团队管理与人才培养、全局观、前瞻变革、专业决策、关注用户体验；同时有4个维度的横向评估，分别是管理自己、管理工作、管理团队、管理战略或变革。

腾讯每年一度的三百六十度能力评估，邀请被考核人的上级、平级、下级以及跨部门的合作者，从以上维度对被考评者进行三百六十度的全方位评估。最终将横向4大维度、纵向7大维度的评估结果连接起来，形成考评结果雷达图。

腾讯人力资源部助理总经理陈双华介绍："比如说，对于进行考评的某一个项目同级别的被考核人会有平均分。如果分数高于平均分，雷达图会告诉你，高出的分数在哪里，带来的好处在哪里，大家是如何评价你的；如果你的分数低于平均分，雷达图也会告诉你，低出的分数在哪里，不好的地方是什么，大家是如何评价你的。"

大企业运用的人力资源管理原理都是相通的，腾讯则执行"持续稳定地使用最简单最有效的工具"的思路，雷达图恰好满足了腾讯的需求。雷达图多维度的综合评价方法，让腾讯能够评估人才的综合能力的动态趋势，被考评人本人借助雷达图，能够清晰地了解综合能力的变动情况及好坏趋势，看到自身需要努力的方向。

第2章

定制度：

制度才是真正的老板

用制度管人，按制度办事。

重视制度建设和组织行为

管理者的一项重要职责就是要设计合理的制度，并划定员工的工作范围，如果没有制度的约束，并导致下属彼此之间职责不明，他们要么就会相互推诿，指望别人多干一些活，要么就会相互干扰，搞得大家都干不好工作。

有7个人曾经住在一起，每天分一大桶粥。要命的是，粥每天都是不够的。一开始，他们通过抓阄来决定谁来分粥，每天轮一个。于是每周下来，他们只有一天是吃饱的，就是自己分粥的那一天。后来他们开始推选出一个道德高尚的人来分粥。强权就会产生腐败，大家开始挖空心思去讨好他、贿赂他，搞得整个小团体乌烟瘴气。然后，大家开始组成3人的分粥委员会及4人的评选委员会，但他们常常互相攻击，争吵不断，粥吃到嘴里全是凉的。最后他们想出来一个方法：轮流分粥，但分粥的人要等其他人都挑完后拿剩下的最后一碗。为了不让自己吃到最少的，每人都尽量分得平均。这样，大家快快乐乐，和和气气，日子越过越好。

同样是7个人，不同的分配制度，就会有不同的风气。所以，一个单位如果有不好的工作习气，一定是机制问题，一定是没有完全公平、公正、公开，没有严格的奖勤罚懒。如何制定这样一个制度，是每个管理者需要考虑的问题。

管理者在分配工作时一定要细致、科学，要明确每个人应该做什么，不应该做什么，有些工作是必须合作才能完成的，但在合作中也要有明晰的分工。

任何一个任务的背后都隐藏着与员工休戚相关的利益，员工们由于处于被动地位，有时候不能想到这些利害关系，主管就必须冷静地为他们分析利弊，让他们意识到做好工作的必要性，从而自觉地努力工作。

有这样一个实验：一副扑克牌（牌面上有各种漂亮的图案），把在场的许多人分成两组，请A组每人从中选取自以为最好看的两张；请B组每人选取两张红桃，并对点数作了明确的要求。最后，请两组人员把牌亮出来。于是，出现了下面的结果：

A组：黑桃2，方块A，黑桃8，梅花1，红桃3……

B组：红桃A，红桃K，红桃1，红桃J，红桃10……

两组的结果是完全不同的，A组是一副杂牌，B组却是一手红桃同花顺。为什么会这样呢？这是因为，对于A组没有明确的指令，所以A组的人都是按照各自不同的审美观念来选牌。在这里不必评判他们的选择孰优孰劣，但很显然，他们每个人的做法都是一种个人行为。个人行为与个人行为混合在一起成“乌合之众”。再看看B组，清一色的同花顺，这才是组织行为。

管理者不可能拿一副杂牌去打败对手的同花顺。所谓“世有三亡，以邪攻正者亡，以逆攻顺者亡，以乱攻治者亡”。企业处于A组状态，不是员工的过错，而是决策层有问题。如果想要得到一副同花顺，必须达到两个条件：第一，决策层一定要思路清晰；第二，要给员工发出明确的指令；否则，员工们要么茫然失措，要么自行其是，就像上面的实验一样，形成一手杂牌。

规章制度是管理的压舱石

如果你认为，规章制度纯粹是一种约束和控制，甚至是体现管理的权威，那么，你的工作态度就有问题了。如果你认为，公司的规章制度是一种全体员工和谐相处的规则，那么你只对了一半。只有清醒地认识到，作为企业主必须比其他所有的员工更加模范地遵守一切规章制度，并且为此毫不动摇，你才具备了承担企业领导职务的基本条件，你的企业才能兴旺发达。

英国古老的剑桥大学有一位著名的校长，治校有方，培养出了很多名满天下的学生。有人问他为何能把学校经营得这样好，这位校长说，那是因为他用一条鞭子来惩治那些不听话不上进的学生，并且奖罚严明。他还说，如果给他一把手枪，他会把学校管理得更好，培养出更多的好学生。

这个故事的大概意思也就是说，只要能以“一条鞭子”严格执行既定的规章制度，就能治理好学校。这里的“一条鞭子”，其实就是严格、严厉、不讲情面的意思。往大了说，不仅管理学校要像这样，从某种程度上讲，企业要想从严治理，也应该像上面例子提到的一样，执行“一条鞭子”的管理政策。

海尔总裁张瑞敏在各种场合讲到海尔的成功历程时，总是不忘提到13条规定，其中包括不准迟到、不准打毛衣、不准在车间内随地大小便……现在看起来这些很琐碎、细小，简单得令人发笑的规定，确确实实地击中了原海尔员工的要害。通过海尔领导者的严格管理，这13条管理规定得到了切实的执行，使海尔人的工作面貌有了很大的改善，同时在海尔内部树立了“有规必行”的观念，使规章制度不再是可有可无的摆设。此后，海尔的管理者又逐步推出各种新的细化规章制度，做到了有规可依：逐渐地，海尔的企业管理由无序转向有序，逐步成为一个有执行力的组织，开始了海尔的辉煌之路。

公司制定出来的各种规章制度，不能只是纸上谈兵。作为企业的领导者和管理者，你应当用铁面无私的精神来贯彻并发扬合理的规章制度，一旦发现有人违反规定，一定要严格执行，绝不手软。

但是，领导者应该清楚，绝不手软并不一定是滥施权力、粗暴蛮横地对待员工，以显示自己的威信。对员工要公道，在处罚时要有充分的根据，这包括解释清楚公司为什么要制定这条规章，为什么要采取这样一个纪律处分，以及希望这个处分产生什么效果。

我们要知道，执行任何的规章制度，目的都是为了维护良好的秩序，而不是处罚本身；因此，你应该向你的员工表示你对他的信任和期望。在对违反规定的员工处罚完以后，要肯定他的价值，以积极向上的激情去鼓励他，以消除他对处罚的怨恨和郁闷之情。

现实中，也有许多领导者认为：“这些规定谁都知道，没有必要整天把制度挂在嘴边。”但是，新来的员工，甚至有时有些老员工，直到自己违反了某项规定，才恍然大悟，才知道原来还有这样的规定。因此，加大对制度的学习，是十分必要的。

当然，领导者应该明白以身作则的重要性。如果你没有这样做，那你就是在向其他员工表示，制度只不过是一种摆设。同时，你也不应该不分青红皂白，草率地惩罚或处分员工。在你做出判断之前，甚至是在你做任何事情之前，你必须知道事情的来龙去脉，并搞清楚员工为什么要这样做，他的动机是什么等。

制定出规章不是为了显示纪律严明。当然，并非每次的处罚都要一视同仁，它的意思不是说面对违规行为，采取统一的措施，而是说在相同的环境和条件下，违规行为都要受到同一种惩罚，不能有丝毫的偏颇。

英特尔从创立开始就非常强调制度，处处都有清楚的规定，每天早上的上班制度，就是最明显的例证。在英特尔，每天上班时间从早上8点整开始，8：05分以后才报到的就要签名在“英雄榜”上，背负迟到的“罪名”，即使你前天晚上加班到半夜，隔天上班时间仍是上午8点。这和20世纪70年代嬉皮盛行、个人享乐主义凌驾于一切的理念有些背道而驰，可是却延续至今，始终如一。

英特尔整个公司的管理制度都很严明，从制造、工程到财务，甚至行销部门，每件事情都有清楚的规范，人人都以这些规范来作为自己工作的准则。许多公司重视人性管理，以重视员工为口号，只有英特尔强调制度胜于一切，这种注重企业自主管理的经验和方法，使英特尔的企业文化独树一帜。

制定规章制度应注意几点。

1. 规章制度的制定不能违法

在制定自己的规章制度的时候，很多企业由于对现行法律的不了解和不在乎，导致了与法律的冲突和矛盾，从而不具有法律效力。因此，在对违规员工进行处理的时候，由于没有效力，难以产生作用。而且，由于得不到法律的支持，所定的规章制度不过是一纸空谈。因此，规章制度的内容必须合法。

2. 规章制度要经过民主程序肯定

顺应民主，企业才能持久。然而，现在大多数企业在制定规章制度的时候，往往只是几个高端领导者或者董事会的成员制定实施。但我国法律规定：企业的规章制度应该通过民主大会的形式，经民意代表同意，并且经多数员工通过，才具有效力。

3. 规章制度应该及时修改、补充

要把企业运作好，领导者需要建立一套完善的制度。制度设计合理、运作有效，企业高效运转，员工士气高昂，事业才能蒸蒸日上。所以，及早建立一套合理的制度至关重要。市场不断变化，形势也在不断变化。因此，企业的规章制度应该不断地修订和改正，只有不断地推陈出新，制定适合当时情形下的规章制度，定期或不定期地检查，及时修改、补充相关内容，才能保证制度和规章的合理性、时效性。千万不能认为把规章制度制定好以后便万事大吉。

制度不能仅仅贴在墙上

管理理论培训大师吴甘霖说过这样一句话：“执行不到位，等于没执行，执行不到位，不如不执行。”在这20个字里，执行是题眼，到位是目的；同时字外之意也延伸涵盖了思想认识是关键，执行力度是灵魂的重要性。试想一下，如果让制度高高在上，不力求提高执行力的手段，在制度执行中不注重落实到位，最后执行效果充其量也只是纸上谈兵。

制度对于执行来说就像植物跟阳光的关系，植物的新陈代谢和光合作用离不开阳光，企业的发展和运营同样需要制定各方面的规章制度来做保障。提及制度，就不得不谈到执行力的问题，这也是企业家和管理者最关心的问题。但是如何把握执行力的根本，在制度执行落实过程中抓出最好的执行效果和效益，却是很多优秀领导者纷纷讨论但抓不住关键的地方。在这里，古人似乎为我们提供了一个切入点。

工欲善其事，必先利其器。这句话所蕴含的寓意是要想使事情或事物达到满意的效果，必须要事先计划出确保达到效果的措施。在制度的执行上，很多单位都突出强调公司与员工的和谐和人性化管理，制度的执行依赖员工的自觉性。但是制度的执行和责任到位，光靠自觉是不行的，必须用制度规范来保证。这需要制度执行要落实到位，落实到实处。

很多时候，企业费了很大的精力制定和完善了规章制度，却往往忽视了执行过程中存在的一些问题，现实情况往往是单位的制度只是象征性地贴在了墙上，却忽视了它应该发挥的作用，员工看了视而不见，制度并没有真正落实到执行中去，制度成为名副其实的摆设，最终导致制度执行力习惯性流产。如何让制度从墙上走下来，确保在执行过程中落实到位，应抓好以下几个方面的工作：

第一，制度必须从墙上走下来，不能形同虚设，切实在工作的每一个环节、工序、细节上发挥作用。制度执行所能达到的某种效果、深度和广度，从某种意义上来说与领导者的重视程度、执行力力度是密不可分的。因为领导者是推动制度执行的贯彻者、执行者和监督者，只有他们从思想意识上认识和重视制度，并身先力行地垂范执行，才能够有说服力地带动职工、推动制度的纵深化贯彻执行，充分发挥制度在工作中指导、规范和制约作用。同时，制度也是衡量工作的一把标尺，工作的程序、标准要靠制度来规范和指导。

日本丰田公司推行严细全员质量管理的制度，它所倡导和突出关心的重点和中心就是制度执行力，它要求员工要不打折扣地执行公司制定的所有质量制度，即便是某一制度存在质量欠缺、标准差别或其他方面的问题，在未确定修改前也必须毫无条件、僵化地执行。无条件百分之百地执行使得丰田公司的全员质量管理制度走在了世界同行业前列。

第二，制定出制度，就必须不打折扣地贯彻执行，坚定落实到执行层面上来。麦当劳就是靠铁一般地执行制度，诠释和树立了为顾客完美服务的口碑。麦当劳的制度非常严格，如坚持用100%的纯牛肉，所有原料供应来源必须符合国际标准，并要通过40多项指标的严格检测；炸出来的薯条在保温箱中摆放的时间超过7分钟就必须扔掉……这是这些看似微不足道的服务细节，铸就了麦当劳帝国经营不衰的神话。

第三，提高制度执行力，不能局限于做了，更要注重执行结果。在实际中，制度执行到位，不仅仅拘泥在"执行"两个字的字面上，执行到位，就必须对执行过程和结果完全负责。没有过程的执行是纸上谈兵和自欺欺人；反过来没有结果的执行，就是白费力气。所以，做每一件工作或事情时，就要刻意培养和建立逆向结果导向思维，从结果倒推过程。只有以结果思维引导和控制行为，才能确保制度的执行。执行之前，先确认要达到什么目的和效果，并且确保执行到位需要做哪些准备和工作，这是至关重要的。

总之，领导者只要做到了上述几点，并在制度执行过程中善于、勤于动脑分析，精于逻辑分析执行存在的问题，及时应对和解决问题，那么制度的执行到位就不再会是问题。

确保制度的有效施行

受很多因素的影响作用，有时候制度会不能得到有效的施行。要想避免这种情况，首要的一点就是要考虑：如何有效发挥制度的引导作用？

联想集团有个规矩，凡开会迟到者都要罚站。在媒体的一次采访中，柳传志表示："我也被罚过三次。"

他描述说："公司规定，如果不请假而迟到就一定要罚站。但是这三次，都是我在无法请假的情况下发生的，比如：有一次被关在电梯里边。罚站的时候是挺严肃，而且是很尴尬的一件事情，因为这并不是随便站着就可以敷衍了事的。在20个人开会的时候，迟到的人进来以后会议要停一下，静默看他站1分钟，有点儿像默哀，真是挺难受的一件事情，尤其是在大的会场，会采用通报的方式。第一个罚站的人是我的一个老管理者。他罚站的时候，站了一身汗，我坐了一身汗。后来我跟他说：'今天晚上我到你们家去，给你站1分钟。’不好做，但是也就这么硬做下来了。”

据说在联想集团被罚过站的人不计其数，还能说明这个制度的有效性吗？柳传志非常肯定地回答：“当然有效，而且非常有效。”在不计其数以后，出了问题就要受罚的观念就深入人心了。并且不管谁犯了错误都会受罚，公平感才会产生，你的团队才会精神百倍。

为了使制度得到有效的施行，还要懂得如何让“制度”击败“关系网”。“关系网”这一名词，早已为中国人所熟悉，然而“关系网”的现象并非为中国所独有。

英国的劳埃德保险公司内也存在着不正常的“关系网”。“关系网”的存在使有关系者渔利妄为；而无关系者承担可能有巨大损失的保险项目。同时，“关系网”使得其内部的投资者大获其利，而“关系网”外的投资者深受其害，大大损伤了一些正当的投资者的利益。

劳埃德公司历史悠久，人员众多，为“关系网”的形成和发展提供了条件。20世纪70年代后，该公司的规模又扩大了3倍，内部的贪污和舞弊行为激增，这是老一辈人连想都不敢想的。《经济学家》周刊曾透露这样一条消息：劳埃德公司15年来被保险商和经济人以种种无法追查的手段窃取了5亿美元左右的财富，而2万多投资者遭受此种损失却无计可施。

一些海运业保险投资者已经损失了相当于他们投资额3倍的财富，而某些人的年盈利率则高达56%。1982年的豪顿事件使劳埃德公司内部的贪污事件大白于天下。劳埃德公司声誉顿下，公司的高层管理者极为恼怒，当即下令辞掉豪顿经纪公司的五个主管人员，有关管理者也受到应得的惩罚。同时，经过进一步的追查，劳埃德公司的另几家联合体也牵涉在内。可见，劳埃德公司的“关系网”弊病有多深。

劳埃德公司的总管理者戴维森下定决心要整顿内部，强化财务规章制度。公司的头一项措施就是进行严明的分工，以取代非正常的“关系网”，同时相应地建立具有革新意义的内部规章制度，并且严格验定保密制度、责任制度、偿付能力。今天的劳埃德公司采用了现代化的经营管理方式，力图冲破内部的各种阻力，使公司摆脱内部“关系网”的困扰和豪顿事件的负面影响，使公司庞大的保险业务获得生机。但是戴维森认为，这只是改革的第一阶段，下一步的任务是起诉保险商和联合组织的一些管理者人，让他们为其非法行为承担刑事责任。

戴维森强调，在公司内部想浑水摸鱼的人，必将受到严惩。当然劳埃德公司要在第一阶段有个结论后才进行下一步的诉讼。英国的一些报刊评论道："劳埃德公司还不能松一口气"，"照到这个公司的阳光，究竟能否强到足以消除十几年来企业已形成的滥用职权的恶习，这不能不令人怀疑……"但是，戴维森对改革充满信心。很多人也相信，只要有战胜厄运的勇气和信心，开拓创新，耐心、细致地分析经济形势，找出自身具有的和潜在的优势，并且采用各种有效的补救措施，劳埃德公司一定能摆脱困境，重振昔日的雄风。

国不可一日无法，家不可一日无规，企业不可一日无纪。规则是任何组织得以维持和有序运转的必要条件。大到治国安邦，小到家庭生活和人际交往，都离不开规则。没有规则，就没有政党的工作和生活秩序，整个世界势必陷入一片混乱。

不做好人，按制度办事

老好人不一定是好管理者，他也不适合长期的管理工作，从理论和逻辑上推论，这个观点没错，完全成立。实践的大海实在是浩渺无边，深不可测。平静的海面，保不准会突起风浪。光当老好人的管理者谁也不敢打保票不会换换岗位、挪挪地方。

某企业进行了人力资源战略规划，从战略出发对企业人力资源情况进行了盘点，并制定了针对性的人力资源政策，以保障战略实现。根据人力资源战略规划，为完成优化员工年龄结构、学历结构和专业结构的目标，第二年，企业在短时间里将一批年轻的主管提拔至部门正职或副职的岗位上。一时之间，这些年轻人被压抑许久的积极性得到了充分调动，也在各个部门烧了几把火。

过了一段时间，人力资源总监着手对这些新中层的工作情况进行一番调查。调查过程中，他接到了一些普通员工对新中层的投诉，反映新管理者是老好人，对下级要求过松。特别是有一些的普通员工认为，新中层"很少对他们红脸"，跟着新中层对个人成长无益。他感到奇怪：这些新中层虽然年轻，但均已担任过相当长时间的主管，为什么做主管时一直都没有暴露过这样的问题呢?

在我们周围也有这样一些以老好人形象出现的管理者，在做出决定时，总是摇摆不定，犹豫不决；在碰到一些问题时，当"甩手掌柜"，久而久之，管理的魄力小了，胆子小了，办法也少了。有什么事，满头大汗去找上级管理者，“您看应该怎样处理，您给拿拿主意吧”，或者干脆不管，假装什么都没有发生。

作为管理者，往往管理着许多下属，管理着一摊子工作，他们的首要任务就是把下属管理好，把方方面面的工作安排得井然有序、有条不紊，从而维持日常工作的正常运转。

任何一名企业管理者都应该扮演好管理者的角色。在实际工作中，有的中层管理者认为自己不是高层管理者，不愿管，不敢管，没有资格管；在情感方面，更是如此，不好意思，怕得罪人，做老好人。还有的中层管理者则认为下属做的是一些鸡毛蒜皮的小事，不值得自己去管，结果工作秩序混乱，甚至导致严重后果。

小王在一家公司做产品设计工作，由于各种原因，公司业务做得不是太好，很多员工觉得没有前途，不是整天无所事事，就是迟到早退。看到这种情况，小王就去问主管：“公司照现在这个样子发展下去，肯定非常危险。我们该采取什么办法挽救公司呢？”谁知主管却说：“你管这么多有什么用呢？先挺挺看，也许过一段时间会有些起色。”小王听到主管如此没有信心的话之后，第二天辞职离开公司了。

小王为什么会远走高飞呢？也许在他的心目中，主管就代表着公司，主管对公司都没有信心，自己怎么能对公司有信心呢？还不如跳槽痛快。

管理者在管理中使用一些技巧是非常有必要的：工作中，要用严格管理来体现组织的制度；私下里，要用情感来体现自己对下属的关怀。

许多人普遍认为，做人就是要搞好人际关系，做事就是要提高企业效益，搞好人际关系、提高企业效益就是管理。只会做人，不会做事，是一团和气，是和稀泥，管理上等于零。相反，只会做事，不会做人，常常得罪人，他的管理也等于零。因此，要先会做人，然后会做事，这就是管理。

但是在日常的管理中，管理者经常会遇到事与人纠缠到一块的情况，其实也难怪，人是做事情的人，事是人做的事，怎么能分得清楚呢？所以，管理就是得罪人的事，在日常的管理中不要怕得罪人，但不要得罪大多数人，更要注意对事要制度化，对人要人性化，特别是在不是很正规的小企业，首先做的应该是有法可依——建立可行的规章制度，其次是有法必依，执法必严，违法必究。

管好一个企业和一群人往往是需要给企业动一系列“手术”的，会让企业中的不少人感到“疼”。改革会调整企业原有的利益格局，可能要堵一些人的财路，降低一些人的收入，使大部分人感到压力增加，甚至要揭人之短……都是得罪人的事。企业要抓管理，就需要顶着这些压力、冒着这些风险，大刀阔斧地把一项项新制度贯彻下去，要敢于管理。

经营者如果空有管理之心，却前怕狼、后怕虎，这个不愿招惹，那个不敢得罪，希望什么麻烦也没有，一心想做“好好先生”，管理根本不可能有什么改进。企业抓管理就是要既无情又有情。在深化改革、贯彻制度方面要“无情”，制度至上，没有什么讲情面的余地。奖惩分明、能上能下，对于一部分员工来说可能很“无情”。但是，只有通过加强管理，企业才能更具竞争力，才能有更大的发展，使员工收入增加，提供更多的岗位，这恰恰是“有情”的一面。

管理是为了什么？难道是“老好人大赛”看谁比较受人欢迎？不要说大胆管理，再小心的管理也不可能让人人说好，那种只说“好好好”的管理早晚把大家都送进地狱。管理应该是好人、真心为企业的人大部分人都会说你好，管理者明白自己的职责就是要管理好企业的业务，只有用铁拳来维护秩序和纪律，企业的规章制度才会真正的贯彻执行，企业的运转才会在正常的轨道上进行。

寻求制度与个人的平衡

制度不能代替感情，感情也不能取代制度，如何在不违反制度的前提下照顾员工的感情，是领导者需要认真思索和考虑的一大问题。

美国国际农机公司创始人，世界上第一部收割机的发明者西洛斯·梅考克，人称“企业界全才”。他几十年的企业生涯，历尽沧桑，没有一条道路是平坦的，但是他以自己全才的素质，在市场上屡屡成功。梅考克虽然掌握着公司的大权，有权左右员工的命运，但他却从不滥用职权。他能经常为员工设身处地地着想，在实际工作中，既坚持制度的严肃性，又不伤员工的感情。

有一次，一个老员工违反了工作制度，因酗酒上班迟到。按照公司管理制度的有关条款，他应当受到开除的处分。管理人员做出了这一决定，梅考克在决定上批复表示赞同。决定一公布，这个老员工立刻火冒三丈，他委屈地对梅考克说：“当年公司债务累累时，我与您患难与共，3个月不拿工资也毫无怨言。而今犯这点错误就把我开除，真是一点情分也不讲！”听完老员工的叙说，梅考克平静地对他说：“你知不知道这是公司，是个有规矩的地方，这不是你我两个人的私事，我只能按规定办事，不能有一点例外。”

后来，梅考克了解到这个老员工的妻子去世了，留下了两个孩子，一个跌断了一条腿，一个因吃不到妈妈的奶水而日夜啼哭。老员工是在极度的痛苦中借酒消愁，结果误了上班。了解到这个情况，梅考克十分震惊，他立即安慰老员工说：“你真糊涂，现在你什么都不要想，赶紧回家去，料理你老婆的后事，照顾孩子们。你不是把我当成你的朋友吗？所以你放宽心，我不会让你走上绝路的。”说着，从包里掏出了一沓钞票塞到老员工手里。老员工对老板的慷慨解囊感动得流下了热泪，哽咽着说：“我想不到你会这样好。”梅考克认为，比起当年风雨同舟时员工们对自己的帮助，这事儿简直不值一提。他嘱咐老员工说：“回去安心照顾孩子们吧，不必担心自己的工作。”

听了老板的话，老员工转悲为喜地说：“你是想撤销开除我的命令吗？”

“你希望我这样做吗？”梅考克亲切地问。

“不，我不希望你为我破坏了规矩。”

“对，这才是我的好朋友，你放心地回去吧，我会适当安排的。”

事后梅考克安排这个老员工到他的一家牧场当了管家。

一方面是个人感情，另一方面是公司制度，梅考克很巧妙地在这两者间取得了平衡。

附：制度崇拜代替领袖崇拜
——商界思想家冯仑说制度

万通控股董事长——冯仑被称为“商界思想家”，他是一个白手起家的企业家，从1991年开始涉足房地产开发，到2011年建立自己的万通帝国大厦，一路走来，他保持了文人的气质，同时沾染了商人的气场。

冯仑十分重视企业制度的作用，他把制度看作是创造财富的机器。在《决胜未来的力量》一文中，冯仑这样写道：

200年前，中国的GDP比美国多；200年后，我们的国民财富总量不及全球财富的百分之四，而美国却拥有全球财富的三分之一。这200年，我们记住和津津乐道的是伟大的皇帝、领袖和他们的传奇故事与丰功伟绩，却见不到财富的实际增长。而在大洋彼岸，人们记住的只是制度（宪法与法律），被随意批评甚至嘲讽的是弱智的总统。因此，对于组织的作用，制度肯定是大于领袖的，国家如此，公司也是如此，短期不一定如此，长期却一定如此。当一个企业创业过程结束后，领袖或企业家的作用就不应继续停留在冒险犯难、硬打硬拼上，而应把90%的精力用在制订公司战略和不断完善推进战略实施的制度上。

冯仑认为，任何一家企业想要长远持续地发展，毫无疑问要靠企业制度的完善。他说："制度是董事长最重要的产品。董事长要建立持续赢利的公司这样一个机器，而这样一个机器是通过一整套制度来建立的。"一个公司要想取得真正的进步，靠人的力量是不行的，因为那样只能换来一时的效益，并不能带来长久的发展。只有靠制度的力量才能使公司获得真正的进步。只有把精力用在制订公司战略和不断完善推进战略实施的制度上，包括公司治理结构、人力资源开发、生产和销售以及员工价值观训练等方面，企业才能获得真正的进步。

企业的管理者在建立起持续创造财富的制度后，就应该淡化个人的作用。因为企业有了好的机制，无论是选拔人还是淘汰人，都会按部就班地进行。

企业制度的重要性除了体现在能够为企业创造财富外，还对企业文化有着重要的影响。在2005年10月18日《金融时报》文章中，冯仑写道：

"企业制度更多地强调外在监督与控制，是硬性的调节，是企业倡导的'文化底线'，即要求员工必须做到的；而企业文化强调的主要是内在的自律与软性的文化引导，强调的是员工心理上的'认同'和员工由认同而引发的自主意识和主动性。"

冯仑认为，企业制度与企业文化有着直接的因果关系，对待制度的态度是企业文化的重要内容。企业文化体现着企业制度的文明。健全、规范和完善的企业制度，可以把企业倡导的精神、价值观和行为模式体现出来。借助制度对员工行为的积极引导和有效约束，可以使员工在制度的规范下，自觉地按照正确的价值观和行为准则来做事。企业要以企业文化理念为基准，经常性地对企业制度进行检查，以适应不断变化和提升的企业理念。

在冯仑看来，建立制度不难，难在坚持执行制度。建立制度其实并不难，就是把大量经常发生的事情用标准化的行为模式进行管理，然后用来训练员工，让他们放弃个人立场，对制度负责。如果是大量发生的、经常的行为，就要把它按照一种取向进行标准化，然后用这个标准化的行为去训练员工，让他们对制度产生崇拜。

推进制度文明，不仅要靠长期的宣传教化，还要那些依制度生存的每一个个体牺牲自己的实际利益作为代价。只有当人们在遵守制度的过程中不断得到实际利益时，人们才会逐渐认同制度的合法性，从而接受与执行，最后开始捍卫被执行的制度。

管理者作为制度的建立者，也应该自觉地去遵守。他们能够起到榜样的作用，如果管理者严格遵守制度，那么企业的员工也会慢慢地遵守。相反，如果建立制度的管理者自身凌驾于制度之上，那么员工就会对制度置之不理。所以说，只有管理者不断地提升自己，让自己进步，员工们也自然会跟着进步。正如冯仑所说，用制度崇拜替代领袖崇拜或老板崇拜，也就体现了这个道理。制度、标准等同于管理，有了制度和标准，就会节省企业的成本，企业就会获得更大的效益。

第3章

拟计划：

没有计划就没有方向

没有计划将被计划掉。

清晰制订计划的节奏及程序

制订计划的过程，对计划管理的成功是非常重要的。那么，该如何有效地制订计划，制订计划要有哪些程序呢？

1. 有效的计划意味着什么

计划制订过程是为产生体现企业和部门真正期望的文件而设计的。计划体现了部门和管理者所承担的责任，表明了组织成员的主人翁位置，还提出了实现可能性很高的时间框架和预算。

一个有效的计划大致有以下7项要求：

（1）参数：建立整个任务的质量、时间、资源分配和成本费用参数，确保这些参数的实际可行。

（2）计划：制订一个包括有关参数的计划。

（3）简明性：任务的计划、步骤和报告应保持直接、清晰和简明扼要。

（4）批准手续：保障任务的各种计划得到正式和非正式的批准。

（5）准确性：肯定你所传播的一切都准确无误。

（6）职权和职责：把职权和责任与你对执行者的期望结合起来。

（7）组织成员：记住人的因素是最重要的。

常会出现这类情况：一些企业已制订了正确的计划文件，但却有相当大百分比的任务没有照计划实施。发生这种情况是因为产生这些计划的过程有缺陷，所以这些计划不能实现。制定的计划文件没有反映组织成员所期待发生的事，所以也就不能得到被动员起来去实现期望结果的那些人的赞同。

2. 沟通和参与

计划的编制并不是计划制订者一个人的事，因为，只有让每一个与计划有关的人和部门都知道计划与他们的利害关系，才能使计划的执行变得顺畅。而且，最重要的是，计划本身的编制也需要从他们那里获取必要的信息，只有这样才能制订出切实可行的计划。

获取这些信息的最佳方法就是设法让每一个与计划有关的人和部门都参与到计划的制订工作之中。其中，计划交流会议是最有效的方法。

计划交流会议的次数和长短主要根据任务的规模和复杂程度而定。但是，按照一般的标准，计划交流会议应该包括以下内容：

（1）给会议成员定向和定位。

（2）制定会议的目标、范围和工作任务表。

（3）建立最后的工作任务分析表及任务结构图。

（4）确定各任务的依赖关系及持续时间。

（5）制定进度表和预算。

（6）任务落实和动员大会。

与相关人员进行积极的互动和让他们参与到计划的制订中来是至关重要的，这些工作对计划的制订和执行都会产生非常积极和有益的影响。这一点也是许多缺乏计划经验的人所忽略的。

充分了解计划的类型及层次

做好计划管理，必须对计划的类型和层次有深刻的认知。划分计划类型，常依据计划的广度（战略性相对于作业性）、时间框架（短期相对于长期）与明确性（具体性相对于指导性）。这些分类方法所指出的计划类型并不相对独立，如短期与长期类型之间存在紧密的关系，类似的有战略和作业类型之间的关系。

1. 战略计划与作业计划

运用于整体组织的为组织建立总体目标和寻找在环境中的地位的计划被称为战略计划；规定总目标怎样实现的细节的计划称为作业计划。

战略计划和作业计划在时间框架上、在范围上和在是否包含已知的一套组织目标方面是不同的。

作业计划趋向于覆盖较短的时间间隔，如月度计划、周计划、日计划都属于作业计划；战略计划则是较宽的领域而不规定具体的细节。

战略计划的重要任务是设立目标；作业计划则是假定目标已经存在，只是提供实现目标的方法。一项调查发现，69%的企业所有者制订战略计划，且其中89%的人认为该计划有效——使他们有了具体的目标，并使其职员取得了一致认识。今天，工商企业、政府机构、医院、教育组织等，都在制订战略计划。

2. 长期计划和短期计划

长期计划是确定和预测影响组织未来前途的进程的一种动态企图。其目的在于帮助高层管理人员确定、指挥和协调有关的重要活动。管理人员的层次愈高，愈要关心全面的目标、政策及要取得的成果，而非关心日常活动和技术问题。经常地同其他企业中对长期成果负责的各种领导人分享我们对未来事物的观点和预测以及长期计划的基本原则，是有好处的。请那些在其他领域中具有广泛经验的人，能够完全客观地看待我们的预测和估计、做出坦率的评价的人来检查我们的长期计划也是有好处的。

短期计划就是对在最近一段时期内，达到符合于长期目标的短期成果的具体活动方案、日程、预算等。这种程序比较简单，把全面的计划具体化为利润和时间表。为了达到预期的成果，短期计划必须有具体的方案、规划和明确的绩效控制。

3. 具体性计划与指导性计划

直观来看，具体性计划比指导性计划或者宽松的计划更可靠。具体性计划具有明确规定的目标，不存在模棱两可、容易引起误解的问题。不过，具体性计划要求的明确性和可预见性条件不一定都能够满足。

当不确定性高时要求管理者保持灵活性以防止意外变化，这种情况下指导性计划显得更可取。指导性计划只规定一些一般的方针，它指出重点，可是不把管理者限定在具体的目标或特定的行动方案上。

另外，对于计划的四大层次也要有明确的认识。

层次一，决策人员的战略计划。决策人员的战略计划的主要内容涉及公司要达到的整体性成果：

（1）长期目标和政策。

（2）组织向何方向发展，为什么。

（3）什么样的预算需要批准，需要什么资源。

（4）由什么人控制什么事——什么人应该对什么事负责。

（5）所期望的成果是什么，何时、何地要达到这些成果。

层次二，高级管理人员的策略计划。高级管理人员的策略计划主要是为了实现全面指挥：

（1）如何实现已确定的目标。

（2）需要什么样的一般的资源和设备。

（3）什么时候实行已经过批准的方案。

（4）应该在什么地方对一些重要活动加以协调。

（5）什么人对哪些业务进行监督。

层次三，中基层管理人员的工作计划。中基层管理人员的工作计划常常要规定部门的业务重点：

（1）中基层管理人员个人工作安排、工作布置。

（2）要求有一些什么样的具体日程——什么时候，什么地方，为什么。

（3）要求有一些什么样的部门设备——什么时候，什么地方。

（4）如何对员工工作进行指示和激励。

（5）进度报告和必要的改正措施。

（6）为了完成所分配的任务而需要进行的协调。

层次四，各个岗位的工作计划。前三个层次计划的执行最终都有赖于各个岗位的计划支持和落实，因此各个岗位的工作计划应包括以下内容：

（1）岗位任职者的每日工作计划、时间安排。

（2）需要什么人、什么时间的什么支持。

（3）遇到了何种困难，是否需要请示汇报，或自己的解决办法。

（4）进度报告和必要的改正措施。

（5）完成任务的优先次序。

（6）对被打乱的计划进行调整。

拟制计划前需要做好调查

企业的调查预测是制订计划的前提条件，计划是否可行，在很大程度上取决于企业调查预测的准确性与可能性如何。调查是对企业环境的了解，对各种资料的分析。预测是对未来的估计。调查和预测是企业计划管理的第一步。

计划的调查、分析和预测的目的是为了明确计划的前提条件和基本假设。这些工作的质量直接关系到计划的效果。需要指出的是，你在使用这些资料和报告时，一定要注意它们的局限性，并学会充分发挥自己的判断力和直觉，也就是使自己具有远见和洞察力，以克服调查和预测的局限性。

1. 计划与调查

任何一个可行的计划都应该是基于企业本身的条件和外部环境的现实要求之上的。如果一个计划超出了企业本身的条件限制，或者与现实环境存在偏差，那么，这个计划肯定是无效的。如果要保持计划与企业内外环境的一致性和适应性，计划制订者就必须在编制计划之前对企业的内外环境进行扫描、调查和预测，以便为计划的编制提供各种参考依据。

企业调查的目的是要了解企业内外环境，以便及时发现问题，并为计划提供各种数据；企业调查的内容包括从企业内部的人、财、物、生产等到企业外部的市场供求情况、消费者心理、国家政策、法律的规定和竞争对手的情况等；企业调查应严肃细致，有一套工作方法和程序，根据不同的内容，采用不同的方法；企业调查要争取以数据说话，而不能想当然；企业调查要长期坚持，不可能调查一次之后就一劳永逸，要不断理解新情况、新变化。

2. 调查的内容

一般来说，企业调查可分为市场调查、竞争对手调查、社会政治经济文化因素调查和企业内部情况调查几个方面：

（1）市场调查。这是企业调查最重要的一环，涉及的内容很多，其中最重要的是消费者调查。先要将市场细分，了解消费者在各地区、各阶层的分布情况，再找出企业产品的主要消费者和忠实消费者。既要了解他们对产品的品种、规格、花色、价格、数量、质量和服务等的意见和要求，又要注意其购买动机和偏好。此外，市场购买力及潜力也是市场调查的重要内容，不容忽视。

（2）竞争对手调查。随着市场竞争的日益激烈，竞争对手调查的价值日益凸显，主要包括四个层面：一是要了解竞争对手的基本情况，明确谁是企业的竞争对手，并据其战略定位采取相应的竞争战略；二是企业要对竞争对手的竞争实力和核心能力进行了解，从而扬长避短；三是要分析竞争对手发展新产品的动向、对用户的服务方式等，以便为企业的产品和服务开发提供依据；四是不能忽视对潜在竞争对手的调查，使企业在潜在竞争对手发展起来之后有备无患。

（3）社会政治经济文化因素调查。“风物长宜放眼量”，企业为了从长计议，还必须对外部环境进行更广泛的调查，包括国内外的政治局势，国家政策、计划、法令等，以及社会文化、社会心理、科学技术的发展。这些因素会对企业产生不同程度的影响。

（4）企业内部情况调查。了解企业的内部情况，以便使计划能与企业的实际情况相符，主要内容有企业的生产能力、技术水平、管理能力、资源条件等。对本企业情况的了解，可以通过对企业的产、供、销各方面情况的统计分析来进行。通过对生产技术资料的分析可了解企业的生产能力和技术水平。通过对各种销售资料的统计分析，可了解本企业产品在市场上的反映。对企业内部情况的了解的准确程度取决于企业的基础调查工作做得如何。通过企业内部情况调查，管理者可以对企业的强项和弱项有所了解，这对计划的制订是非常重要的。

3. 调查步骤

调查步骤分为三个阶段，具体步骤如下：

（1）预备调查阶段。企业调查的目的是收集与分析资料，以便为企业计划的编制提供依据。因此，企业在调查时首先要确定调查的范围和调查的对象。为了确定调查的范围和调查的对象，一般先进行初步情况分析和非正式的调查。

（2）正式调查阶段。资料的收集要有针对性，并要保持资料的系统性、完整性和连贯性。还应注意及时收集有关调查问题发展动向和发展趋势的情报资料。只有如此才能为计划提供可靠的依据。调查计划包括了企业调查的目的、调查的对象、采用哪些方法、调查费用的支配和调查的作用等。

（3）结果处理阶段。将收集到的资料进行整理、统计和分析，然后根据分析结果提出调查报告。在处理时，首先要把调查到的资料进一步核实并分类，之后进行统计计算，系统地制成各种计算表、统计表、统计图，以便使用和分析。

4. 调查的方法

调查的目的在于取得各种信息。信息不同于资料，信息是对一大堆杂乱无章的资料整理后的解释。比如，将一张张发票加以汇总，可找出不同地区的销售量。这个不同地区的销售量就是一个重要信息，它解释了一大堆发票中所隐含的产品市场分布。调查工作本身就是对资料的加工整理。

一般来说，调查方法可以分为资料法、询问法、观察法、实验法和抽样法等。

（1）资料法。资料法是通过各种渠道收集有关企业经营活动方面的相关资料进行分析、整理的方法。使用这种方法费用少而效果好。

（2）询问法。以询问的方式作为收集资料的手段，将所要调查的事项以当面或电话、书面的方法向被调查者提出询问，以获取所需要的资料。按调查方法的不同，可分为个人询问、集体询问、电话询问、信件询问、电子邮件询问等。

（3）观察法。即在被调查者感觉不到的情况下进行观察，不直接向被调查者提问题，而是从旁边观察并记录所发生的事实，观察被调查者的行为、态度的方法。如调查者在现场观察顾客的行为，能比较客观地收集资料，结果比较接近实际。

（4）实验法。先选定某一特定市场和时间进行小规模的实验，然后进行分析，看是否值得大规模推广。例如，某灯泡厂生产出来一种能保护视力的新灯泡，先请1 300个家庭免费试用，2周后征求意见，86%答复是肯定的。灯泡厂于是委托100多家商店试销10万只新灯泡，不久之后全部售出。

（5）抽样法。企业调查资料最好用全面调查的方法取得，资料全面可靠，但花费人力、物力、财力较多，并且调查的时间长，不适合一般企业的要求。企业在品种多、产量大、用户多、销售范围广等条件下，可选用抽样的方法。

由于调查、分析和预测是一门专业的技术，熟练的运用这些工具需要接受正规的教育和培训。但一名管理者必须有这方面的相关知识，以便能与相关人员进行必要的沟通。而且，一些简单的市场调查通过学习也可以自己来做。因此，我们主要为管理者提供了一些基础知识、基本思维框架及主要工具。

事前准备一份应急计划

制订计划有风险是必然的事情；处理好风险问题是计划管理成功的关键因素。处理风险问题的明智态度是，在制订计划时就做出额外努力。这种努力是会得到回报的，是值得的。风险分析就是反复假设“如果……那么……”这样可找出有关方面的风险。应急计划制订既可意味着制订候补计划，也可意味着将任务和人员的规划做得保守一点。

提出风险评估这一话题的一种方式是，询问部门员工们，其部门里都发生过哪些意料不到的问题：也许管理部门又提出了新的优先项目；也许最好的人员突然不能参加进来了；也许预算减少了；也许另一个小组的任务完成脱期了；也许另一个小组超出了预算；也许另一个小组的任务搞出来的东西不起作用；也许出现了未预见的技术问题……

要把进度、人员、财务（包括威胁预算的因素）、范围（包括导致终极产品之难以完成的因素）等各方面的风险区分开来。风险因素主要体现在如下几个方面。

1. 进度方面

（1）关键性通道上的任务。

（2）有多个前项的任务。

（3）浮动期极短的任务。

（4）乐观估计的任务。

（5）对外界条件有依赖性的任务，如卖主的装运。

（6）主要里程碑。

2. 人员方面

（1）只有一个人负责的任务。

（2）人员分配很多的任务。

（3）使用稀有人才的任务。

（4）技术低劣或不合格人员。

（5）疾病及人员调动。

3. 预算方面

（1）资金存疑。

（2）预算重点发生转移。

（3）人员开支不确定。

4. 范围方面

（1）新产品开发变化无常。

（2）顾客需求动态。

（3）工具或技术的可用情况。

（4）缺陷过多。

就每一项风险问下面两个问题，然后各分配其高、中、低值：①这一风险发生的可能性多大？②如果风险发生，其影响将会多大？

对那些可能性高、影响又大的风险，就得采取预防步骤：修改进度表，或调整人员分配，或协商应急资金，或制订候补应急计划。每一个候补应急计划里都详细说明发生何种情况才实施这一应急计划。可遵照以下准则去制订应急计划。

1. 应急计划制订的准则

（1）修订进度的准则。①就风险任务的完成期限进行协商，以防脱期的潜在可能性。②把能够推迟或必要时可取消的任务安排在项目的后期续前。③关键性通道上的任务的持续应保守些。④制订进度表时考虑到应急的情况。

（2）修订计划的准则。①给高风险和关键性通道上的任务重新分配能力强的人员。②起码要指派1名替补人员，不管是哪些项目。因少了项目组成员而可能有不良后果时，这个人可随时顶上去。

2. 候补计划文件应包括的内容

（1）减少或消除风险所必须采取的预防措施。

（2）万一有问题发生，有应急措施可以实施。

（3）引起实施每一项应急计划的情况的说明。

应急措施是良好的计划管理所必不可少的。没有应急措施，在计划实施过程中遇到问题时就不能采取正确的行动。将应急需要暗藏在预算、持续期估计或各项任务的预算估计里的做法，都是不谨慎的。应急需要应以与任务有关的风险总量为基础，而且风险评估必须与制订任务计划同时进行。

记住，有些风险有影响整个任务的潜在可能性，有些风险可能只影响到任务的一个阶段，还有些风险可能只影响到某一项任务。你的最理想的目标应该是在任务结束时把所拨给你的应急费用退还到机构的总资金里去。应急费用没有花掉，也就是增加了部门的利润，或者说增加了与部门有关的投资的回报。

控制计划进度的方法和步骤

计划的失败主要是在计划的执行过程中出现的，这就要求管理者对计划的执行重视起来。事实上，计划的编制只是为管理者未来的活动提供了一种蓝图和路线，其价值只有在实际的贯彻和执行中才能体现出来。

这也就是说，不应将计划的执行和控制排除于计划之外。在你完成了计划的编制工作之后，那么接下来的工作就是计划的执行和控制，即把工作重心从计划制订向计划执行和控制过渡。

1. 核实计划

在执行计划前，必须对已批准和公布的计划进行最后的核实，以确保所有的任务安排都是合情合理的。在核实计划的过程中，应该根据实际情况设立合适的条目考虑一系列条目，并要求管理者对任务的最新情况有所了解，且把它们运用到对下一步任务分配的考虑中。

2. 落实任务

让每一个与任务相关的人员了解他们在计划完成过程中的角色、具体的任务和要求，以及相关的权力和利益，使他们能够主动接受分配的任务并设法完成任务。这就需要向有关人员说明计划与他们的利害关系，并让其在有关文件上签字。

不过，在许多企业中，要相关人员尤其是部门外的人员签字是非常困难的。他们害怕担负责任。但你一定要设法让那些会对计划的完成产生重大影响的人签字。对于计划的具体执行者，你一定要告诉他们完成任务以后会为他们带来什么好处，也就是激发他们执行计划的积极性。

3. 激发紧迫感

在把任务落实到每一个人以后，还必须激发其紧迫感和忧患意识。必须让他们明白，完成任务是有一个时间限度的，必须立刻着手准备和投入到任务的实施中去。激发紧迫感的方法主要有：

（1）你从第一天起就高度集中精力，以身作则。

（2）让执行者看到你既注重具体细节，又着眼于整个大局。

（3）力争超前（不要等落后了再往前赶）。

（4）经常召开全体人员会议，会上你得表现出你的紧迫感和忧患意识。

（5）需要时可以每天开会。

（6）严格限定解决问题的时间。

（7）将各种进度和主要脱期情况贴在显眼处，让大家都看到。

激发紧迫感也可通过设立奖罚措施来实现，如对拖延进度的人员处以罚款或其他处罚，而对超前完成任务的人员进行奖励等。

4. 执行与控制

在计划的执行过程中，管理者的主要任务一方面是激发计划的具体执行者保持高度的工作热情；另一方面就是把握任务的实际执行情况以确保任务能按照预定的路线保质保量地按期完成。

（1）管理者的激励。激励对管理者来说是一门很重要的管理技能，也是一门很深奥的学问。

（2）计划的控制。可以说，计划的控制是确保计划按预期完成的关键。计划的控制就是按照预定的计划标准衡量计划的完成情况，纠正计划执行中的偏差，以确保计划目标的实现。简而言之，控制就是使实践活动符合于计划。

通常企业在实施各项计划时，有可能出现各种各样的偏差。例如，原材料价格可能高于预先计划的价格，产品质量可能不符合企业的质量计划，产品成本可能超出计划成本等，都可能导致实际的执行活动与计划之间出现偏差。为了减少或消除这样的偏差，就必须了解计划执行的最新情况，并采取相应的措施。

5. 计划控制的步骤

尽管不同的任务其控制步骤有所差异，但是，大致上，控制的步骤可分为以下三步：

（1）掌握最新情况。掌握最新情况是管理者进行控制的前提，其内容通常分为两大块：一是计划执行的最新情况；二是外部环境的最新变化。这些情况的获取，一方面靠管理者本人的个人努力，另一方面主要是通过企业的信息系统获得的。

（2）分析冲击和误差。在掌握了任务的最新进展和外部环境的最新变化后，管理者就可以对这些最新情况进行分析，找出计划与实际情况的偏差和分析冲击可能造成的影响。具体的分析过程可分为三个阶段：①将计划结果与实际结果相比较，以便暴露偏差。②确定原因。③准备分析及预测报告，推断未来一段时间有无重要进展。

（3）处理偏差。对计划与实际情况对照比较的结果，有三种选择：①不采取行动。这是因为偏差或冲击不大，不必要采取措施；或者是因为倾向尚不强烈，还无法采取正确的措施。②查看制订好的各项计划，在预定进度、人员、成本范围基线内对计划稍作修改，以容纳问题。③开始协商变动基线——增加进度表的时间，或增加人员、增加经费，或重新确定任务范围。

6. 计划控制的方法

（1）计划的反馈控制。反馈控制也就是事后控制，即对已完成的任务进行分析，找出问题和偏差并采取纠正措施的控制方法。

反馈控制一般分为以下五个步骤：①根据计划制定控制标准。②依据标准对计划执行情况进行检测。③分析偏差产生的原因。④制定纠正偏差的措施。⑤实施纠偏措施。反馈控制是对计划执行结果的控制，其弊端是：在企业纠偏之前，偏差已产生，实际执行结果已对企业有害。若企业信息传递过慢，当实际过程背离计划时，即使再采取什么措施，也只能是减少误期的时间或偏差的程度。

（2）计划的现场控制。现场控制是克服反馈控制弊端的一种方法，它与指挥官亲临战场指挥士兵作战类似。其主要职能有两项：一是对计划执行者的工作方法、程序加以指导；二是监督工作。现场控制可以取得及时信息，但实现起来较难，且控制后果受到其业务水平、工作精力、其他任务多寡等多种因素制约。另外，它还容易形成控制者与被控制者心理上的对立，有可能损害被控制者的工作积极性和主动精神。

（3）计划的预先控制。为了弥补反馈控制和现场控制的缺陷，管理者应引入预先控制，即以控制受控制系统的输入来实现控制这一系统输出。它在管理者实施计划之前就对计划的实施进行控制，而不依赖于信息反馈。预先控制的一般程序是：①确立控制所要达到的目标。②建立受控系统的运行模型。③根据控制所要达到的目标与受控系统的模型确定进行控制的标准。④定期对受控系统的实际输入进行检测，与标准相对照，发现输入中实际与计划的偏差。⑤根据产生的偏差制定纠正措施，调整受控系统的输入，使其与控制标准相符。

预先控制与反馈控制和现场控制相比，具有许多优点。例如，预先控制可以防患于未然，避免了反馈控制对于已铸成的差错无能为力的弊端。而且，预先控制适用于一切领域。

7. 计划控制的层次和关键点

对计划的控制通常包含两个方面：首先是管理者对计划执行者的任务完成情况的控制；其次是各个层次的自控。

对计划进行有效的控制，需要责与权的高度统一。若某一层次只有实现企业某项计划的责任，却没有相应的权力，就无法对这项活动进行控制。因此，不能越级进行控制，应关注自己直接领导和管理的层次及人员，以避免受控者受到双重控制。而且，管理者的精力和时间都有限，不可能对所有的人员进行控制。

同时，个人的精力和时间有限，管理者控制的内容也不可能涉及计划的每一个环节和活动，毕竟那是很繁杂的。因此，管理者在进行控制时，应该对任务的关键点进行控制。其实，每一个计划都可以找出一些影响它完成的关键性因素。

8. 计划执行中的冲突与协调

计划在执行过程中，部门与部门、部门与个人以及个人与个人之间的冲突是难免的，也是非常正常的。

计划的多重性和多样性决定了计划之间冲突的不可避免性。这些冲突主要表现在上下级、部门与部门、个人与个人以及个人与部门之间。导致这些冲突的原因是多方面的。在大多数情况下，冲突主要是由分工不明所导致的。

当企业各个职能部门在制订各自的计划时，由于各个职能部门都有自己特定的目标、特定的工作条件以及与各职能部门的特定目标和特定工作条件相联系的特定利益，这样就很容易导致各项计划在实施过程中产生冲突。

有些计划制订者往往只关注本部门的计划，对本部门以外的计划尤其是其他部门的计划并不关心。如果各个部门都这样做的话，那么在计划的实施中，由于资源的有限性和计划执行过程中的相互依赖性，冲突就会不断发生。

因此，为保证计划的顺利实现，定要将计划协调好。若管理者协调计划不力、处理冲突不当，就有可能令企业成为一盘散沙，且可能形成彼此推卸责任的拉锯战，贻误经营活动时机，给整个企业带来大损失。不断的冲突极有可能打击企业成员的积极性。总之，做好计划的执行和控制工作是计划管理的一项重要内容。

环境变化时计划应相应调整

在日益复杂多变的市场环境中，保持计划的灵活性是非常必要的。如果计划失去了与环境的适应性，计划的价值就荡然无存，甚至会使企业贻误市场机会。要保持计划与环境的适应性，就必须不断对计划进行调整和修正。

管理者在调整计划时，应遵循以下几项原则。

1. 及时性原则

调整计划是为了使企业的计划更适合企业生产经营的现实环境。企业生产的外部环境经常发生变化。各种因素的变化都直接或间接地表现为市场的变化。一旦这些因素发生了变化，再按照已有的计划进行经营活动，企业就要蒙受一定程度的损失。因此，企业内外环境发生变化时，企业应根据这种变化及时调整计划，使企业计划跟上市场的变化，以最快的速度适应外界，把损失减少到最低限度。

2. 预见性原则

在市场竞争中，哪个企业更具有预见性，它就更能适应市场的变化。如果总是跟在市场的后面跑，企业就难以取得竞争中的主动权。常常有这样的情况：能正确预测市场变化的企业，就能够赶在变化的前头，及时调整计划，向市场推出新产品；而那些对市场变化缺乏预见性的企业，待发现市场明显变化后才调整计划，便错过了时机。所以，管理者应根据企业生产经营环境的蛛丝马迹，加强预测，面向未来，根据对未来的预见调整计划。

3. 能动性原则

当企业根据外部环境的变化调整计划时，调整后的企业计划对于企业的人力、物力、财力等提出了新的要求。如果企业不能满足这些要求，那么调整后的计划便等于一纸空文。因此，企业应充分发挥自己的能动性，及时调整企业内部的人力、物力、财力，使企业内部条件得到最合理的使用，为实施调整后的计划创造条件。

4. 协调性原则

企业根据市场变化对某项计划进行的调整，往往涉及企业的其他计划。企业是一个整体，各方面的工作相互联系、相互制约，因此，在调整计划时，应在新的基础上使企业的各项计划达到新的协调。这就要求管理者在调整计划时，全面分析、统筹安排，对各个相关计划进行同步调整，以维护企业的整体利益，避免形成由于其他计划的牵制使调整后的计划难以实施的局面。

5. 相对稳定性原则

企业的经营环境每时每刻都在发生着变化。如果企业的计划也每时每刻都进行调整，那么，一则管理人员的精力都得放在调整计划上，无暇顾及其他；二则这样频繁的调整也使计划变得只与最近的过去和最近的将来有关，在某种程度上丧失了计划对于未来实践的指导意义。因此，企业在调整计划时，还要注意使计划保持相对的稳定性，而要达到计划的相对稳定性，就要大力提高计划的预见性，使企业计划能够预见和适应未来的变化。

管理者可以选用的调整计划的方法包括滚动计划法、外推式预测法和备用计划等。管理者应该根据企业的特点、任务的性质和内外环境的变化趋势，选用适宜的调整计划的方法。

1. 滚动计划调整法

滚动计划调整法是定期调整计划的一种方法，包括以下几个步骤：

（1）管理者应把对某一时期（10年、5年、年度、季、月）的计划按相等的时距划分为若干阶段（如把企业的5年计划划分为5个年度计划，把企业年度计划划分为4个季度计划或12个月度计划）。

（2）当第一个阶段（如头一年、头一季、头一月）结束时，收集这一阶段计划的执行情况，将实际情况与计划加以比较，找出存在的差异。找到实际与计划之间的差异是进行分析的基础。

（3）对实际情况与计划之间的差异进行分析，找出产生差异的原因，根据企业的战略目标对差异进行评价，对此要分析这种差异对企业有利还是有害。

（4）管理者应根据对头一阶段实际与计划的差异的分析评价，修正原计划中剩余阶段的计划，顺次修订下一时期的计划。

（5）将调整后的剩余时间的计划和新拟定的下一时期的计划合并为一个计划。

随着时间的流逝，每经过一个阶段，都要进行以上5个步骤的计划调整，使企业计划滚动式地向前发展。

2. 趋势外推调整法

趋势外推调整法是趋势外推预测技术的一个应用。它是将趋势外推法得出的下一期预测数作为下一期计划指标的调整计划方法，包括简单平均数法、移动平均数法、加权平均数法等。比如，企业要对整月度销售计划进行调整，就是根据前几月实际销售数计算平均数，并把平均数作为本月销售计划数。

趋势外推调整法特点是简单易行，只要找到前几次的实际数字，经过简单计算，即可得出结果。但是，这种调整计划方法有一个前提：假定客观发展的趋势在近期内不发生变化。因而，这种方法有一定的局限性，它往往不能适应市场上的变化，尤其不能适应使趋势发生逆转的变化。

3. 启用备用计划法

备用计划也被称为应变计划，是指为了应付突然发生的变化，特别是使客观趋势发生逆转的变化，企业可以采取启用备用计划的方法调整计划。

企业根据客观发展趋势拟订本期计划之后，还要充分估计各种可能出现的意外情况，并根据每种可能出现的意外情况分别拟订备用计划。

备用计划通常不是单项计划，而是成套计划，因为当环境发生变化时往往要波及多项计划。拟订备用计划的同时，要确定启用备用计划的先行指标，这些先行指标是意外情况出现的先兆，是企业报警系统的红灯或警铃。在执行本期计划的过程中，一旦出现意外情况，企业就可运用先行指标对意外情况进行分析、鉴定，判断意外情况影响的幅度和时间等，据此当机立断作出是否启用备用计划、启用哪套备用计划的抉择，并马上付诸实施。

附：我是战略家，部下是战术家
——巨人集团当家人史玉柱谈公司计划

作为一个企业家，史玉柱在商业上创造了起死回生的奇迹，并且在多个领域取得了成功；作为一个生命个体，他在珠穆朗玛峰海拔6 000米高度耗尽了携带的氧气，却仍顽强地死里逃生！这个人身上一定有什么是不同的，大家不禁要问：史玉柱的成功特质是什么呢？或许，从史玉柱常说的一句话中可以找到答案："人在成功的时候是学不到东西的，人在顺境的时候沉不下心来，总结自然是很虚的东西。只有失败的时候，总结的教训才是深刻的，才是真的。"

史玉柱在谈论巨人新管理思想时说：

"我发现定很高的目标是很可怕的，必然会违背经济规律，会让自己浮躁，让企业大跃进。回过头想想，巨人那几年（1996年以前）确实乱得很。现在就没有那么大的口号了，目标就是把能够影响结果的每件事情做到最扎实、最透，把最下面的事情做到最好，公司不定定量的指标，把工作做到最好就行，从过去这两个公司的成功来看，这样的方法的确是最有效的，结果往往最好。

"巨人现在不给自己定战略目标，我觉得制定目标对企业反而是件坏事。因为定了长远的目标就要不断分解到每年的任务上，如果定得不高无所谓，而太高则会打乱原先的计划，形成欲速则不达的局面。战略上不考虑，但在战术上每件事都要做好，比如投入产出比，我们追求的是最大化。企业发展能做多大就多大，听天由命，不必强求。"

"1997年对我来说是一个转折点。"史玉柱说道。在那之前，史玉柱看上去像一个数学系毕业生，摆弄他的公式，自己定一个量化的目标，然后再分解成每月、每周、每天的目标。

1997年前史玉柱认为：企业有几种，一是安定的；二是追求眼前利润的；三是追求长期利润的；四是既追求长期利润又追求社会效益和规模效应的。第四种企业是三者相互推动，社会效益和经济效益存在着必然联系的。

他要做的就是第四种企业。为此，史玉柱制订了一个“百亿计划”：要求1996年年产值达到50亿元，1997年完成100亿元，一年一大步，一年上一个新台阶。在当时的史玉柱看来，这并不是个不切实际的目标，他相信只要自己充分发挥管理的推进器作用就完全可以做到。

1995年，史玉柱启动“三级火箭”，把12种保健品，10种药品，十几款软件一起推向市场，投放广告1个亿，提出要超过首钢和宝钢。

“三级火箭”实施步骤的量化标准规定：

第一级：巨人集团第一年的发展规划，以巨人脑黄金进行市场导入和测试，并进行队伍的培训和锻炼。目标销售收入50亿元。

第二级：巨人集团将形成规模化的发展水平。这个阶段的任务主要在于产品规模和市场营销规模的双重扩大。保健品的产品规模要做到类似世界500强、日化品巨头宝洁那样，拥有大而全的事业部。目标销售收入100亿元。

第三级：实现“没有工厂的实业，没有店铺的商业”，要进入连锁经营领域，资源领域。

在实际运作中，史玉柱把原计划时间6年压缩到3年；在实施步骤上，把三步当成两步走。实际上，直到2009年上市前，如果不算股市的账面浮盈，巨人总体规模也不到200亿元。靠数字强迫量化的目标，就是如此脱离实际。

史玉柱现在的原则是：定性而不定量。将一个目标分解成很多决定性因素，一件一件地去解决。他说：“把每件事做好。比如网游，影响网游这个项目能不能成功的因素，我分析了十几个环节，从策划、研发、美术、运营、售后服务、分公司建设、管理、对外宣传，我的目标是把所有环节都做到极致。”

对于部下的要求，他不再是数字的强迫症，而是强调具体的执行力。跟柳传志交流的结果使史玉柱意识到，高目标经常只能带来低产出，会让一级一级的员工被数字游戏所欺骗。既然如此，还不如从部下的执行力本身出发，制定合乎能力和实际的目标。

史玉柱在公开场合说：“在我眼里，他（马云）是一个战略家，我是一个能具体干事的人。比如在互联网方面，他能看到未来5年，而且看得很准，我最多能看一年，这个差距就来了。因为除了网络游戏及网络社区这一块，我没有计划去投资，所以不需要去深入研究它，但是我想知道一些大概的发展方向。所以这个时候，我就直接去问他了，问他之后我就知道个大概结果。”

这样的话也许是出于谦虚。实际在巨人集团内部，甚至整个游戏产业，能够像史玉柱这样有着清晰的战略，部下有高度发达的战术执行，流程能力发达的团队少之又少。

史玉柱曾经介绍自己的团队说，团队里的人都不善言辞，技术人员都专注于流程和产品，而他自己只负责提供点子和想法。实际上，史玉柱的管理方式代表了种创业团队的常见模式，即领导者提供指导和管理，其他人负责高效执行的良性创业团队，这是一种团队分工协作条件的胜利（详见图3-1）。

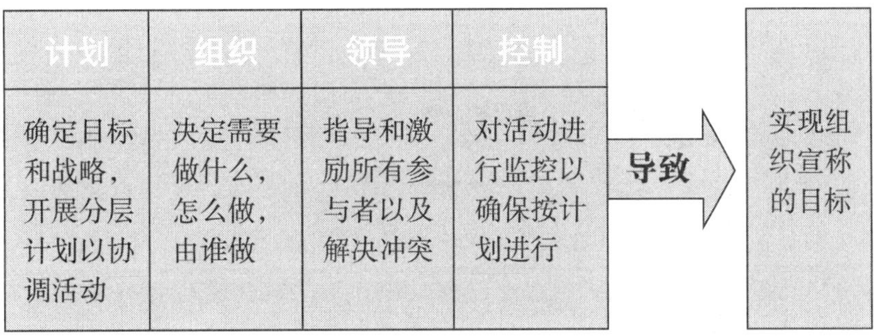

图3-1　管理者的职能（解释管理者做什么的方式之一）

所谓管理者的管理活动，就是战略和通过组织或者团队执行两个层次的循环。所以，当史玉柱只负责计划和战略性的思考时，大部分的管理活动都会被部下在团队内部有效地分解、控制，最终达到目标。

一个好的管理者，通常也是最清晰的表达战略能手，能够讲清自己需要什么，在想什么。

第4章

设流程：管理就是走流程

没有规范流程，管理一切为零。

流程与流程管理

企业在进行流程设计之前，必须对流程的概念有一个清楚的认识，并在此基础上掌握流程图绘制的方法，然后着手设计适合本企业的流程，并根据企业发展和市场变化情况，及时对流程进行调整，再造。

20世纪90年代，美国麻省理工学院迈克·哈默（Michael Hammer）教授和CSC管理顾问公司的董事长詹姆斯·钱皮（James Champy）提出了管理流程再造（Business Process Reengineering）的概念，即对企业的业务流程进行根本性的再思考和彻底性的再设计，从而使企业在成本、质量、服务和速度等方面获得进一步的改善。

如果进一步扩大企业流程再造的概念，就不仅仅是对流程进行再造，而是要将以职能为核心的传统企业改造成以流程为核心的新型企业。

规范化企业一定要有非常规矩的管理原则，大家都要执行原则。管理原则最重要的就是它的流程，流程表示企业的工作程序，流程被规范化以后，在一段时间内是固定不变的。

我们不妨给流程下这样一个定义：流程就是为特定的顾客或特定的市场提供特定的产品或特定的服务所精心设计的一系列活动。

流程设计的基础是企业发展战略、组织结构设计、职能的分解、岗位设置、岗位描述。流程再造的意义就是企业对原有的业务流程进行重新塑造，包括对一些资源重新进行整合；更重要的是通过流程的再造，把原有的以职能为中心的传统管理转变成以流程为中心的新型管理，提高经营效率和效益。

流程管理对企业的意义

流程再造的意义，不仅仅是对企业的管理与业务流程进行再造，而且是要把以职能为核心的传统企业，改造成以流程为核心的新型企业，也就是企业再造。企业通过不断地变革与创新（广义上这里不仅仅包括流程的再造，还包括企业组织的再造和变革），使原来不断走向暮气的企业，重回青春，并且永远充满朝气、充满生机、充满活力。

假如做一个手术需要4个小时，流程再造专家通过调查发现，其中1个小时用于病人的麻醉，相当于在手术室白白浪费了1个小时的时间。由于手术室有很多非常昂贵的设备，1个小时的折旧费可能就是几百美元；而且麻醉期间并不需要无菌，完全可以在手术室旁边设麻醉室，这样一来，手术室占用的时间从4个小时缩短为3个小时。原来每天可以做4个手术占用16个小时，现在可以完成5个手术。假如一次手术收费5 000元，那么现在一天就可以多收入5 000元。

福特公司很多配件是由一些小公司制造的，所以公司就设立了一个拥有500名员工的货款支付处。后来福特公司发现，日本马自达汽车制造公司的一个分公司也有这样一个货款支付处，但只有5名工作人员，福特公司非常奇怪，派人去考察。经过调研，发现是由于马自达的信息管理自动化程度很高的原因。于是福特公司强化了自动化管理，把员工人数从500人缩减到125人，节省了一大笔资金。

通过对企业原有业务流程的重新塑造，包括进行相应的资源结构调整和人力资源结构调整，提高企业整体竞争力。

企业将由以职能为中心的传统形态转变为以流程为中心的新型流程向导型企业，实现企业经营方式和管理方式的根本转变。

流程管理的背景和目的

当前企业面临的“三C”挑战（因为顾客、竞争和变化这三个词的英文字头都是C，所以我们叫作“三C”挑战）。

1. 来自顾客的挑战

顾客越来越精明，要求也越来越高，他们需要个性化的服务，因此要求企业研发个性化的产品，满足不同层次的客户需求。

2. 来自竞争的挑战

在互联网时代，企业面对的挑战越来越大。企业要不停地围绕降低成本和提高经济效益与同行企业进行竞争。

3. 来自变化的挑战

世界经济形势和竞争规则不断变化，科技高速发展，企业要及时调整发展战略，增强竞争优势。

流程管理的目的主要是提高运行效率。例如原来的流程需要10天才能完成，在对中间某个环节做出某些调整和改革后，7天就可以完成流程了。

流程管理的另一个目的是提高经济效益。例如经过改造后，原来500元的成本现在只需要300元就足够了。

流程管理的原则主要包括：

1. 以顾客为中心

顾客的青睐是企业的财富，只有最大限度地满足顾客，才能赢得市场。

2. 以价值为导向

流程再造的最终目的是提高经济运行效率。

3. 以人为本

流程再造过程不是某个人的个人行为，而是整个团队共同努力进行整合的结果，所以要坚持以人为本的团队式管理。

一般来说，流程图分为一级、二级、三级。

一级流程图即公司级的流程图，如：公司主导业务流程图、公司决策流程图等。

二级流程图即部门级的流程图，如：技术开发流程图、人力资源管理流程图、市场营销流程图等。

三级流程图即部门内具体工作的流程图，如：招聘流程图、销售流程图、统计工作流程图等。通常，我们做到三级流程图就可以了，没有必要再细化到四级、五级。

流程图应该是环环相扣的，上一个级别的流程图中的一个节点，到下一个级别可能就会演化成一张流程图。

例如，在二级流程图中的人力资源管理流程图中，招聘工作可能只是一个节点，而它会演化成三级流程图中的招聘流程图。

关于流程图，美国国家标准学会（ANSI）规定了如下管理流程设计标准符号（如图4-1所示）：

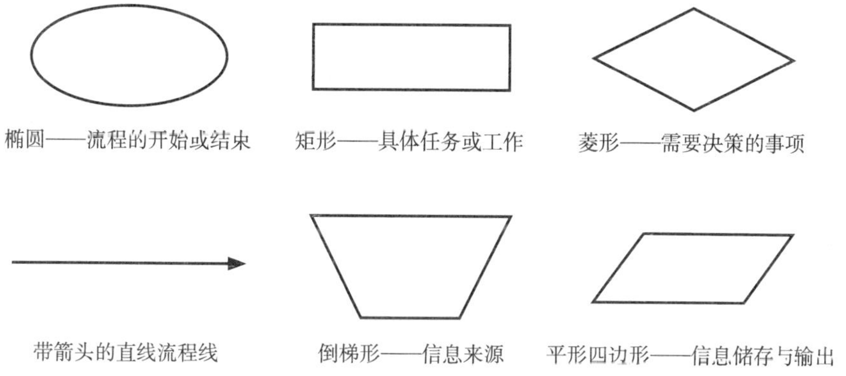

图4-1　管理流程设计标准符号图

（1）流程的开始或结束，用椭圆来表示。

（2）具体任务或工作，用矩形来表示。

（3）需要决策的事项，用菱形来表示。

（4）流程线，用带箭头的直线来表示。

（5）信息来源，用倒梯形来表示。

（6）信息储存与输出，用平行四边形来表示。

实际上，管理流程设计的标准符号远不止上面这些，但考虑到流程图的绘制越简洁、明了，操作起来越方便，企业也就越容易接受和落实；符号越多，会使流程图越复杂，一些企业越不易接受。所以，一般情况下只使用前四种符号就基本可以满足绘制流程图的需要了。

在实际操作中，流程图的绘制最好通过企业中高层领导讨论的方式来进行，这样可以集思广益，有助于流程的优化。在讨论时可以在预先准备的白板上，以报事贴代表任务来绘制流程草图，报事贴可以随时粘贴、取下，便于修改。经讨论确定之后，再由一位员工执笔，将最终确定的流程图描绘下来。

1. 流程图的管理与实施

一个企业的所有流程图绘制完毕后，应该装订成册，并且下发给公司的各个部门以便遵照执行。流程图实际上是企业的内部法规，有了它企业才能建立起正常的工作规则和工作秩序。这样，企业才算是真正建立起来了流程。可是，设计了流程之后，并不等于企业的运行效率和经济效益必然会产生大幅度的提高，更重要的工作在于管理与实施。

2. 提高企业领导者对流程的认识

提高企业领导者，特别是企业高层领导者对流程再造的认识，是流程再造的推动与实施中最重要的问题。一定要认识到实施流程再造，是企业提高运营效率和经济效益的重要措施，是企业战胜竞争对手的主要手段之一，是企业发展战略的一个重要步骤。只有企业的董事长、总经理、总监等高层领导提高了对流程再造的认识，企业的流程再造才能够推动，实施才能见到效果。

3. 加强培训，使企业上下共同提高对流程的认识

在流程的推动与实施过程中，企业的高、中层干部是实施流程再造的骨干，同时广大员工也是重要的力量。只有管理团队与员工共同认识到流程的意义，推动与实施才会收到效果。人们常说："步调一致才能取得胜利！"那么，怎样才能让管理团队与员工的步调一致呢?最有利的手段之一就是培训。

通过对员工的培训，使广大员工都能认识到流程再造的意义，认识到流程再造对企业生存和发展的作用，这样，提高了员工的自觉性，员工就会自觉地遵守新流程所建立起来的管理秩序。

4. 克服旧的管理习惯

通常，人们容易适应原有的一些习惯，心理学上称之为"舒适区"。我国企业与国外企业有着较大的差距，特别是国有企业，受多年计划经济的影响，产生了许多这样或那样陈旧的管理习惯。所以，在流程的管理与实施过程中，很重要的一点是要克服旧的管理习惯，遵守新的管理规则。在流程再造中，必须改变过去的"舒适区"，克服自我，逐步适应新的管理规则和管理秩序。

没有流程就没有管理

无论干什么事，无论在生活、休闲还是工作中，都有一个"先做什么、接着做什么、最后做什么"的先后顺序，这就是我们生活中的流程，只是我们没有用"流程"这个词汇来表达而已。除了"先做什么、接着做什么、最后做什么"的先后顺序外，还经常说某某人能办事，某某企业善于做事。"能办事、善于做事"是说他们做事情有方法，比别人的更有效果。他们和别人相比到底有哪些不同呢？可能是先后顺序不同，也可能是做事的内容不同。因此，流程就是做事方法，它不仅包括先后顺序，还包括做事的内容。同时，我们做任何事情都需要资源投入，都需要借助资源的效用，包括资金、信息、精力、人员、技术等，因此对投入的资源也要善加管理，否则也难以成事。

任何组织或者个人，要想管理到位，就必须重视流程的作用。如果没有制定出可行的流程，工作就无法做到位。很多工作不到位，就是因为不按照流程办事造成的。

中西方企业管理方式和管理文化上的一大差别是：西方企业习惯于按流程办事，我们的不少企业则喜欢临时决策。

微软中国研究开发中心一位部门经理在交流会上举了个例子。有一次，他乘坐的飞机在深圳机场出了故障，乘客被告知这个航班将换一架正从外地赶来的飞机，可此时乘务员已经超时飞行了。怎么处理这个“超时”？深圳方面做不了主，便频频请示北京航空总局，时间被一拖再拖，机场一片混乱。这位在美国工作了10年的经理评价说，“这明显是缺乏办事流程”，乘务员超时飞行是个老问题，在国外，这类事早写到规章制度里了，“一二三四五，照着条文上写的办就是了，不管谁当班都能处理”。我们这里却是“乘客和航空公司都急得团团转”。

其实，用不着在美国待10年，只要与西方企业打几次交道，对他们那种“按流程办事”的做法就会有所体验。这种体验有时还相当强烈，因为对方的某些做法所表现出来的“流程意识”，几乎到了刻板的程度。一个会议日程表，能把从起床到就寝的所有时间段安排得滴水不漏，连早上有“电话叫醒”，10分钟休息在哪儿活动这样的细节都打印在表格上，而且执行起来绝不走样。曾有记者随大中华区记者团采访Sun公司总部，时间表上写着9点钟开会，当时不少记者还在吃饭，公司宣布“现在开会”了，一看表，一分钟也没等。有人把这种现象叫作“文本文化”，即把要做的事情一律形成文字，而且写下来就要照着做。

有人会不以为然，认为按照流程的条条框框做，是自找麻烦，把一件简单的事情做复杂了。那么大家有没有想过，这些条条框框是如何来的呢？难道制定流程的人，是为了给大家制造麻烦才这样要求的吗？举一个交通上的例子，交通法规有两个非常明确的规定：严禁超载和疲劳驾驶。这两条规定从何而来？事实上是从历年的重大交通事故调查数据中总结出来的。

即使是已经执行了多年，现在打开电视和报纸，仍然经常看到由此原因导致的交通事故，且不说造成的经济损失，就是人员伤亡，让亲友如何承受？交通法规是因为它事关人命，所以需要人人严格遵守；而工作流程事关工作开展，这是组织的灵魂，所以也需要人人遵守。如果编制的流程在某些地方确实不合理，它也不是一成不变的，而是可以按照适当的程序进行改进的。但是在改进的版本未发布之前，就要按照原有的要求执行，而不能以其需要改进为由不操作，否则不就是有法不依了吗？这叫作尊重流程。

还有人说，流程是把人僵化了，但是实际上不是流程僵化了人，而是人在理解流程时把自己僵化了。理解了流程产生的背景，还要理解流程要求的每一步为什么要这样做，而不是那样做，这就要充分了解流程的目的。

我们大部分人，执行观念不强，不尊重流程。即使人人理解了流程的内涵，也不能保障每个人都这样做。

事实上，设定流程的最终目的是为了提高工作效率，提高管理水平，从而节约管理成本。

建立流程有以下几点好处：

（1）使得工作有序进行，不致杂乱。

（2）在工作出现错误时可及时分析出是哪个环节发生了问题。

（3）由于每一个流程中的节点都有相应的责任人，所以很容易就可以找到相应的责任人。

（4）在员工进行流动时，不至于因员工的流动而使得工作进度缓慢。

（5）可实现“傻子工程”，因为有了很详细的流程，所以新员工在入职以后，只要认识汉字，按照流程操作就没有问题了。

成熟的企业需要稳健，而严格科学的运行程序是稳健的基础条件。这几年常有外企换帅的消息，中国惠普的程天纵，微软中国公司的杜家滨、吴士宏都是这一两年离去的，公司照常运转。国内公司如果有高层人员跳槽，就多半会出现“地震”了。实达电脑公司老总叶龙说他们那儿“谁走了都不怕”，敢说这个话，底气也在于实达公司现在是“靠制度立业”。爱德曼国际公关集团中国执行总监何鑫认为，在中国，多数企业都认为成功的关键在于“高质量人才”的培养。但长期的经验却告诉他，有效的管理程序才是取胜的根本保证。如果光靠人，那么有一天他走了，他脑中积累的知识、经验，就会被带走。而靠程序管理就不会有那么大损失。“一个人走了，另一个人马上可以接着干。”

因此，任何人都不能轻视流程，不按照流程办事。只有遵守流程，才能把工作更好地执行到位。

走流程要讲方式方法

企业的生存与执行是否到位有着直接的关系，而在执行的过程中，我们也要根据工作的流程、工作的轻重缓急和正确的步骤来执行。

首先，我们要遵循工作流程。一旦接到任务，脑子里应该时时刻刻存有工作，要遵循“目标—计划—执行到位—评估”的流程来执行。所谓目标，是指明确地了解工作的目的何在，到何时做到何种程度，将可达到所设定的目标。计划是指以更有效的做法促使目标如期实现。

执行时需要注意的事项有：依据计划来正确、迅速地去执行；严格遵守完成日期；不能照预定进度去做而不得不变更计划时，一定要向上司报告并接受其建议，千万不可独断专行；做到一半发生疑问时，一定要与上司商量。

至于评估，则须考虑以下几点：如果进行得不顺利，其原因何在？如果进行得很顺利，为何那么顺利？再确认一下其成功的原因。

如果这两方面都做好了，就不至于无法掌握住工作的整体性和全盘性。尤其是组织的工作，必有其纵向、横向的流程，每位员工脑子里必须时时存在着目的、背景、与其他事情的关联性等概念。

其次，我们要分清工作的轻重缓急。在具体工作时，一定要考虑优先顺序，先做最重要的事，然后才做比较急迫的工作，万万不可先做自己认为好做或自己喜爱做的事，如此，可能会将重要的事耽搁，造成真正应该执行的事情没有执行到位。

那么该如何确定工作的优先顺序呢？一般来说，可以依据工作期限、重要程度以及性质来判断。站在公司的立场而言，一般都要求员工在交货期之前必须完成工作，所以，在做事之前，应该制定一个严密且可行的流程。

做事应坚持一个大原则，就是“今日事，今日毕”，绝不可拖到第二天。如果每天都无法将今日的事做完，就会累积一大堆工作，结果可能因此而赶不上交货期。

如果突然接获临时插进来的工作，最好跟上司或其他同事商量，请教他们该如何处理，避免出差错。不过，也不可什么事都去请教他们，最好是自己先做个考量后再去请教别人。

最后，我们要按照正确的步骤做事。一名员工在从事某一工作时，最好依以下步骤来进行，以获得事半功倍之效。

（1）接受工做指示或命令。一般员工做某一工作时，会接到上司的工做指示。这时候，不能只听上司所交代的，还要明确地掌握工作目的才行，所以，员工要深思的事情有：工作目标是什么？为什么必须达到这个目标？何时达到？如何做会更好？

（2）收集有关的资料、情报。即收集与工作的计划、执行等相关的文件、资料、情报，而且对于情报的选择，要有判断。

（3）考量工作的步骤与方法。愈是需要长时间工作的事情，愈需要依照工作的步骤与流程来做，这样才有效率。

（4）决定工作的步骤与方法。不妨从所拟定的几个方案中挑选较合理的，决定时应该考虑到“更早、更好、更轻松、更便宜”这几项因素，再做筛选。

（5）制定行事表。

（6）实施时须留意：确实依照所计划的步骤和方法去做；很有自信地去执行；时时审核实际进度和预定计划的差距，必要时修改所定计划。

（7）检讨与评估。从品质、期限、成本等层面，将工作的结果和当初的计划做一比较，如果不能达到预期结果，就应该找出其原因。

（8）做完后，向上司报告结果。

像这样按步骤来完成工作，那么，执行到位就是一件很容易的事了。

附：工作就按模板来做
——华为总裁任正非讲规范化管理

2001年3月，任正非在华为公司内部刊物中发表了一篇题为《华为的冬天》的文章，其中一段谈到了他对管理的认识：

“我们认为规范化管理的要领是工作模板化，那么，什么叫作规范化？就是我们把所有的标准工作做成标准的模板，工作就按模板来做。一个新员工，能看懂模板，会按模板来做，就已经是国际化、职业化了，以现在的文化程度，三个月就掌握了。而这个模板是前人摸索几十年才摸索出来的，你不必再去摸索。各流程管理部门、合理化管理部门，要善于引导各类已经优化的、已经证实行之有效的工作模板化。清晰流程，重复运行的流程，工作一定要模板化。一项工作要达到同样绩效，少用工，又少用时间，这才说明管理进步了。我们认为，抓住主要的模板建设，又使相关模板的流程连接起来，才会使IT成为现实。在这个问题上，我们要加强建设。”

由于政治、经济等各方面的原因，中国企业在同国外大企业竞争的过程中，技术落后无疑是一个明显的劣势。任正非感慨万千：“华为成立之初十分幼稚，选择了通信产品，但没想到一诞生就在本国遇到了最激烈的国际竞争，竞争对手是拥有数百亿美元资产的世界著名公司。”但是，华为在面对强大的竞争对手时并没有退缩，而是奋起直追，加大对产品研发的投入和开发。经过多年的努力，华为的产品已经在市场上拥有了相当强的竞争力，公司客户也遍及亚洲、非洲、欧洲以及美洲。但是，任正非清醒地意识到，在电信基础技术研究领域，中国企业是没有优势的，以前没有，现在没有，但将来可能会有。在现阶段，华为的生存和发展，除了继续在产品上不断创新之外，优良的管理和良好的服务也是必不可少的。

早期任正非更多的是把规范化管理等同于制度化管理或标准化管理。尽管规范化管理最终也要落实到制度层面上，通过规章制度来实施，但制度化管理仍远不等于规范化管理。在随后的发展过程中，任正非逐渐认识到，规范化管理是针对中小企业管理的随意性大、许多流程没有制度、标准而言，企业要引入现代管理制度，把人治变为法治，从主观到客观，就必须建立管理的标准体系。建立这些标准体系的一系列活动就是管理的规范化。规范化除制度化外还需要几个方面的配合，规范化企业不能做什么都是一种方式，企业应该怎么做才是实质，这是企业规范化的核心，但还需要流程化、标准化、表单化、数据化来配合，才显得制度化是完整的规范化。一些早期成功的做法应该保留下来，一些历史数据应该留作考核依据，将内部的做法进行总结、提炼。完全从外部导入一些制度，对企业是没有好处的。

第5章

下任务：

分派工作的艺术

正确地做事与做正确的事。

将正确的事情做正确

在德鲁克的管理理念中有一个非常简单的原则，就是要求管理者将正确的事情做正确。

无论是企业还是个人，做事都有两种境界，一种是做正确的事情，一种是把事情做正确。而管理者要做的就是将正确的事情做正确。

德鲁克的“做正确的事而不是把事情做正确”这一观点，被称为管理思想发展的一个里程碑。

“做正确的事”，就是把握方向，清晰利弊，在做事之前一定要对所面对的事情仔细考虑，分析判读，着眼长远，讲求效果，理清脉络，找出关键点。而“正确地做事”，关注重点从效率引向了效果。强调做事情“正确”，是强调做事情的方法一定要正确，要符合要求。

在西方管理学中，有一个著名的公式，即：工作成绩=目标×效率。西方学者认为，“做正确的事情”要比“把事情做正确”重要得多，因为“把事情做正确”只是个效率问题，而从一开始就设立正确目标——“做正确的事情”，才是真正的关键。

战略规划的制定，等于使企业有了发展的总纲，有了奋斗的目标，就可以进行人力、物力、财力以及信息和文化等资源的优化配置，创造相对优势，解决关键问题，以保证生产经营战略目标的实现。

先做正确的事，然后把事情做正确。如果事情不正确，甚至方向错了，那么不管过程如何努力，都会事倍功半。

领导要求员工正确地做事，无可厚非，但是，领导者和执行者之间的差异就是，领导者确定目标“做正确的事”，而执行者完成目标“把事情做正确”。在一个部门，领导应该是“做正确的事”，执行者则全力“把事情做正确”，这样才是健康的合作。

如果领导“做不正确的事”，执行者再努力把事做正确，也无济于事。只有目标正确，才能事半功倍，反之，也许短时间奏效，但对企业的长期发展没有太大的帮助，甚至会走到相反的方向。

随着竞争的日益激烈，企业对管理的关注和投入也越来越多。但很多企业在管理的过程中，由于太关注管理，而又不是特别明确如何才能科学地管理，往往又陷入一个误区：

管理系统庞杂，管理条目众多，为管理而管理，忽略了管理的根本目的，这样往往又达不到有效的管理。

诚然，管理的有效执行必须依托于合理的管理理念和科学的管理系统，但在很多时候，一些最简单的管理原则却往往可以起到非常好的管理效果。在日本经营之神稻盛和夫的管理理念中就有一个非常简单的原则，就是要求管理者将正确的事情做正确。

将正确的事情做正确，实际上反映的是效率和效果的问题。把事情做正确体现的是我们的效率，而做正确的事情体现的就是效果了，只有把正确的事情做正确那么体现出来的才是效能。首先一个前提就是选择正确的事情去做。也就是说，在决定去做一件事情之前，必须首先考虑到这件事情是否是正确的，做这件事情会有什么样的后果，是否可以达到预期的效果，我们的资源是否可以支持我们完成这件事情，简而言之，就是我们必须首先明确做这件事情的正确性和可行性。

当我们确定了所要做的事情是正确的时候，那么接下来的问题就是要把正确的事情做正确了。

怎样把事情做正确，每个公司都从文化、制度、流程等各个方面做了这样那样的规范，强调的主要是两方面，一个是人的主观态度，还有一个就是客观的流程和技术。我们强调做事情要有责任心，要达到计划与目标的一致性，要有科学的做事方法，及时有效的沟通，建立和谐的团队合作等等，都是为了保证事情有一个正确、完美的结果。

管理是一项系统工程，它牵扯了企业发展的方方面面，如何做好有效的管理，是每一个企业必须持续研究、实践、归纳的重要课题。但管理的很多原则和理念往往又是最简单的，在很多时候，最简单的反而是最有效的。因此，我们在管理中没必要把很多事情人为地复杂化，而应该尽可能简化流程，归纳制度，以最简洁有效的途径去解决一些看似复杂的问题。

布置各项工作的技巧

领导人有权力命令下级做事，但若用说服的办法，就会事半功倍。谁也不愿意被人支使，最好的办法是在布置工作任务时，加上“请你”，“如果你不介意的话”，“不知道你是否愿意”这类的语句。这样做，定会产生理想的效果，下级也会心悦诚服。所以，分配工作任务时，要采取多种方式。

在实际生活中，常常可以看到这样的领导者，他对一个新来的干部，先表示欢迎他到这个单位来工作，让他与原有的人见见面，向他简单介绍几句本单位的情况，然后，三言两语交代一下他做什么工作后，就扔下他不管了。另有一些领导者在布置工作时，常常犯一种毛病，就是从来不明确地告诉下属干什么、怎么干，他以为自己了解和掌握的东西，下属也应该懂得；或是有意识地不向下属交底，放任不管，而当下属的工作没有达到他所要求的标准时，他就批评一顿。这些做法都是不当的。

向下级布置工作的正确做法如下。

1. 交代必须明确

在布置工作时，以下各项应当十分清楚：什么任务，属什么性质，有什么意义；应达到什么样的目标和效果；什么时候完成；向谁请示汇报；应遵循哪些政策原则；执行任务者在人、财、物和处理问题方面有哪些权力；步骤、途径和方法是什么；可能出现哪些情况，需要注意什么问题。当然，以上各项要因人因事而异。重要的事就要交代得严肃、明确、具体，简单的事就可以粗略一些；对于头脑聪明、经验丰富、一点就透的人，可以简明扼要，不必耳提面命，啰啰唆唆；对于新手和能力差的人，要尽可能把想到的东西都告诉他，使他少走弯路。

2. 要同下属商量

下达指令、布置任务之前，自然要充分准备，把问题想得周密些。但在向下属交代的时候，还是应当抱着商量的态度。对于自己感到不太有把握的意见，要虚心向下属征询，如果下属的意见有道理，就要及时采纳；即使对于自己的设想感到很有把握，也要善于启发下属动脑筋，提看法，以便使指令更完善、更切合实际；如果执行者没有什么意见可提供，可以通过适当的问话，来检验一下他对指令是否充分理解了，是否变成了他自己的思想；对于那些执行者有权随机处理的细枝末节，则不必过多纠缠，议论不休，以免束缚下属的手脚。所以，在一般情况下，不要形成领导者居高临下，一二三四布置一大套，执行者俯首听命、机械服从、不置一词的僵硬气氛。事实证明，在布置任务时只有对下属抱着信任、尊重、平等、虚心的态度，下属才容易理解，乐于接受，也才能更好地执行。

3. 任务与职能相称

这里有两层意思：一是你所分配的任务应当是他的职责范围之内的，是属于他岗位责任制范围之内的事，而不能把本应属于上层的事交给下一层去干，把下层的事交给上一层去干，或是把本应由甲完成的任务让乙去做，乙的事让甲去做。如果那样乱摊派，势必打乱工作秩序，使人无所适从。当然，一些特殊情况下的特殊任务，也需要临时变通，但不能太多，特殊情况一过，还应当各司其职，各负其责。二是所分配的任务要与他的能力相一致，有多大能力的人就分配给他多重的活儿，如果不然，让能力强、水平高的人去干简单的活儿，既浪费了人才，又使他心情不舒畅，认为领导瞧不起他，重要的事不让他去做；如果让能力差、水平低的人去完成复杂、艰巨的任务，不仅容易误事，而且执行任务的人也有反感，认为领导是故意找别扭，强人所难。此外，在工作量上也要考虑，工作分配得太多，会使他感到承担不了，太少又使他感到英雄无用武之地。

层层布置，不要越级

领导者对各级下属都要予以充分的信任，布置工作要逐层逐级去落实，不能越权布置，那样会造成管理环节的脱节，引起工作的混乱。

信任可以产生一种力量，这个道理谁都知道。然而，在许多企业里，信任危机已经是一个非常普遍的问题。作为一个领导者，应该大胆地相信信任所产生的巨大威力。在一个企业里，如果员工时时受到怀疑、处处受到监视，那么，他们是不可能为公司尽心工作的。

正如管理学者道格拉斯·麦格雷戈所说："一旦知道对方不会精心地或偶然地、有意识地或无意识地以不公正来利用我，我就可以完全放心地将我的处境、我的地位与我的尊严置于这个小组中，我就可以把我的关系、我的工作、我的职业、我的生活置于对方的手中。这就是良性循环的开始。”

在经营失败的案例中，很多领导者都把命令直接下给基层。事实证明，这种做法会严重挫伤基层领导者的积极性。人力资源管理专家更是指出，假如你有什么事，要通过各级负责人下达，而不能越权布置工作。如果你叫某人负责某项工作，千万不要在与他商量之前就做出决定，或直接对他的下属下命令。如果你必须否定他的意见，也要首先征求他的意见。不然，你就会使他有职无权，使本应属于他分内的工作完全落在自己肩上了。

越权布置本身就是不信任的表现，基层领导者会认为你这不是在帮助他，而是在干涉他们的工作。因此，不干涉下属的工作，让下属自己去做，这是最好的方法。越权布置工作往往会使基层领导者缺乏威信，最容易出现的可怕结果就是怠工，整个企业也会逐步涣散起来。

韦尔奇认为，领导者应当抽出一定的时间与精力去寻找合适的管理人员并激发他们的工作热情。他强调，有想法的人就是英雄。他的主要工作就是去发掘一些“很棒的想法”，然后“完善它们”。

学会听取工作汇报

听取下属汇报一方面可以了解下属的工作情况，另一方面也可以了解下属的心声，据此掌握整个企业工作的动态，明确下一步工作的进展方向。

听取汇报是领导者了解下情的重要方法。然而，在日常众多的汇报中，有很多不同的类型。在程序上，既有按组织程序的逐级汇报，也有越级汇报。在形式上，既有有组织（或代表组织）的集体汇报，也有特殊情况下的单独汇报；既有不拘形式的顺便汇报，也有登领导者家门的秘密性汇报。在内容上，既有建议和报告工作的实情汇报，也有道听途说、捕风捉影的虚假汇报；既有捉摸上司心态，观测风向的汇报，也有搬弄是非、贬低他人的恶意汇报。因此，领导者常被真真假假、花样翻新的汇报所困扰。为不误人误事，实现科学决策，树立良好风气，领导者在听取汇报时，应坚持“八要八不要”，严格把好接待关，力争使自己听的汇报真实可靠，在众多错综复杂的汇报面前保持耳聪目明。

要听职能范围的汇报。对于部属各层次范围的事，对由于下级怕负责任，故意玩忽职守，出了问题借汇报而开脱自己的，不要含糊放纵。

要听主渠道的汇报。不是代表组织的个人汇报和借口陈述所谓“下属反映”的非原则性问题的汇报不听，因为听了只会因小失大，自寻烦恼。

要按正规程序听汇报。对不按组织程序和不符合发文程序的跳跃型、传单式的汇报以及不负责任的匿名信，要保持警觉。

要听动机正确的汇报。对在非正常情况下、带有自私心理、巧施伎俩、提出“招”“转”“调”“提”等非分要求的，应善于洞察，明确表态，不给其留有半点钻空子的余地。

要听正面人物的汇报。对利用老婆“参政”，或者利用老同学、老战友、老同事以及内部职工中的后进层小团体，以汇报工作为名，互相“抬轿子”，诬陷好人的应予制止，不要轻信。

要听多数人的汇报。对个别人为着某种企图，夸大事实、故弄玄虚、“添油加醋”的汇报，在没有多数人印证的情况下，不要轻易表态。

要选择适宜听汇报的地点。对非特殊情况或非紧急公务的登门汇报，特别是勤于串门的“常客”，应坚持在家中不谈工作或不予接待。

要听合理化建议的汇报。对不是出于公心为了事业，而是编造谎言、以假乱真或借题发挥、制造矛盾的，不要偏听偏信。

一些单位长期不安宁，正气难树起，歪风难顶住，与部分汇报者“谎报军情”和听汇报者的不规范有很大关系。因此，要鉴别众多汇报的真伪，领导者不妨来个“八要八不要”，带头兴规矩、讲程序、堵邪门。

学会总结工作经验

不善于总结经验，就不能发现工作中的问题和规律。只有注意总结经验，才能切实提高管理水平。

领导者做工作只有计划而无检查和指导不行，光有检查指导而无总结也不行。因为只有注意总结经验，才能使感性认识上升到理性认识，从而发现管理工作中的规律性。总结经验的过程，就是对以往工作实践中的感性经验进行分析综合、研究提炼的过程，它能使零星的、表面的感性认识上升到系统的、本质的理性认识，从中揭示出若干规律性的东西。领导者既要考虑问题于事前，又要注意总结经验于事后。从某种意义上讲，只有当好“事后诸葛亮”，才能成为“事前诸葛亮”，因为这次的事后正是下次的事前。不愿在事后下工夫总结经验教训的人，永远不会成为“事前诸葛亮”。那么，领导者应当怎样总结经验呢?

不要只总结成功的经验。正面的、成功的经验固然需要，但从错误和挫折中总结出来的教训往往更为宝贵。“失败是成功之母”“吃一堑，长一智”，一个聪明的领导者，应当既重视从成功的经验中学习，又善于从失败的教训中学习。

不要面面俱到。无论是领导者自己，还是他所管理的单位，需要总结的东西很多，不能不分大小主次“眉毛胡子一把抓”。每次总结必须从具体情况出发，抓住要点。它包括三个意思：一是根据实际需要，选取那些最有用的、最基本的东西来总结；二是要重点总结那些符合时代特点、有开拓意义的新经验，以便使我们在新形势下更好地解决新矛盾，处理新问题，不要总在老题目上做旧文章；三是在总结经验时，要把那些具有偶然性的、表面性的东西舍去，抓住那些带有必然性的、能够说明本质问题的东西，加以总结提高。

不要“一点论”“一分法”。既要看到成绩，又要看到缺点，一是一，二是二，好就是好，不好就是不好。对成绩不夸大，对缺点不回避，既报喜又报忧。切忌好大喜功，搞虚假浮夸。同时，要注意这些经验与当时当地主客观因素的联系，研究它们所处的历史环境和具体条件。这样就可以明确，哪些经验在什么条件下可以继续沿用和推广，哪些经验则不能；哪些经验虽然在其他条件下可以运用，但要做哪些改进等等。这样，可以少犯主观主义的错误。

不要请人代劳。领导者自己的工作经验当然要自己总结，别人不能代替。对于单位的工作总结，领导者最好也亲自动手，不要让秘书或助手代劳。因为，这样可以使领导者对做过的工作进行重新清理，加深自己的感受和认识，使思想得到升华，同时对领导者的分析能力和写作能力也是一个锻炼。对于一些大型总结，如领导者因故实在不能亲自动手写，也要做到“三管”：一管总结的开始，明确总结的目的、要求、方法、步骤，指定人员，提出设想；二管总结的过程，随时掌握进展情况，广泛听取各方面意见，重大调查要亲自参加，重要的汇报和座谈会要亲自听；三管总结的结束，把自己的认识与大家的意见进行归纳和概括，形成一个高质量的、有指导意义的总结。对于那种为总结而总结、一切由“秀才”关门写的做法，要坚决防止。因为那样做对于提高管理能力、改进工作毫无帮助，完全失去了总结工作的意义。

不能一劳永逸。工作在不断前进，事业在不断发展，情况也在不断变化，新的课题需要人们去实践，新的经验教训需要人们去总结。所以，总结经验不能一劳永逸。一个领导者，既要善于有计划分阶段地总结经验，又要善于随时随地总结经验，要工作到老，总结到老，不断向更高的境界迈进。

领导者怎样做指示

正确清晰的指示是指引下属有效开展工作的重要前提和保证。

管理工作离不开下命令、做指示。有的人把它看成是一件比较简单的事，认为只要决定是正确的，怎样下达命令关系不大。事实并非如此。有些工作上的失误，有些事情久拖不办，相互扯皮，其中一个很重要的原因，就是领导者的指示不明确、不完整，或者下达的方法不对，使下级不知道怎样执行才好，或者挫伤了下级的积极性。那么，领导者怎样才能使自己的指示得到很好的贯彻执行呢？在做指示时要注意以下几点。

1. 指示必须完整准确

指示是指挥人们去做事，因此，它必须清楚地告诉人们要干什么，谁负责执行，怎样取得完成任务所需的人、财、物等资源，何时开始，何时完成。必要时，还要说明完成的方法和注意事项。这样的指示才是完整准确的，下属才好运作。

2. 指示必须用词准确

领导者做指示的时候，必须注意遣词用字，如果用词不当，就可能造成下级执行失误。有些词是精确的，有些词就比较含混。例如，怎样“快”才算“尽快”呢？什么程度和数量才算“适当”呢？领导者应该避免用这样含混不清的词做指示。

3. 指示必须因人因事，采用不同语气

指示的对象不同，事情的性质不同，当时当地的环境不同，就要区别情况，采用不同的语气，才能收到良好效果。

（1）商量。“这份报告要得很急，你能抓紧时间，在今天下班前完成吗？”这种指示，带有商量的口吻，有一定回旋余地，对方会觉得领导者亲切和蔼，如无特殊困难，一般会尽力完成。这也是较为常用的一种方法。

（2）请求。“马上就要进行财务大检查了，请你们在今明两天把各种材料准备好。”这种指示的语气比较缓和，并扼要解释了为什么要这样做，下属容易接受。在多数情况下，对多数人，都可采用这种语气。

（3）教训。“怎么这项工作到现在还没有完成？必须在这周内结束！”这种指示，态度生硬，刺激性强，可以使下属深感失职，下次再也不敢拖拉了。不过，领导者的这种指责必须有理有据，一般情况下，不要过多地采用这种口吻训斥下级。

（4）建议。“这份材料要得很急，请你最好在这周内拿出来，如果你一个人干不完，可请其他人帮助查找资料和誊清，你看怎样？”这种指示，语气和缓，征求了对方意见，为对方着想，提出了具体建议，下属很容易接受。

（5）要求。“马上把这项工作完成。”这种指示不容商量，必须执行。在紧急情况下，或是下属工作有拖拉的毛病时，用这种语气下达指示，效果较好。

4. 指示必须和检查督促相结合

领导者并不是作完指示就没事了，还要认真检查、督促指示的贯彻落实。可以通过调查、询问、听汇报、测验等方法，了解指示的贯彻执行情况。

5. 指示必须通过正确的途径下达

指示是领导者履行管理职能的一种方式，必须遵循责权统一的原则，通过正确的途径下达，不要搅乱管理层次。在一般情况下，领导者不能越级下达指示。否则，就会侵犯下属权限，影响下属的积极性，损害下属的威信，最终还是对管理工作不利。依据同样的原则，除非迫不得已，上级不应直接取消下属主管人员的指示。

让员工按照期望完成任务

为什么员工不能按照管理者所喜欢或所期望地执行任务？很多时候是因为没有提供正确做此工作所需的所有元素成分。这是有很多原因的，但是管理者如何才能更有效地获取员工想了解的信息呢？下面是三个最常见的原因：

（1）他们不知道或不了解你所想。

（2）他们没有胜任此项任务所需的技能或知识。

（3）对于不良的执行没有否定的批评，所以没有改变或改进的理由。

管理者的一项职责就是不断地为改进执行不懈努力，可以采取以下步骤获取所想要的：

（1）最好以书面的形式将其必知的所有事情告诉员工。员工应知其工作的背景及管理者对他的确切期望，让员工参与某一特殊任务执行的完整细节，所有步骤程序的准备、所有期望的结果、所应遵循的规则等要达到的所有标准。

（2）如果任务是新的或者改变了，员工需要培训或再培训，正如员工需要知道他工作的基本信息一样，他还需要知道他是否有能力完成他的工作。不要指望员工自己自动地就会知道或能指出应该如何做此工作。

（3）让员工知道其贡献有多重要，以及此项工作有重要，员工就会更加完善对工作的执行，会更乐意表达他自己的看法。

（4）经常检查工作，但避免窥视。在分配任务之前就向员工解释清楚，你要为了清除疑惑而监督他，为了生产不逾期或不危害产品的质量，你将会不时纠正他的误区，并提供所需要的全部反馈信息和指导原则。

（5）保持宽容的心态。保证员工能尽可能有效地发挥其功用。若有人滋事扰乱，你要尽量解决这种情形。若你不能解决，就要在他的行为影响到其他人之前从工作中清退此人。

（6）如果员工的执行有误，解决此问题的方法应是教授他正确的执行方法，向员工展示，他哪里做错了，再回过头看一看正确的执行所需的步骤。不要惩罚或责备他，利用表扬及积极主动的评价去激励他。

由上述可见，员工为什么仍旧持续地误区地工作？他们是成熟的受过教育的人，难道他们不会正确地做这次简单的任务？答案很可能与员工本身没有多大关系，更多地与指导命令是如何下达的，或者是如何对待员工有更大的关系。

检查工作缺一不可

有布置而无检查，是领导者失职的表现；虽有检查，但不得其法，缺乏这方面的领导艺术，也收不到良好的效果。根据许多领导者的经验，要做好检查工作，必须从以下几个方面去努力：

（1）事先要有准备。检查工作是一件严肃而细致的事情，如果毫无准备，心中无数，就不要去，而应准备好了再说。所谓准备，就是对所要检查的工作，在总形势上有一个基本的了解，在方针政策上比较熟悉，对倾向性问题也要心中有底，以便更有针对性地进行检查。不然，下去之后，就容易出现一问三不知，或说错话、出歪主意的现象。同时，对检查的重点在哪里，哪个是关键部位，何处是薄弱环节，也要基本掌握，不然就会收效甚微。对于一些大规模的、复杂的检查项目，事先要有一个较详尽的计划，人力如何配备、时间如何安排、达到什么要求、采取哪些方法步骤，都应事先讨论明确，然后按照要求分工，各负其责。

（2）不要为检查而检查。检查下属的工作，主要是检查下属对路线、方针、政策的执行和落实情况，看下属是否准确迅速、积极主动、卓有成效地完成应该完成的各项任务，这是检查工作的主要目的和内容。但检查工作不是一件单一的、孤立的事情，如前所述，它也是收集信息、考察培养干部、推进工作、提高自身领导素质的重要渠道。既然检查工作这件事有着如此丰富的内涵和重要的意义，它也就理所当然地成为领导者的一个重要职能，就应当把它放到应有的突出位置上，下大力气抓好。如果能意识到这一点，就不会为检查而检查，或把检查工作看得过于简单，在行动上，就不会粗枝大叶，草率从事，而是自觉地把上述要求作为努力实现的目标，坚持标准，从严要求，达到高质量、高效益。

（3）检查要有标准。检查工作没有标准，大家就无所遵循。一般来说，要以原来制定的目标和计划为标准，但是又不能把这个标准看死了。它既是确定的，又是不确定的。所谓确定的，是说必须拿目标、计划作为尺度来衡量实际工作情况，非此不成为检查工作。所谓不确定的，就是不能削足适履，硬要客观事实符合主观认识。为此，检查可以分为三步：第一步是以既定目标和计划为标准，衡量工作进展情况及绩效；第二步是以实践结果为标准，同时，也有利于领导者集思广益；第三步是专门班子与领导者相结合。在现代化大生产条件下，没有一个领导者可以对错综复杂的情况洞察一切，即使是有才干的领导者，也无法靠自己来检查一切工作、掌握一切信息。所以在检查工作中，应当充分发挥反馈系统、监督系统等职能机构的作用，或者组成临时性的专门班子，吸收这种职能机构的专家参与工作。然而，领导者亲自参加检查也是绝对必要的。因为检查总结是领导者的一项职能，不亲自参加，就难以对贯彻执行决策的情况有深切了解和亲身感受，当然也就不能充分发挥检查工作的作用，对于再决策也会产生不利影响。即使有需要指正的地方，也要看准了再说，不要乱表态。上级领导的意见，下面的同志是很重视的。如果乱发议论，不但会使自己被动，降低自己的威信，而且会给下级造成思想压力，形成瞎指挥，给工作带来损失。

（4）要敢于表扬和批评，但要注意方法。领导者在检查工作时，必然要对下级的工作做出评价，或表扬或批评，目的是更好地调动积极性，激励他们做好工作。为此，首先，要坚持原则，敢于讲话，是非要清楚，功过要分明，正确的坚决支持，错误的坚决纠正，好的要表扬，坏的要批评，不能含糊敷衍，模棱两可。其次，要掌握分寸，不能过头。表扬要实事求是，留有余地；批评要诚实中肯，恰如其分，严而不厉，同时不抹杀对方做出的努力和成绩。只有这样，才能使其口服心也服，便于今后改进。

（5）防止主观性、片面性和表面性。凡是不从实际出发看问题，而是戴着有色眼镜看问题，先入为主，自以为是，就是主观性。片面性就是不能全面、客观地看问题，只知其一，不知其二，只见树木，不见森林。所谓表面性，就是走马观花，蜻蜓点水，知其然不知其所以然。这些都是检查工作的大忌，一定要注意防止和克服。领导者检查下级工作，不要带框框，抱成见，而要一切尊重客观事实，具体问题具体分析；好话坏话都要听，缺点成绩都要看；要扎扎实实，了解真情况，获取真知识，等等。

（6）要在解决问题上下工夫。只看病不治病，只调查，不解决，是一些领导者检查工作时常犯的毛病。为什么要检查工作？说到底，就是要发现问题，解决问题，把事业向前推进。当然，与发现问题比起来，解决问题是要费力气的，领导者就是要知难而上，努力从解决问题上看本事，见高低。凡是当时就能解决的，就要立即解决；当时不能解决的，也要本着为事业负责的精神，创造条件，抓紧做工作，争取尽快解决。

附：给下属设定工作的坐标
——华人首富李嘉诚谈如何分派工作

华人首富李嘉诚曾经接受美国《商业周刊》记者的专访，谈到他是如何给下属分派工作的。他说：

大家一定要知道，企业越大，单一的指令与行为是不可行的，因为这会限制不同的管理阶层发挥他的专业和经验。

我举一个例子。1999年我决定把Orange（指原本和记黄埔集团旗下的一家英国电讯业务公司，后高价卖出）出售，卖出前两个月，管理层建议我不要卖，甚至去收购另一家公司。我给他们列了4个条件，如果他们办得到，便按他们的方法去做。

一是收购对象必须有足够的流动现金；二是完成收购后，负债比率不能增高；三是Orange发行新股去进行收购之后，和黄仍然要保持35%的股权，我跟他们说，35%股权不但保护和黄利益，更重要的是保护Orange全体股东的利益；四是对收购的公司有绝对控制权。

他们听完后很高兴，而且也同意这4点原则，认为守在这4点范围内，他们就可以去进行收购。结果他们办不到，这个提议当然就无法实行。

我建立了4个坐标给Orange管理人员，让他们清楚知道这个坐标，这是公司的原则，然后他们到那边发展时，在这4个原则的指导下发挥才干，但是不能超越我这个4个coordinates（在空中比出4个坐标）。

Orange是一个奇迹。大概是11年前，我们同时做两个行业——一个是单向的无线电话，只可以打出，人家不能打给你。同时我们又去注册Orange这个PCS无线电话的品牌。自己亲自去试听新电话，声音很清晰，我们就开始（做）了，后来做得非常成功。但是，最后为什么卖，到今天全世界很少人知道。那个时候，价格就高得不得了。人家来到香港给我们一个300亿美元的offer。但是他们也不是唯一买家，也有人出差不多的价格。我就认为应该马上卖，假如我们做第三代电话，要做到同样多的顾客，我只需花120亿美元。第二代电话有的特色，第三代全部都有；第三代有的Data，第二代却做不到。所以结果就是从认识到成交不到两个小时，也成为世界上金额较大的一单交易，同时也是赚钱最多的。

这只是众多例子中的一个，其实在长实、和黄集团里面，我们有很多子公司，我都会因每家公司经营的业务、商业环境、财政状况、市场前景等给他们订出不同的坐标，让管理层在坐标范围内灵活发挥。

第6章

抓执行：

赢在执行力，胜在责任心

三流的执行强过一流的点子。

让执行为日常管理开道

有效执行作为一种思考方法和操作技巧已经风靡全世界管理界。对于任何组织来说，有效执行不仅仅是领导者的事，也不仅仅是员工的事，而是整个组织的核心任务。

成功的人往往都具有两个品质：判断力和自信心。客观的判断力决定人生的发展方向，自信心则帮助你克服困难、实现目标。对于企业来说，企业的决策力就相当于判断力，而自信心则相当于企业的执行力。任何一个想要成功的企业，这两种能力都必不可少。从我们当前的经济形势来看，中国企业要提高管理能力，尤其需要加强执行力。

执行力，就个人而言，就是把想干的事干成功的能力；对于企业来说，则是将长期战略一步步落到实处的能力。执行力是企业成功的一个必要条件，企业的成功离不开优秀的执行能力，当企业的战略方向已经或基本确定，这时候执行力就变得尤为关键。

而在实践中，企业高端的愿景往往非常美好，但是却大多缺乏层层解码的环境和机制，也就是缺乏执行力。戴尔公司总裁理查德·斯科德尔曾说过："对于一个组织来说，制定正确的战略是必要的，但更重要的是战略的执行，能否将制定的战略有力地执行到位非常重要，这是一个组织生存、发展及卓越的关键所在。"

汪中求先生的《细节决定成败》一书的前言中也曾写道："中国绝不缺少雄韬伟略的战略家，缺少的是精益求精的执行者；绝不缺少各类管理制度，缺少的是对规章条款不折不扣的执行。"

红蜻蜓公司的老总钱金波也这样认为：要强化一个企业的执行力，必须从制度的制定者到制度本身都进行加强，还要充分考虑到环境对执行者意识、心态的影响，最终还要对执行者进行正确的引导，才能使一个规定得以顺利地贯彻执行。靠制度约束可以让执行者做到60分，你也说不出什么来，但是，假如注重了执行力的强化，同样的人、同样的条件、同样的方法，可能会取得80分、90分的效果。企业文化的力量体现在两个方面，一是监督力，二是止滑力。文化是一种认同，假如一个企业已经形成了良好的风气，假如有员工的行为和企业的文化不符，就会有人提醒他，告诉他应该怎么做，这种善意的提醒就是一种融入日常生活中的监督。止滑力就像人的免疫力，身体好的时候没有任何区别。但假如大家感冒了，有的人可能三天就好了，有的人可能要七天才好。在企业困难的时候，凡是有良好企业文化的员工，绝对不会在企业下滑的时候说：老板，现在你有困难，我要走了。像海尔，员工理解认同了企业“真诚到永远”的文化。所以，在为消费者提供服务的时候觉得很应该，会很自觉地去执行公司的规定。这从一个侧面反映出了企业文化对人的行为也就是执行力的影响。

执行力说到底，其实质是一种企业文化——执行力文化，要想有效提高执行力水平，只有把执行力工作提升到企业文化建设的高度，要按照企业文化建设的特性、模式和方法去构建企业的执行力。众所周知，企业文化建设或者说执行力建设主要有以下特征：

设立目标，建立系统；领导重视，从上到下推行；发动员工，全员参与；循序渐进，稳步推进；针对目标，定期督查。

了解了执行力建设的特征，我们就可以按照这种特征展开工作：

第一，企业要成立以主要领导为负责人的工作小组，对企业急需解决的执行力问题进行梳理，整理出企业执行力改善的近期、中期、远期目标，建立执行力规划体系。

第二，领导要高度重视，带头按照企业的执行力要求去做，带头进行广泛宣传，把这些要求传递到中层，再由中层传递到员工，一级带动一级，一级负责一级，从上到下，层层推进。

第三，树典型，创建“品牌团队”。要充分认识抓典型的重要性，善于深入实际发现典型，把那些体现企业文化、反映企业精神、代表企业形象的先进个人和群体树立起来，作为学习的榜样。通过广泛开展“争先进，创一流”活动，树立蓬勃向上的良好风气。充分发挥典型的示范作用和带动效应。

第四，抓培训，提高执行能力。必须把培训工作当成兴企方略的重要举措来抓，要坚持从实际出发的原则，既要立足当前，又要考虑长远；既要看到一般员工的岗位需要，又要想到专业人员的知识更新。做到有计划，分层次进行。

第五，建制度，保证执行力的有效行使。搞好制度建设是做好一切工作的重要保证。要建立有效的考核评价体系，切实把执行率和执行结果作为对个人、集体的考核评价及奖惩的主要依据。同时，还要建立起有效的监督机制，通过稽核检查、宣传舆论等渠道的监督，确保政令畅通、执行无误。

总之，在大多数情况下，一家公司和它的竞争对手之间的差别就在于双方执行的能力。因此，我们要把提升执行能力看作是提升企业整体竞争力和构建企业竞争优势的一个突破口，从而慎重对待，并为之付出一定的时间、人力和资金投入，执行人对每一个阶段，每一个环节都一丝不苟。作为一个管理者应当善于培养下属的执行力，从而不断提高企业的综合实力，让执行力为企业的管理开道。

为什么会执行不佳

执行难。执行之所以难，在于它长期被忽视，而它之所以长期被忽视，原因又在于执行这一行为本身并没有找到自己的逻辑起点。我们在总结大多数执行错误时，简单地把错误归于执行一方，而没有真正找到执行难以到位的“元凶”。

1. 只说不练

许多企业常常是目标、策略一大箩筐，议而不决，光说不练，流于“口号管理”，目标、策略都没有落实到具体的计划上，没有执行的时间表，更没有根据达到的程度订立赏罚标准。这些公司的管理常常粗而不精，只是按照一些基本的规章制度大而化之地进行。

这样的企业，必然患上一种“组织末梢神经麻痹症”，越到执行最关键的基层，员工越是对工作拖拖拉拉，习惯了不痛不痒、马马虎虎，习惯了得过且过、敷衍了事；一旦认真起来，却又呆头呆脑不知灵活变通。

一位企业家朋友曾说：“你要想某件事情执行不下去，就开会讨论研究一下。”这种观点虽然偏激，却反映了执行中的一个大问题。会议越多，说得越多，对事情越无帮助，议而不决，决而不解，办事的效率就会大打折扣。因此，很多事情一旦决策就要迅速落到实施上，讨论得越多越难执行。

2. 流程繁琐

IBM的战略和具体经营策略天下一流，但在20世纪90年代初期，它却陷入四面楚歌、风雨飘摇之中。原因系统而复杂，但我们可以通过其信用公司以管窥豹。

IBM信用公司是如何为顾客提供融资服务的？第一步，现场销售人员获得一名有购买意向的客户，然后电告总部办公室人员，办公室人员将要求记录在一张表格上；第二步，这张表格被送到楼上的信用部，信用部专人将其输入电脑，并审核客户信用度，把审核结果填入表格，然后将表格交给下一环节——经营部；第三步，经营部接到此表格后，又有专人负责根据客户的申请，对标准的贷款合同做必要的修改填写；第四步，此融资申请单被送到核价员处，他将有关数据输入电脑，计算出对该客户贷款的适当利率，然后连同其他材料一起，转到下一步——办事组；第五步，办事组中一位行政人员将所有这些标准装入一个特定的信封内，并委托快递公司送到销售人员手中。

这一流程长则两星期，平均花费7天（后来的“综合办事员”仅4个小时就能完成）。在等待的7天中，销售代表和顾客谁也不知道他的申请公文旅行到了哪个“码头”，电话询问也不得而知。于是没有耐心等待的顾客，最后都离IBM而去。

显然，IBM信用公司的流程过于繁琐，执行环节过多。曾经有一家权威公司做过一项调查：许多公司只有15%的时间真正在为顾客提供服务，其余85%的时间所做工作对顾客而言根本没有意义。换言之，公司为了维护组织自身平衡稳定，将大量的时间和精力花在企业内部流程上了，此时企业组织变成了“为了存在而存在”，而不是“为了顾客而存在”。然而顾客却必须为15%的价值，向公司支付100%的货币。显然，这样的组织是执行力低下的，更是缺乏竞争力的。

高标准才能执行到位

《孙子兵法》有一句话：“求其上，得其中；求其中，得其下；求其下，必败。”这句话让人联想到目标牵引——被马拉动的车只能跑在马的屁股后面，要使车到达预定位置，就必须给马设定更高的目标。这就是我们常常强调的做事要高标准严要求。

企业经营管理除了要有使命、愿景这样的激动人心的目标，还要制定战略明确、实现目标的途径。但这些仍然停留在规划层面，都还属于纸上谈兵，最终都需要在执行层面去落实，这也是企业经营成败中最关键的一步。因此我们看到，从全面质量、精益制造、六西格玛管理，到流程再造，几乎所有的管理变革的核心都是打造企业执行力。因为执行力是把事情做好的能力，而不仅仅是一种意愿。仅有意愿而缺乏能力，就会感到力不从心。

事实证明，人的能力取决于掌握的知识和技巧，企业的能力取决于做事的方式，包括流程与方法。管理变革就是要改变做事的习惯，建立更加高效的流程和有效的方法，而困扰我们管理变革深化的最大因素就是根深蒂固于传统习惯中的粗放管理、得过且过。

高标准是执行力的源头。见贤思齐乃是人类追求文明进步的天性，但首先应该有“贤”的标准，通过树立标杆明确进步的方向。还应提出“精准细严”的精细化管理目标，并把它具体化到各项业务中，上升为全局性的管理文化，引领管理变革的持续深化。

提到高标准的执行，人们就想到丰田。自从他们的生产方式被冠以“改变世界的机器”之后，几十年来，到丰田的朝圣者始终没有间断过。从管理学者到企业家，他们从各种角度解读丰田，按照自己的理解学习丰田，虽然都有着不同程度的收获，但时至今日，真正读懂丰田的人并不多。

一套体系完整、方法清晰的理论，几十年来没有能够培养出第二个丰田，因为没有人能下得了丰田的“笨功夫”。一套管理方法坚持了半个世纪仍然在不断改进，正是这种近乎愚公移山的笨功夫成就了丰田今日的地位。在汽车工业竞争如此激烈的红海市场中，丰田能够扎扎实实地把产量做到世界第一，把利润做到超过美国三大汽车工业巨头的总和，而资产报酬率也高出行业平均值的8倍。

丰田成功的经验告诉我们，基于定位的差异化优势是短暂的，真正难以模仿的是基于独特文化的做事方式。用高标准做事，在红海市场中同样能够找到“蓝海”。

人生的至理其实并不多，而最大的至理应该是知行合一。全世界的股民都知道股神巴菲特的秘籍是以不变的价值投资理念应对诡谲多变的市场，然而自己一旦入市总是抱着投机心理，处处应变，因而处处被动。

管理的高标准、高要求就是以高度的责任心，用高标准去衡量，区分“把工作做了”与“把工作做好”。具体到管理变革，就是在推进过程中要扎扎实实按照要求去做，如果以管理基础薄弱为借口随意变通，迁就自己，则“求其下，必败”。“为山九仞，功亏一篑”，这一篑之差，就可能无法摘到成功的果实。

执行者的态度决定一切

可以说，工作是一个人人生态度的体现。一个人一生的职业，体现了他的志向和理想。因此，一个人的工作态度在很大程度上体现着这个人的性格以及他的品质。不论我们从事多么琐碎的工作，都不要轻视它。因为所有能够创造价值的工作都是值得尊敬的，关键在于我们怎样看待自己的工作。只要我们认真、诚实地付出劳动，就没有任何人可以贬低我们的价值。

这个世界上，没有卑微的工作，有的只是卑微的工作态度。虽然，有些工作看上去并不十分高雅，而且工作环境也非常差，但是，我们并不能因此就轻视这样的工作，我们应该用一种正确的价值观去看待它——只要它是有用的，就值得我们去做。工作没有贵贱之分，工作态度却有高低之别。做一名普通的纺织工人并不是什么不光彩的事情，他们同样在创造价值，但是如果纺织出的都是不能用的布，那才是不光彩的事情。

“假如你非常热爱你的工作，那你的生活就是天堂；假如你非常讨厌你的工作，那你的生活就是地狱。”我们每个人的一生中，很大一部分时间都和工作有着密切的联系，与其说是工作需要人，不如说任何一个人都需要工作。作为企业的员工，我们需要有一个正确的工作态度。因为在实际工作中，我们的工作态度决定着自己的前景。工作态度的好坏，决定着能不能把工作执行到位，能不能为自己和企业创造实际的价值。

有一家公司因为新系统要上线，涉及中心厅、合作厅、网盈厅、校园厅所有营业员的培训，还要帮助市场部清理在途工单、抵用券的兑换，还要迎接省公司领导视察……似乎所有的事情都堆到了一块。

在这种情况下，员工对于工作的态度，执行力的高低，立刻就显现出来了。

有些员工，对待所有的工作，毫不含糊。为了做好工作，常常加班到夜里十一二点甚至更迟，都毫无抱怨。老板说：“对于这些人，只要是布置了任务，就等着听汇报就行了。”有些员工，对待分内的工作，也是认真对待，但是稍稍逾越了职责边际，就会找各种理由推脱。还有的员工，做了一些工作后，到处敲锣打鼓，为自己歌功颂德。

有这样一句话：流程，不能规定所有的职责范围，每个人都往前跨上半步，流程才能顺畅运转。有时，技能并非是最主要的，重要的是态度。态度决定一切。

站在管理人员的角度，无疑第一种员工是最让人省心的，也是最值得嘉奖的。

“没有任何借口。”是的，不要找任何借口，作为执行者，你的任务就是执行，唯有执行！也许领导者的决策会有失误，但失误只有在执行的过程中才能发现，才能纠正。任何宏图伟略，也只有通过执行来显现。

何谓执行力？按照书上的定义就是保质保量地完成自己的工作和任务的能力。成为一名卓越员工，不断提升自我执行力是关键。个人执行力的强弱主要取决于两个要素——个人能力和工作态度，能力是基础，态度是关键。所以，要提升个人执行力，一方面是要通过加强学习和实践锻炼来增强自身素质，另一方面是要端正工作态度。那么，如何树立积极正确的工作态度？关键是要在工作中实践好“严、实、快、新”四字要求。

首先，要着眼于“严”，积极进取，增强责任意识。责任心和进取心是做好一切工作的首要条件。责任心强弱，决定执行力度的大小；进取心强弱，决定执行效果的好坏。因此，要提高执行力，就必须树立起强烈的责任意识和进取精神，坚决克服不思进取、得过且过的心态。把工作标准调整到最高，精神状态调整到最佳，自我要求调整到最严，认认真真、尽心尽力、不折不扣地履行自己的职责。绝不消极应付、敷衍塞责、推卸责任。养成认真负责、追求卓越的良好习惯。

其次，要着眼于“实”，脚踏实地，树立实干作风。天下大事必作于细,古今事业必成于实。虽然每个人岗位可能平凡，分工各有不同，但只要埋头苦干、兢兢业业就能干出一番事业。好高骛远、作风漂浮，结果终究是一事无成。因此，要提高执行力，就必须发扬严谨务实、勤勉刻苦的精神，坚决克服夸夸其谈、评头论足的毛病。真正静下心来，从小事做起，从点滴做起。一件一件抓落实，一项一项抓成效，干一件成一件，积小胜为大胜，养成脚踏实地、埋头苦干的良好习惯。

再次，要着眼于“快”，只争朝夕，提高办事效率。“明日复明日，明日何其多。我生待明日，万事成蹉跎。”因此，要提高执行力，就必须强化时间观念和效率意识，弘扬“立即行动、马上就办”的工作理念。坚决克服工作懒散、办事拖拉的恶习。每项工作都要立足一个“早”字，落实一个“快”字，抓紧时机、加快节奏、提高效率。做任何事都要有效地进行时间管理，时刻把握工作进度，做到争分夺秒，赶前不赶后，养成雷厉风行、干净利落的良好习惯。

最后，要着眼于“新”，开拓创新，改进工作方法。只有改革，才有活力；只有创新，才有发展。面对竞争日益激烈、变化日趋迅猛的今天，创新和应变能力已成为推进我们企业发展的核心要素。因此，要提高执行力，就必须具备较强的改革精神和创新能力，坚决克服无所用心、生搬硬套的问题，充分发挥主观能动性，创造性地开展工作、执行指令。在日常工作中，我们要敢于突破思维定式和传统经验的束缚，进一步解放思想，不断寻求新的思路和方法，使执行的力度更大、速度更快、效果更好。养成勤于学习、善于思考的良好习惯。

总之，提升个人执行力虽不是一朝一夕之事，但只要你按“严、实、快、新”的要求用心去做，相信一定会成功！

把工作落到实处

把工作落到实处，需要领导者破除一切陋习和阻碍，身体力行，树立雷厉风行的工作作风。领导者脚踏实地地工作，是抓好落实工作的关键。因此，必须明确坚持以下八个反对：

（1）反对表面应付，提倡认真工作。完成任何一项工作任务，都需要认真负责的态度和作风。有一些领导者缺乏事业心，没有责任感，工作起来或者浮躁潦草、马虎从事，或者敷衍塞责、表面应付，或者遇事推诿、不负责任。有的甚至把“难得糊涂”奉为信条，在原则问题上模棱两可，含糊其辞。像这样，是很难抓好落实的。

（2）反对浮在表面，提倡深入实际。各级领导者只有率先垂范，身体力行，在狠抓落实上做出表率，做出榜样，才能取信于民。

（3）反对弄虚作假，提倡实事求是。弄虚作假不但会给工作造成严重的损害，也会严重损害个人的形象。领导者要“说老实话，做老实事，当老实人”，在企业内树立起不说假话说真话，不搞浮夸干实事的好风气。

（4）反对职责不清，提倡分工负责。人浮于事、职责不清、遇事推诿、互相扯皮的现象，在一些机关和职能部门中普遍存在，严重影响了工作的落实。因此，必须进一步实行严格的岗位责任制、管理责任制。凡上级部署了的工作，要层层有人抓，件件有着落。

（5）反对只发号召，提倡具体指导。要把各项工作落到实处，各级领导者一定要注意不能使管理工作停留在一般号召上，而要将一般号召与个别指导相结合，解剖“麻雀”，以点带面。要重视解决落实过程中出现的各种矛盾和问题，按轻重、难易、缓急，抓住重点，攻克难点，统筹安排，逐一去办。

（6）反对空作安排，提倡督促检查。一些领导者抓工作仅仅停留于召开会议，做出决议，制发文件上，却很少监督检查，甚至只布置工作任务，不检查落实情况。这是一些工作不能很好落实的一个重要原因。各级领导者在提出任务之后，都要及时督促检查，及时通报和交流各单位贯彻的情况。对落实工作搞得好的，要表扬；对落实工作搞得不好的，要批评；对不抓落实的，要处理。

（7）反对办事拖拉，提倡雷厉风行。现在，有一些管理机关和职能部门，工作总是紧张不起来。在这些机关和部门中，办事节奏不快，工作效率不高，再急再大的事也是你推来、我推去，久拖不决。有些领导者，工作时精神不振、松松垮垮，干起工作来慢慢腾腾、拖拖拉拉，没有一点利索劲。这样的工作作风，我们要坚决反对。

（8）反对言行不一，提倡身体力行。各级领导者必须说到做到，言行一致，表里如一。不能说一套做一套，说大话空话，不履行诺言。领导者必须以身作则，成为全体员工的榜样。

日事日毕，日清日高

“日事日毕，日清日高”是海尔的口号。海尔的全面质量管理当中，最重要的一个原则就是“三全”的原则，即全面的、全方位的、全过程的。全面质量管理主要是全员参与的管理。在整个质量管理过程中，海尔采取了日清管理法，就是全面地对每人、每天所做的每件事进行控制和清理——日事日毕，日清日高。今天的工作今天必须完成，今天完成的事情必须比昨天有质的提高，明天的目标必须比今天更高才行。

其实，“日事日毕，日清日高”不仅对于企业管理很重要，对于员工个人来说也非常重要，坚持这个原则，可以保证我们的工作整饬有序且能保质保量地完成。

工作就像滚雪球，如果你不及时清理，就一定会越堆越多。提高工作效率的诀窍在于尽量每天都完成当天的工作，这样在第二天你就不会背上过多的包袱。

下面我们来看看海尔以日事日毕，日清日高为核心的“OEC管理法”。OEC管理法，即Overall（全方位），Everyone（每人）、Everything（每件事）、Everyday（每天），Control（控制）、Clear（清理）。“OEC”管理法也可表示为：每天的工作每天完成，每天的工作要清理并要有所提高。即“日事日毕、日清日高”。

这个OEC管理法由三个体系构成：目标体系—日清体系—激励机制。首先是确立目标；而日清是达成目标的基础工作；日清的结果又必须与正负激励挂钩才有效。它的实施需借助于一个“3E”卡，将每个员工每天工作的七个要素（质量、产量、物耗、安全、文明生产、工艺操作、劳动纪律）量化为价值，员工收入就跟这张卡直接挂钩，每天由员工自我清理计算日薪并填写记账，检查确认后交给班长。不管几点钟下班，不管多晚，班长都要把签完字的卡拿回来，再签上自己的名字交给车间主任。这样的工作要求天天写月月填，所以这个管理法的执行过程是非常枯燥的。但海尔一直到目前为止还丝毫没有准备放弃的迹象。

在海尔，案头文件，急办的、缓办的、一般性材料的摆放，都是有条有理、井然有序的，临下班的时候，椅子都放得整整齐齐的。

海尔的日清系统包括两个方面：一是日事日毕，即对当天发生的各种问题（异常现象），在当天就弄清原因，分清责任，及时采取措施进行处理，防止问题积累，保证目标得以实现；二是日清日高，即对工作中的薄弱环节不断改善、不断提高，要求职工工作效率“坚持每天提高1%”，70天后工作水平就可以提高一倍。

对海尔的客服人员来说，客户对任何员工提出的任何要求，无论是大事还是鸡毛蒜皮的小事，工作责任人必须在客户提出的当天给予答复，与客户就工作细节磋商，达成一致，然后毫不走样地按照经商的具体要求办理，办好后必须及时反馈给客户。如果遇到客户抱怨，投诉的情况时，需要在第一时间加以解决，自己不能解决时要及时汇报。

从上面的介绍中我们可以看到，在众多的企业中，海尔是“当日事当日毕”的一个典型代表。你不需要照搬或者模仿海尔的做法，而是应该让自己成为日事日毕、日清日高的高素质、高效率人才。

无论是日事日毕还是日清日高，其主要的核心还是在于提高工作效率，切实有效地搞好工作。要想达到这个要求，首先就要形成一种不拖拉的工作作风，今天能完成的事绝不拖到明天，该完成的工作尽可能提早完成；其次还要保证工作能够有序地进行，做到日清日高。

日事日毕至少包含了两点关键因素：合理的计划和良好的执行力。

合理的计划要求你充分掌握自己的情况，对工作进行正确认识，并充分预测可能的风险；合理的计划还是执行的前提，不要把计划制定得连超人都完成不了。

现在的工作，往往计划性十足，按照一个规范的管理流程，在项目初始就执行了多种计划，从工期和质量去考虑，然后划分版本、大的里程碑安排、沟通、培训、开发、部署、测试等。在第一次把计划做完之后，所有人都会认为，看我们这个计划多么合理啊，看来我们能够在指定的时间内完成我们的目标了。

事实真的如此吗？当然不是，总是有多种因素的影响，让我们的各种计划，特别是每天的进度，总是不能如人意。诸多的会议总是频繁发生着，因为我们大家都知道，沟通是多么重要，但谁也不知道这种会议是做什么的。有些人在努力地工作着，也有些人会丢失了每天的工作方向，不知道自己的目标在哪里。在拥有了诸多规范和计划措施以及原则之后，我们把日事日毕丢了。

如果工作没有时间限定，就如同开了一张空头支票。只有懂得用时间给自己施加压力，才能及时地完成任务。所以最好制定出每日的工作进度表，记下事情，定下期限。每天都有目标，也都有结果，日清日高。知道自己每天要去做什么，才能谈得上关注目标，才能发现各种复杂的因素到底是如何影响我们每个人每个时刻的工作的。

所以，从现在起就下定决心、洗心革面。拿支笔，将底下对你最有用的建议画条线，并且把这些建议写到另一张纸上，再将它放在你触目可及的地方，如此可有助你尽快行动：

（1）列出你立即可做的事。从最简单、用很少的时间就可完成的事开始。

（2）持续5分钟的热度。要求自己针对已经拖延的事项不间断地做5分钟，把闹钟设定为每5分钟响一次；然后，着手利用这5分钟；时间到时，停下来休息一下，这时，可以做个深呼吸，喝口咖啡，之后，欣赏一下自己这5分钟的成绩。接下来重复这个过程，直到你不需要闹钟为止。

（3）运用切香肠的技巧。所谓切香肠的技巧，就是不要一次吃完整条香肠，最好是把它切成小片，小口小口地慢慢品尝。同样的道理也可以适用在你的工作上：先把工作分成几个小部分，分别详列在纸上，然后把每一部分再细分为几个步骤，使得每一个步骤都可在一个工作日之内完成。每次开始一个新的步骤时，不到完成，绝不离开工作区域。如果一定要中断的话，最好是在工作告一个段落时，使得工作容易衔接。不论你是完成一个步骤，或暂时中断工作，记住要对已完成的工作给自己一些奖励。

（4）把工作的情况告诉别人。让关心这份工作的人知道你的进度和预定完成的期限。注意“预定”这个词，你要避免用类似“打算”“希望”或“应该”等词来说明你的进度。因为这些词表示，就算你失败了，也不要别人为你沮丧。告诉别人的同时，除了会让你更能感受到期限的压力外，还能让你有听听别人看法的机会。

（5）在行事历上记下所有的工作日期。把开始日期、预定完成日期，还有其间各阶段的完成期限记下来。不要忘了切香肠的原则：分成小步骤来完成。 方面能减轻压力，另一方面还能保留推动你前进的适当压力。

（6）保持清醒。你以为闲着没事会很轻松吗？其实，这是相当累人的一种折磨。不论他们每天多么努力地决定重新开始，也不管用多少方法来逃避责任，该做的事，还是得做，压力不会无故消失。事实上，随着完成期限的迫近，压力反而与日俱增。所以，你千万不要拖拉，把今天的事留给明天去做，那样只会让你有更大的压力。

执行力应具有的八种能力

美国ABB公司原董事长巴尼维克曾说过：“一位经理人的成功，5%在战略，95%在执行。”因此，提高“执行力”对领导者来说非常重要。只有参与到企业运营当中的领导者，才能拥有把握全局的视角，并且做出正确的决策。要做个“服众”的主管，就要提升自己的执行力，具体包括以下八项能力：

（1）领悟能力：做任何一件事以前，一定要先弄清楚上司希望你怎么做，然后以此为目标来把握做事的方向，这一点很重要，千万不要一知半解就开始埋头苦干，到头来力没少出、活没少干，但结果是事倍功半，甚至前功尽弃。

（2）计划能力：执行任何任务都要制定计划，把各项任务按照轻、重、缓、急列出计划表，一一分配部属来承担。把眼光放在部门未来的发展上，放在不断理清明天、后天、下周、下月，甚至明年的计划上。

（3）指挥能力：指挥部属，首先要考量工作分配，要检测部属与工作的对应关系，也要考虑指挥的方式。好的指挥可以激发部属的意愿，而且能够提升其责任感与使命感。

（4）监控能力：监控就是追踪考核，确保目标达到、计划落实。虽然谈到控制会令人产生不舒服的感觉，然而企业的经营有其十分现实的一面，有些事情不及时加以监控，就会给企业造成直接或间接的损失。

（5）协调能力：任何工作，如能照上述所说的要求，制定完善的计划，再下达适当的命令、采取必要的控制，工作理应顺利完成，但事实上，主管的大部分时间都必须花在协调工作上。协调包括内部上下级、部门与部门之间的共识协调，也包括工作与生活之间的利益协调，任何一方协调不好都会影响执行计划的完成。

（6）授权能力：任何人的能力都是有限的，作为高级主管不能像基层员工那样事事亲力亲为，而要明确自己的职责就是培养下属共同成长，给自己机会，更要为下属的成长创造机会。

（7）判断能力：判断对于一个主管来说非常重要，企业经营错综复杂，常常需要主管去了解事情的来龙去脉、因果关系，从而找到问题的真正症结所在，并提出解决方案。这就要求洞察先机，未雨绸缪。要清楚这样才能化危机为转机，最后变成良机。

（8）创新能力：要提高执行力，除了要具备以上这些能力外，更重要的还要时时、事事都有强烈的创新意识，这就需要不断地学习，要求管理者把工作的过程本身当作一个系统的学习过程，要清楚创新无极限，唯有创新，才能生存。

中层管理者作为企业的中坚和脊梁，其重要性是不容置疑的。现代企业制度条件下对中层管理者在观念、能力、作风、品行、绩效、结构等素质上的要求更高，要想切实提升中层管理者的执行力，就必须认真研究影响管理者执行力提升的能力，积极搭建提升管理者执行力的平台，努力寻找提升管理者执行力的途径，使决策者、领导者、执行者、推动者赋于一身的中层管理者真正成为企业的“中流砥柱”。

附：执行力不行，干劲哪来？
——巨人集团当家人史玉柱谈执行力

提起史玉柱，给人印象更多的，他是保健巨鳄、网游新锐、身家数百亿的企业家。他在奇迹中创业成功，在辉煌中突然倒下，在绝望中重获新生。

某商学院教师评价说史玉柱的执行力存在问题，认为他的执行水平不高。这种观点认为，史玉柱的营销网络没有采用所谓先进的科学管理体系，人均执行绩效并不突出。

在脑白金的营销过程中，史玉柱大面积广告投放，曾经在业界引发质疑。特别是同质的两款广告，因在晚间黄金时间播出，激起观众的兴趣。不少人开始从广告费用和脑白金的销量之间寻找脑白金广告的效率证据。

有部分教授可能由于获得的数据存在干扰，得出了脑白金广告效率不高的观点，在媒体的宣传下就变成过度解读的“巨人营销队伍执行力不足”“人海战术”“洗脑广告”等说法。

史玉柱对于舆论媒体的炒作并不关心。在他看来，做保健品的关键之一，就是广告策略选择得当，营销队伍执行有效。脑白金的营销队伍，在成本控制上是十分严格的，当初在陈国的领导下，对于每一个电视台的广告费用都要讨价还价，每一个营销人员的开支也都严格监控，杜绝了滥用和浪费现象。

柳传志的执行理念对于史玉柱的影响极为深刻：“第一条就是说到做到，做不到就不要说。这句话很土，但是很实用，这个就从柳传志挑起来的，他跟我说了这个标准。因为我过去也经常发生这个情况，我的部下向我拍胸脯，我下个月销售额一定做到多少，然后到下个月没有完成，没完成好像也没啥，然后他又再往下个月再拍胸脯，这样一搞就等于下面骗上面，上面再一放炮又骗下面，团队的气氛就非常不好，没有战斗力。”

在史玉柱看来，他执行的从下到上的推销布局策略，和教授们的假设前提是不同的。直接从消费者那里获得的销售信息显示，一丝不苟的脑白金员工是毫无折扣地执行这一策略的。在史玉柱看来，每一个销售员不只是销售商品，更是调查员和分析员。

有时，史玉柱对于员工执行能力的要求近于苛刻。2009年，巨人网络集团业绩下滑，IT企业解释为受金融危机影响，巨人团队从执行的结果检查中意识到，事实并非如此。团队负责人很坦率地表示：“金融危机不是遮羞布，业绩下滑是我们自身的原因，主要是《巨人》游戏不是特别成功。”

此时，连史玉柱也发现，经历了上市的成功，短期内，不少企业的高管和员工开始滋生享乐主义，不思进取的情绪。巨人的研发团队显得有些慵懒：握着股权的老员工行权之后，住上了别墅；新员工没有股权，工作也就并不那么热情。此时的史玉柱开始意识到，让员工们签署“任务承诺书”都是无效的。

在他看来，只有让员工为自己干活，项目才能真正取得进展：产品做得好，研发人员能得到高额分红，将来公司甚至可能独立上市；做得不好，自己的投资也全部落空。为此，史玉柱在执行上再次提高声调，要求团队成员不忘本，并且在团队的管理制度上恢复了从前简单化和严格化的传统。

第7章

懂激励：

用对方法笼人心

让员工自己跑起来。

人性的假设

领导要想激励员工，必须先了解人性假设的知识。

在西方管理学史上，有四种关于人性的假设：

第一是经济人假设。

经济人假设认为，人是经济的产物，人的一切活动都是为了获得经济报酬和物质生活的满足。经济人假设的思想对应于麦格雷弋“X理论”，即：首先，一般人对工作具有天生的厌恶，只要有可能，便会逃避工作；其次，由于人类具有不喜欢工作的恶性，故必须予以多数人强制、控制督导，给予惩罚的威胁，才能迫使他们朝向组织目标而努力；最后，一般人愿意受人指责，不愿承担责任，志向不大，但求生活的安定。

第二是社会人假设。

这种假设认为，人是社会的产物，人在社会主流中追求人际关系的和谐，注重心理和情感的满足，并为此而付出个人的努力。

第三种是自我实现人假设。

这种假设认为，人们力求最大限度地将自己的潜能充分发挥出来，只有在工作中将自己的才能表现出来，人才会感到最大的满足。自我实现人假设的思想对应于麦格雷弋的“Y理论”，即：首先人在工作中消耗体力和智力，是极其自然的事，如同休息和游戏一般；其次控制和惩罚并非是惟一方法，一般人能自我督导和自我控制；再次只要情况合适，一般人不仅学会承担责任，还会寻求责任；最后在现代社会经济技术条件下，一般人的潜能只发挥出一部分。

第四种是复杂人假设。

这种假设认为，人是很复杂的，人的需要与潜在欲望是多种多样的，而这些需要的内容和结构也不断地随人的年龄和发展阶段的变化而变化，并因人的境遇差异而不同。

有效地激励他人

一个领导能够有效地激励他人，便是很大的成绩。要使一个单位有活力有生气，激励就是一切。你也许可以干两个人的活，可你成为不了两个人，你必须全力以赴，去激励另一个人，也让他激励手下的人。你一个人可以取得一些局部的小胜利，但你要成功创业，要取得最后的全局胜利，这绝对不是你一个人单枪匹马所能完成的。所以，你应该懂得怎样用有效的态度和悦人心意的办法去激励别人，这是十分重要的。

那么，下面这些方法能够使你达到激励别人的目的。

1. 充分肯定下属的出色工作

如果你的下属们完成的工作质量非常出色，而身为领导者的你却从来不去注意，他们很快就会觉得实在没有必要如此卖力地工作，毕竟这项工作完成得一般还是出色与他们的关系并不是十分密切。于是，下属们的工作质量就会慢慢地下降。更重要的是，你的下属们会认为是你将他们的工作成果全部据为己有，你成了一个“摘桃子”者。这时，你的下属心里会想，你始终不提我们工作的出色，还怎么可能会向上司反映我们的成绩呢？

总之，你作为一个公司的领导者，就有必要也有义务让你的下属们知道你是一名有劳必酬的领导者。这是最好的激励方法。

2. 让下属承担富有挑战性的工作

我们每一个人都喜欢表现自我、超越自我，都希望在原来的基础上取得新的成就，更上一层楼。那么，你的下属也一样。对于你的下属来说，从你那里接受挑战性的工作可以使他们非常清楚地意识到自己肩上担子的分量。正是接受挑战性工作的这种紧迫感和责任感而不是工作本身，使得你的下属今后得以成功。工作中的挑战性是非常重要的，它能够激发一个人的工作热情，激励你的下属在今后的工作中更加勤奋努力，从而对自己树立起坚定的自信心，获得事业的成功。这一点无论是对你的新下属，还是新员工，都是如此。

3. 恢复下属的自信心

美国哈佛大学的劳伦斯教授一直将自己的研究工作专注于影响工作业绩的关键

条件上。他指出：导致一个人工作业绩好坏的因素很大程度上来自于工作的满意程度——自信。

那么，你的下属怎样才能在工作中树立起自信心呢？世界著名的心理学家艾里克森的解释是，一个人的自信心，最终的形成与确定需要两个条件：首先要有一个紧迫的环境；其次要有一个“化险为夷”、渡过“危机”的结果。换句话说，一个人的自信心的获得是在一次又一次渡过危机的过程中实现的。他同时指出，一个人自信心的提高，会使我们对自我的把握能力加大，这种自我把握能力是一个人对自己准确评估与预见的能力，它会在人的内心产生一种能动的力量，促使个人向完善发展，并且因此而把握一个企业正确的途径。

4. 在工作中多褒少贬

一个出色的、精明的领导者，不会在一些小事上对自己的下属“横挑鼻子竖挑眼”，而是应该采取一种宽容豁达的态度，让下属在犯了错误做了错事之后尽快地了解自己的错误而不是打击他们的自信心，给予他们时间去争取下一步的胜利。

5. 不要无谓地非难你的下属

在公司管理工作中，对于下属的失败，假如你熟视无睹，不加以斥责的话，就有可能使下属缺少警惕性，很可能还会重蹈覆辙。为了使你的下属不被同一块石头绊倒两次甚至多次，你一定要深究造成失败的原因，促使他自己进行深刻地反省，所以，斥责犯了错误或者失败了的下属是对的。

但是，斥责不意味着你就可以去非难他，斥责和非难这两者之间的区别是显而易见的。从对象的角度和心理去考察，“非难”带有明显的攻击意味，而攻击下属的失败，在结果上只能使他们产生一种逆反心理，使得批评的效果大打折扣。相反，你若是通情达理、体贴下属的话，尽管斥责他，但下属并不会因此而怀恨在心的。因为正确地运用批评的武器也是一种激励手段。

6. 让你的下属有归属感

从领导者和组织的角度来说，一个有着主人翁意识的员工，一定是深爱着自己的工作、自己的部门、自己的公司，对组织有着巨大的献身精神的人。而从员工本身的角度来看，主人翁意识意味着他们有权对自己的工作以及与之有关的其他事情做主。主人翁精神就是一种创造性的精神，它要求人们运用自己的判断力，去解决组织所面临的困难和问题，用自己的自豪感、自信心所焕发出的巨大热情去创造一个又一个奇迹。在这一方面，世界上著名的公司IBM的做法很值得学习和推广。

早在20世纪80年代初，IBM公司就废除了那些沿袭已久的规章制度等，而代之以相互之间的信任和支持。IBM公司没有工会组织，其内部充满着家庭的气息和民主的氛围，虽然公司也面临着激烈的竞争压力与市场的挑战，但它的员工们都用团结互助的团队精神、用主人翁责任感始终如一地支持着这架世界上最大的“商用机器”。

随着社会的发展，人们的生活节奏不断加快，竞争的压力也越来越大，这已成为一个不能回避的现实。即使在一个公司内部，竞争也无处不在。所以，作为一个领导者，你就要设法使公司内部的竞争朝着良性的方向发展。

一个公司就是一个大家庭，或者说是一部机器，而每个成员都是机器上的一个组成部分。作为领导者的你，就是要想方设法使这架机器正常运转。只有这样，你的公司才会有无穷的活力。

让激励真正产生作用（一）——给员工以精神上的满足

不管一个员工在公司里的职位或高或低，要想长久地留住人才，就必须能够使他从心理上、从感情上对目前和未来的工作环境，包括与同事、上司的人际关系具有好感。要达到这一点，有赖于对员工有效的精神激励。

1. 倾听式激励

倾听是一门艺术，并不是一件很简单的事情。一个人坐在你面前滔滔不绝，你坐在他身边不断点头，心里却在想，“今天晚上和老张再好好谈一谈”或者是“待会儿怎样才能语惊四座，让别人知道我的见识不凡”。此时，你并没有在听别人讲话，你只是在急着等别人讲完，好轮到自己发言。

作为管理人员，善于听别人讲话是一项尤为重要的技巧。有些最好的经理往往也是最善于听人讲话的人：有一位销售经理，对公司的销售业务毫无详细的了解，每当经销人员遇到了问题来征求他的意见时，由于他对业务一无所知，他实在是无可奉告，提不出什么好建议。尽管如此，但他的倾听艺术非常高明，无论这些人问他什么，他总是这样回答：“你觉得呢？你认为怎样办最好？”这就会给出一个解决的方案，而他总是会点头同意。部下会满意地离开，而且觉得这位经理真的是很不错，很尊重下属的意见。而部下由于了解实际情况，对问题的解决办法总是能谈个八九不离十，因此问题总是解决得又快又好。

与别人交谈时，你必须全神贯注在对方身上，专心致志地听对方的话，听他的言外之意、弦外之音，还要注意他的动作、手势、眼神与表情。你要使对方觉得在谈话的这一刻，只有你们两位在这个世界上。相反，如果你的眼神飘忽不定，你的谈话对象会想："这个家伙根本没把我放在眼里"，你的谈话算是泡汤了。

人们常常因为谈话中断而坐立不安，他们会赶紧找出新的话题接下去讲，来使交谈进行下去。实际上，片刻的沉默会使双方都有思考回味的机会，会使某一方提供更多的信息，能让双方都有一个休息的机会。连珠炮似的交谈往往存在什么不对劲的地方。

有许多时候，你跟一个苦闷的员工交谈，并不需要你出主意，提供解决的办法，只需要你耐心地倾听，对方在诉说完自己的苦闷烦恼之后，自然就会找到解决的办法。但有些时候，光靠倾听是不够的，对于一些人，除非你小心翼翼地加以询问，否则你无法知道他们在想些什么。但这里的探问务必要委婉，让对方知道你的本意是关怀而不是窥探隐私。

2. 赞美式激励

在公开场合赞美员工是激励员工的极佳方式，每一个人在内心深处都渴望别人的赞美与夸奖。"千穿万穿，马屁不穿"，从某种程度上来讲，正是至理名言。每一个人在数千人的注视下，走到领奖台上领取奖章、鲜花或是证书都会有一种很奇妙的感觉。每一个人发现自己的名字出现在本公司刊物里的奖励名单里，都会感觉良好。"原来我也可以很有名的"，这种被大众所承认的感觉要远比几十块钱的奖金更加激动人心。

赞美在建立一个人的自信上有着神奇的功效。中国的大学生比起高中生来，明显地更有自信，更开朗，做事能力更强。有人由此做过调查，结果发现很重要的一条原因就是大学生在学校里受到的正面的、积极的鼓励要远比在高中时多得多；相对而言，大学的老师更知道赞美的重要性，更多的是把学生当作一个真正的成人看待。

作为管理人员应当懂得，每一个员工都需要赞美来保持自信。如果你愿意，你总是可以找出无数的机会，来夸奖你的部下，发自内心地称赞他们，会使他们死心塌地地跟随你。

尊重员工并不仅仅只是口号或者是印在纸上的一句话，它表现在公司活动的方方面面，渗透在高层主管的一言一行中。比如说，每个公司都会遇到工作场所里桌椅的摆放、电脑屏幕是对着门还是应该背着门等，让员工来挑，肯定是背着门，说不准什么时候聊个天呢？发一封私人E-mail也感觉心里不安全；让主管来挑，自然是希望电脑屏幕对着门，现在都网络化时代了，员工在工作时间干自己事情的实在不少，视窗可以切换屏幕，打网络游戏还花公司的上网费，是可忍孰不可忍。那么究竟怎么摆放呢？老板说了算，还是跟员工商量着办？这一点小事就会反映出老板的管理风格。老板可能会觉得，这是芝麻绿豆大点的小事，应当由我做主。但员工们不会这样想，一点点小事就有可能让他们感到自己不受尊重，自己用的桌子，自己的办公场所，当然应该自己做主。他们会把这件事上升到对老板评价的高度，会上升到管理者是否尊重员工的高度。

3. 参与式激励

管理学家罗宾斯把员工参与定义为："通过员工参与影响他们的决策和增加他们的自主性和对工作生活的控制，员工的积极性会更高，对组织更忠诚，生产力水平更高，对他们的工作更满意。"

从决策的方面来说，员工参与往往有以下原因：首先，工作变得越来越复杂，管理者常常不能了解工作的一切，只有亲临第一线的员工才可能做出针对性很强的决策。其次，由于员工参加了决策的制定，在实施决策时他们必定会把这工作当成自己的事情来做，全力以赴，会自觉自发地向同事们解释为何做出此项决策，而不会采取事不关己的态度。最后，随着科技的发展，现在的员工知识水平、教育程度越来越高，自主意识越来越强，他们也不甘只充当别人的工具，而是要求能够在工作的过程中表达自我、实现自我。员工参与决策，一旦取得成功，他们会想："嗯，这里也有我的一份功劳！"看到自己的想法实现是一件激励人心的事，员工会受到极大的鼓舞，在工作中更投入，会有更高的积极性。

4. 内部升迁式激励

建立内部升迁的有效激励机制，公司的绝大多数员工都希望能够通过努力工作来获得领导层的肯定，并以此获得更多的工作权利和责任，从而获得更好的个人发展空间。当这种愿望不可能得到实现时，员工就会寻找新的公司和机会来满足个人发展的需要。公司的领导层应当重视这个不稳定因素，在肯定员工工作的同时，寻找可以满足员工内心需求的新的工作机会，并将这样的机会尽可能多地提供给合适的员工。

5.“感谢太太”式激励

如果工作的各方面让人满意，每一位员工都想长期地拥有这份工作。日本在第二次世界大战以后经济能迅速起飞，源于员工的高效率，而这其中的一条重要原因便是日本的各大企业实行终身雇佣制，一旦员工进入企业，便终身为该企业服务，颇有“从一而终”之意。员工的未来生活得到了最大限度的保障，员工不必再去操心各种未来的事情，有了极强的心理安全感，减少了诸多不必要的麻烦，心态稳定，无法也无须跳槽，只有踏踏实实地干好本职工作，才有出头之日。不谈终身雇佣制的功过是非，它给予员工以稳定感、安全感，令其安心工作这一条是值得学习的。

值得一提的是公司对员工配偶的关心。日本麦当劳汉堡店的总裁藤田认为：抓住员工妻子的心，记住员工太太和孩子的生日，并赠予一点礼物，绝对有益于公司的向心力。

总结他们的做法，藤田说：“日本麦当劳店每一个员工的太太过生日时，一定会收到我叫花店送来的鲜花。事实上，这束鲜花的价钱并不昂贵。可是，太太们的心里却很高兴。‘连我先生也忘了我的生日，想不到董事长却记得送花来，实在太感激了。’类似这样的感激函，我经常都会收到。”

日本麦当劳除了6月底和年底发奖金之外，每年4月再加发一次奖金。这奖金又称“结算奖金”，并不交给员工，而是发给员工的太太。同时附上一封短信：“公司能有这么好的业绩，都是各位太太的协助。虽然直接参与工作的是先生们，可是，如果没有你们这些贤内助，先生们的工作成绩将大打折扣：所以，这笔奖金是你们该得的。”

通常，企业机构慰劳员工时，会忽略了劳苦功高的太太们，而招待男性员工上酒家或餐厅喝酒、胡闹一番，意义并不是很大。反之，日本麦当劳却打破惯例，邀请员工们的太太一起出席联欢会，以此来提高从业人员的向心力，这也是经营诀窍之一。

6.挑战式激励

员工每天八小时都在工作，工作是他们生活的主旋律，所以，从工作类型本身打主意往往卓有成效。

工作丰富化、挑战性的工作便是现代人本主义管理常用的方法，为许多管理大师所采用。

这两者有许多相通之处，工作丰富化对一位本来从事单一工种的工人来说就是一项挑战。某公司的每位工人原本只负责流水线上的一项工作，他们由于看不到自己工作的成果而显得无精打采。后来老板采取6~8人一组的方法，让每一位工人有机会从头至尾完成一件成品，体会从开始的毛坯到最后成品的成就感，工作效率因而提高了两到三倍。

工人们调换工种，有助于掌握多项技能，也有助于他们寻找最适合于自己的岗位。对于专业人员、高级管理人员而言，他们更希望工作能够提供使用自己技术和能力的机会。

树立各种各样的目标可以使工作更富有挑战性。挑战性过低令人厌烦，挑战性太强会使人产生挫折和失败感，中等程度的挑战性应该比较合适。工作如果具有挑战性，会激发起员工对工作的兴趣。他会以解决工作中的难题为乐而不是以此为苦，一正一反就是天壤之别。你可能上班时间心不在焉，下班时眼睛都睁不开了，步履沉重，精疲力竭，回到家里感觉昏昏沉沉，但此时要是有人找你来玩篮球，你可能会马上变得精神百倍，在球场里拼杀几个小时也不觉厌倦，这便是苦与乐的区别。如果员工喜欢他的工作，就像喜欢打牌、玩电脑游戏一样，那么他废寝忘食、通宵达旦地工作都不会是问题。对于这样的员工来说，加班已经不是苦差，而是一件乐事。一旦乐在其中，什么事都会被做好。

7. 工作轮换式激励

工作轮换是指员工觉得一项工作已不再具有挑战性时，把员工调换到水平层次相近的另一岗位上去。工作轮换可以使员工免受工作枯燥之苦，增强员工工作的积极性。对员工而言，他可以学到更多的技能，更深刻地理解各项工作之间的关系，对组织的整体活动安排也会有更深刻的了解与认识。对公司而言，可以挖掘员工的潜力，并在适应变革、填补职位空缺时，具有更大的灵活性。

8. 工作丰富化式激励

工作丰富化主要是指对于工作内容的纵向扩展。让员工能从事一件独立而有完整性的任务，增强员工的责任，把各项任务组织起来形成一个新的更完整的任务。让员工独自负责，可以加强员工的“主人翁”意识，觉得自己很重要，工作也是举足轻重，让员工负有更多的责任，可以让员工更好地理解管理人员、具有更多地了解自己工作绩效的机会，这样，他会自我评价，自我激励，自我改进，而无须领导加以提醒。

让激励真正产生作用（二）——最佳激励组合

随着时间的推移，环境的变化，此时此地的主导需要和彼时彼地并不见得相同，同一种激励手段所取得的效果也不会相同。不同类型的员工必须相应地采取不同的激励方法。

1. 按照工作业绩进行分类激励

根据工作业绩，可以把员工分为出类拔萃者、业绩平平者和中间阶层。

出类拔萃者，说明此人能力极强，而且他当前从事的领域比较拿手，他已经找到了一个适合自己的位置。在现代的公司企业，评先进已经很少听说，先进更多的是在国企机关里才有的一个称呼。

对于出类拔萃者，奖金、加薪、晋升等等都是常见的选择，笔记本电脑、车、房的配备，更多的培训机会，更多的休假，多种手段都可以运用，而且这对业绩平平者和中间阶层也是一个不小的鞭策。

业绩平平者和中间阶层，只要员工素质不是特别低下，可能有两种情况：一是时间尚短，他们尚未掌握该工作的基本技能；二是他们压根儿不适合此项工作。比方说，让一个天性沉静、好钻研的人去搞公司的公关宣传，或是让一个纯文科出身的人去负责产品研发。

对于第一种情况，必须加强培训，给员工更多自我锻炼实践的机会。而对于第二种情况，就需要征求员工的意见，与员工进行协商，员工在从事该工作的时候是否会获得成就感？是否感到了挑战性？是否激发了他自身的兴趣等等。要尊重员工自身的意见，结合实际情况，尽可能地给他以施展才华的机会。倘若员工与工作的种类确实不匹配，应及早加以更换。

2. 按照个性类型选择合适的激励方法

管理者可以根据员工不同的个性类型来设计激励措施。

（1）竞争型员工的激励。竞争型的员工在竞赛中表现特别活跃。要激励竞争性强的人，最简单的办法就是很清楚地把获胜的含义告诉他。他需要各种形式的定额，需要有办法记录成绩，而竞赛则是最有效的方式。有一点经理必须明白，优秀的员工其本身已经具备强大的内在驱动力，这种驱动力可以引导，可以塑造，但却是教不出来的，因而给予他们最佳的激励方式便是巧妙地挑起竞争者之间的竞赛。

（2）成就型员工的激励。成就型的员工是理想的员工，他们自己给自己定目标，而且比别人规定的高。只要整个团队能取得成绩，他们不在乎功劳归谁，是优秀的团队成员。

激励成就型员工的方式有好几种，一是要确保他们不断地受到挑战；二是不去管他们，因为成就型的员工他们会自己激励自己，经理只要把大目标给他们锁定，可以随他们怎么干；三是培养他们进入管理层，因为成就型的员工会像经理那样进行战略思考，制定目标并担负责任。

（3）自我欣赏型员工的激励。自我欣赏型的员工突出的特点是他们感到自己很重要，因此，激励这种类型的员工的最佳方式便是让他们如愿以偿，让他们带几个实习生，因为这样能激励他们不断进取，如果新手达到了工作目标，就证明他指导有方；如果他没有业绩做后盾，是不能令新手信服的。

（4）服务型员工的激励。服务型的员工通常花很多时间款待宾客，跟宾客联络，但是他们的个性决定他们的业绩不会很大，因而他们往往不受重视，激励这些默默无闻的员工的一个方式是公开宣传他们的事迹，在大会上表扬他们。

给员工分类很重要，因为不同的激励方式能够激励不同类型的员工。无论什么类型的优秀的员工，他们都有一个共性：不懈地追求。只要激励方式得当，就都能收到预期的效果。

在物质激励方面，以下几种激励方式值得考虑：

（1）建立超额奖金制度。

（2）建立月份或年份评估奖励积分制度。

（3）与绩效增加相联系的激励机制。

在公司内创造一种良好的工作氛围和企业文化，举行一年一度的岗位能手评比活动，给予优胜者以一定的奖金和旅行奖励。

让激励真正产生作用（三）——最佳激励典范

1. 按照员工喜欢的方式激励他们

现代商业发展出现了这样的局面：一方面许多人踏进职场；另一方面，其他人却开始挑战新工作形式。公司逐渐精简化，跳槽后退休金可以累积，技能愈益专精，一辈子都有保障的工作愈来愈少。许多年轻人正是在工作机会最不稳定的时刻踏入了职场。他们已经明确知道，一份收入稳定可靠，符合人们期望的工作，如今是愈来愈难求了。年轻人若需要救济，他们的父母却未必有能力在经济上支持他们。因此他们必须自谋生路。

现代年轻人希望拥有安全，但面临危险时也并不畏缩，因为他们早已习惯照顾自己。他们如此坚强独立，并具创新精神的原因在于，他们能够照顾自己。他们凭着自己的本事解决了无数的问题，找出各种有创意的解决途径。而这些年轻人喜欢的管理方式已成为未来世界发展的趋势：

“我喜欢被管理的方式是：让我有自己作决定的空间，决定我要何时及如何做我的工作。我对自己的工作有责任感，并对工作成果负责任。上面管我管得愈厉害，我愈有理由责怪别人，我会说：如果照我自己的方法做，可以做得更好，我照着命令做，结果变得那么糟，这是因为你们要我这么做。我会变得不那么在乎工作，不那么投入了，并会产生太多的依赖性。相反地，我知道自己需要做什么，何时要完成，我一定会做好分内的事，并负起应负的责任。”

“我上司的管理风格非常自由，他让我去做我自己的事。我喜欢这样，这是某种程度的信任。对我而言，这使我有更强烈的工作动机。”

“我非常希望自己的想法对最后成果有更多影响力，这通常也会改善我的工作。如果我投入更多，我则可能在工作以外的时间也去思考。当我的想法受到重视，我会愿意全心全意为工作付出，这代表我将会付出更多的心血，工作质量会更好。”

“在我工作中，没有什么比主管说‘我信任你的判断’更叫人振奋的了。我需要有一个同时扮演教练和导师角色的主管，他可以指引我，但必须让我用自己的翅膀飞。”

以上的管理趋势正是现代公司发展的目标，相信成功的主管能够从上述职员的心理中看出端倪，从而实施自由的管理风格，使年轻人能够大展宏图。

2. 在公司内实施良性竞争

自古竞争就是促进发展的源泉，在现代企业，竞争更能使公司保持鲜活的动力，公司内部良性的竞争有利于促进职员之间的进步，推动公司发展。下面是在公司内部实施良性竞争的两个方法。

（1）委用高业绩的职员。商业是以“结果”定胜负的。业绩高的企业被视为成长的企业而备受称赞，业绩低的企业不管过去有怎样好的光荣历史，也会成为责难攻击的目标。如果业绩出现赤字，则经营者的能力就会受到怀疑。经营者以高业绩为努力的目标，因之招募重视业绩的职员是理所当然的事。

谁都有业绩欲望，但有些人特别强。这种人的存在虽然很重要，但如果要充分活用这种人，则需要充分了解这种欲望。有资料显示，一些业绩欲望颇强的职员，喜欢中等程度的冒险；而业绩欲望薄弱的人，却喜欢极端的冒险。如果目标是极端，则因为谁也无法胜任，所以失败亦不会产生责任感。业绩欲望高的职员之所以喜欢中等程度的冒险，是因为可以用自己的努力、自己的技能和自己的决断力控制成果。两者间之不同在于“对成果的责任感”。业绩欲望强的人总是以业绩为中心，所以不留意别人的想法。工作即是工作，公私分明。朋友即是朋友，如果对业绩没有帮助，即无所谓情面和人情。工作一开始，就热衷其中，决不会半途而废，遇到困难也不会畏缩。但问题是，这种人不一定有“组织力”。因此，如果从年轻时就看重其能力而让他就任高位，他便无机会学习组织力。因此，要提升这种人之前，有必要让他了解所有的人不一定要都具有如同自己这样的业绩欲望。

（2）让职员遵守竞争的原则。商业社会就是竞争社会。正当的竞争是必要的。但是在竞争中不必加入无谓的争吵。由于人的性格和认识的不同，有时会给自己树立敌人，同时导致一些不应当发生的错误。如果你手下有这样的部下，一定要禁止他们那些多余的行动。

老板不能对职员的无谓争吵视而不见。一定要告诫他们“这样做太没意义了，不要继续吵下去了”。要时常提醒职员：“可以向竞争对手正面挑战，但不要把对方当作仇敌。”

那些爱在企业内部或交易场所树敌的职员很容易犯错误。这种人也很容易失去朋友，变得孤立无援。

自我树敌的职员有以下几种类型：

①把对立意识变成敌对意识的人。

②无法控制过强的自我意识而树敌的人。

③因一点小的误解而树敌的人。

④因自卑感或优越感而树敌的人。

⑤因异性关系而树敌的人。

总之，这些人无论何时、何地总爱为自己树敌。

老板要用正确的竞争规则教育职员。与对手竞争并不等于要去吵架。自古至今的竞争原理都是和气生财。最好把竞争对手的存在，当作是促进自己努力工作的动力。同一企业内部的竞争对手更应当协调一致，共同进步。

3. 不要“只让一人独得”的激励方式

只有一个人能得到某项奖励或是认可，就意味着其他人都是失败者。偶尔，某个人会比其他人更为突出，这时没有谁会妒忌他所得到的褒扬。但这种事并不多见。领导如果非要从一批非常出色的员工中挑出一个人来奖励或认可，常常会挫伤其他员工的积极性，并导致他们工作表现的恶化。

许多领导采取轮流得奖的办法来解决这一问题。他们尽可能地使每个人至少在一段时期里都能够得到一定的认可。但如何才能真正解决这个问题呢？

一有良好的工作表现出现，就予以认可。不要等什么奖励周期。员工就像领导们一样，有时喜欢盛大而耀眼的奖励仪式。但在日常工作中，他们真正看重的是领导能关注到他们的工作，并给予赞赏。他们看重一句恰如其分的表扬，一张表示谢意的便笺，或是其他表示你对他们工作给予了关注的小纪念品。

鼓励员工相互表示对彼此工作的认可。来自同事的认可，其意义与来自领导的认可相当，有时甚至更有作用。当然，两者都有的话是最好不过了。你可能并不想为此建立正式的制度，但要鼓励你所有的员工对其他人的工作表示认可。这样，当看到有员工注意到了别人的工作并表示赞赏的时候，你就已经有了对员工的认可。

建立或促使组织建立这样的制度，即当有员工达到或超过某一标准时，及时予以认可。联合道路单位采用的正是这样的认可制度。做到一定的工作量，或是达到一定的增长率，员工就能得到一些小奖品或是证书。你还能在汽车保险杠上看到这样的标签：“我的孩子上了米德兰小学的光荣榜。”上面的例子中，多少人能得到认可并没有受到限制。

你自己都可以建立这样的体制。或许你可以创造一个“光荣圈”。每个月，或者每个季度，所有达到一定标准——这可以由工作群体自己设定——的员工都能走进这个圈子。每个成员都可以为此得到一个咖啡杯，或是一顿免费的午餐。这样，入围的员工就可能负责帮助其他没能进入这个圈子的人在下个季度达到标准。

对特别杰出的员工，你的行为会很恰当。因为这样的员工，员工们公认他是最出色的。有时，你应该把获奖者提名向员工们公布，让员工们也能得到评价的权力。或许员工们还会决定他们认为谁应该获得提名。

但总的看来，在你和你的员工对所有出色的工作都能给予认可前，不要采用这种只让一人独得的奖励手段。说到底，像季度最佳员工一类的奖励充其量不过是一种点缀而已。

不应该鼓励手下的员工互相竞争，“只让一人独得”一类的奖励正好犯了这个大忌。它不能促进合作，相反却很容易使员工互相保密，拒绝向别人提供帮助。

很多单位对最常见的认可手段——工作评估制定了严格的条件。不知是什么原因，人们认为严格限制得到高分的人数会有好处。这种想法很不现实！你真正应该做的是设定一个需要全力以赴才能达到的高标准，然后尽力使所有的员工都能达到这个标准。这时你就可以说：“当然喽，我的手下个个都非常出色。”

成功激励的28条经验

给猴子一棵树，给老虎一座山。中银（香港）总经理刘金宝的用人之道如下：

（1）尝试利用自发的社交和体育活动来激励员工。

（2）利用小组竞争刺激士气。

（3）将管理者的数目减至最低。

（4）确信你给的奖励是锦上添花，而非理所应得的薪资。

（5）询问你的员工，工作中的每一个改变是否有助于激励他们。

（6）尽可能弹性地利用金钱奖励员工，以便激励他们发挥最大的潜能。

（7）尽量让员工知道最新消息——搞不清楚状况只会令员工士气涣散。

（8）花时间去和员工聊天，而不只是和员工道声早安。

（9）对员工有影响的决定，不妨询问他们的意见如何。

（10）小心办公室的政治阴谋，并且以身作则，绝不加入。

（11）尽早提拔有能力、年轻一点的员工。

（12）即使一些目标并未达成，也要奖励成效卓越的工作表现。

（13）当你注意到员工的错误时，必须严格且公平，而不是一味地责怪。

（14）给一位在过去一年里一直没有任务的员工分派任务。

（15）告知员工他们的想法被采用了——以及成功率为多少。

（16）考虑所有老资格员工提出的意见。

（17）尽可能给员工创造提意见的机会。

（18）将目标全盘告知员工，可以使他们表现得更好。

（19）初次见到新成员时，要让他们觉得自己很受欢迎。

（20）激励每个人的野心，野心能引导成就。

（21）不要等到年度评鉴时，才和员工讨论他们的表现。

（22）让员工告诉你降低他们工作动机的原因，注意要认真聆听。

（23）不管多么不受欢迎，一定要强调改革会给员工带来利益。

（24）在失去有价值的团队成员前，尽量利用各种方式加以挽留。

（25）提供小型、定期的训练，而非长时间的课程。

（26）旁听训练课程，以确保其高质量。

（27）如果有个建议被采纳了，就让提议人来完成这个建议。

（28）利用证书和刻上姓名的礼物，标示员工的成就。

附：计件工资是给员工最好的激励
——快递之王王卫谈激励

顺丰能够快速发展壮大，靠的就是创始人王卫在薪酬管理方面的独门绝技——计件工资。在顺丰，快递员的底薪只有1 000块钱左右，不过王卫除了制定基本工资，还有一部分是绩效工资，也就是快递员接单的数量。在顺丰，每一单的快递费中有固定的一部分是属于快递员的，所以接的单越多，挣得越多。

这种自己做老板的挣钱方式极大地激励了一线快递员的工作干劲，使每位员工都认识到：加快送单速度，对顾客良好的服务态度，都会给自己带来丰厚的收入。

每个人都这么想，顺丰快递公司的整体形象得到提升，寄件的人多了，自己的收入又会提高。在顺丰，每个人的月工资基本上都稳定在一定的水平，而且月入过万的人也不是一个两个。

王卫在快递员们开心的笑容、奔跑的身姿和顺丰良好的发展势头中看到，薪酬对于激励员工以及增强组织竞争力的重要意义。在员工的心目中，薪酬绝对不仅仅是口袋中一定数目的钞票，它还代表了身份、地位，以及在公司中的工作绩效，甚至代表了个人的能力、品行和发展前景。按照计件工资来算，顺丰的快递员工资比别的快递公司高，他们每天接6单快件的收入相当于其他快递公司的快递员接10单挣的钱，这样不但有面子，工作起来也特别有力气。

即使在企业内部，员工之间也会互相攀比。从单纯薪资相差的数字来看，几十元钱不算什么。但是，在员工的心目中，比别人少拿的几十元钱是工作业绩、能力不如别人的象征。而在顺丰，这种能力是由自己决定的，只要勤奋点，态度好，就能比别人赚得多。

原来宅急送的老板陈平曾说，在顺丰，公司和快递员之间不是上下级关系，而是一种分配关系。实际上，最先形成这种模式只是一种偶然，当初王卫发现顺丰以代理和加盟的方式进行管理面临失控的时候，对不受管控的代理商，他收回代理老板的权力，但是下面的员工他并不收回，只要这些员工听从总公司的管理就可以。就这么歪打正着的，计件工资的薪酬方式就延续了下来。

不管是歪打正着也好，优秀的管理能力也罢，总之王卫摸索出了计件工资这一套对快递员来说最好的激励，这是他在快递业的首创。把握员工的微妙心理，发挥薪酬这根指挥棒的作用进行员工激励，成为了王卫在管理上优秀的能力与技巧。

计件工资之所以给顺丰带来巨大的利润，还因为这种激励性薪酬与工作的高匹配度。对于管理者来说，要根据自己公司的情况来制定薪酬，而不能简单地模仿。激励性薪酬的基本构成包括基本薪资、奖金、津贴、福利、保险。在顺丰，王卫还给员工的家人提供福利和补贴。

激励性的员工薪酬模式的设计，就是将上述5个组成部分合理地组合起来，使其能够恰到好处地对员工产生激励作用。这里有3种模式可供选择：

第一种为高弹性模式，薪酬主要是根据员工近期的绩效决定的。一般情况下，奖金在薪酬中所占的比重比较大，而福利比重较小；在基本薪资部分，实行绩效工资（如王卫采用的计件工资）、销售提成工资等工资形式。在不同时期，员工的薪酬起伏比较大。这种模式有较强的激励功能，但员工缺乏安全感。

第二种是高稳定模式，薪酬与员工个人的绩效关系不大。它主要取决于企业的经营状况，因此，个人收入相对比较稳定。这种模式有比较强的安全感，但缺乏激励功能，而且人工成本增长过快，企业负担加大。在这种模式中，基本工资占主要成分，福利水平一般比较高，奖金主要是根据企业经营状况及员工个人工资的一定比例或平均发放。

第三种是折中模式，既具弹性，具有激励员工提高绩效的功能，又具有稳定性，给员工一种安全感，使其能向长远目标努力。目前很多企业在制定激励性的薪酬体系时都采用这种折中模式，事实证明，它确实能给企业带来良好的收益。

很明显，王卫采用的是折中模式，他通过专门的统计技术给每个快递员划分一个区域，保证其工资保持在稳定范围内。绩效部分要靠快递员自己去争取了，这才有了在马路上跌倒了爬起来继续奔跑的顺丰快递员。

不过，王卫在一线体验中依然发现了这一模式的隐患，他说："工作时长问题。收派员太累了。现在顺丰收派员的收入在行业内处于较高的水平是人所共知的，但他们的工作量和压力也是惊人的。对于这种现象，可能一些行业内的人士都有所认识。不仅是收派员，连我们的基层管理层的工作量也是相当大的。如某点部的组长，从大学毕业后来顺丰工作，整整5年，每天除了最基本的点部现场管理工作，甚至还要亲自参与分件、搬货、整理报表，还要经常外出拜访客户，进行关系维护，工作事项十分繁杂，而且承担整个点部的业务量、问题件、收派时效、服务投诉等各种考核压力。

"听到这个的时候，我觉得顺丰真的太对不起他们了，亏欠他们太多。如果我没有走下去的话，是不会了解这么清楚的。因为投诉反映的大多是管理者不在岗或缺勤率高。这次体验后，我觉得我自己没有资格讲'以人为本'这样的话。点部组长做了5年，天天这样干活，他还能熬几年？如果不改变现有的作业模式，即使公司的分配制度再公平，发展前景再乐观，员工也是会疲惫的。疲惫之后，对于服务质量、工作态度等就会很消极。

"因此，作业模式一定要解决，要让收派员更舒服，能有休息时间，能去充电，同时又必须平衡企业成本。这是一项很艰巨的事。在没有更好的解决方案之前，我们只能想办法控制业务量的增长，宁可要质，不要量。不能让员工太累。"

第8章

善奖惩：

赏罚分明，杜绝劣币驱逐良币

该奖的一分不少，该罚的也一分不少。

破窗理论的启示

美国斯坦福大学心理学家詹巴斗曾做过这样一项试验：

他找来两辆一模一样的汽车，一辆停在比较杂乱的街区，一辆停在中产阶级社区。他把停在杂乱街区的那一辆的车牌摘掉，顶棚打开，结果一天之内就被人偷走了。而摆在中产阶级社区的那一辆过了一个星期也安然无恙。后来，詹巴斗用锤子把这辆车的玻璃敲了个大洞，结果，仅仅过了几个小时，它就不见了。

政治学家威尔逊和犯罪学家凯琳依托这项试验，提出了一个“破窗理论”。这一理论认为：如果有人打坏了一个建筑物的窗户玻璃，而这扇窗户又未得到及时维修，别人就可能受到暗示性的纵容去打烂更多的窗户玻璃。久而久之，这些破窗户就给人造成一种无序的感觉。那么在这种公众麻木不仁的氛围中，犯罪就会滋生、蔓延。

在日常生活和工作中，经常可以发现这样一些现象：一个人带头摘取商店门口摆放的鲜花，其他人就群起而效仿，将数个花篮中的鲜花一抢而空；桌上的财物，敞开的大门，可能使本无贪念的人心生贪念；有的员工工作中违反程序，还称“都是这样干的”或者“上次就是这样做的”；对于违反公司程序或廉政规定的行为，有关组织没有进行严肃处理，没有引起员工的重视，从而使类似行为再次发生甚至多次重复发生；对于工作不讲求成本效益的行为，有关领导不以为然，使下属员工的浪费行为得不到纠正，反而日趋严重……

“破窗理论”在社会管理和企业管理中给我们的启示是：必须及时修好“第一个被打碎的玻璃窗户”。我们中国有个成语叫“防微杜渐”，说的正是这个道理。

纽约市交通警察局长布拉顿受到“破窗理论”的启发。他在给《法律与政策》杂志写的一篇文章中谈道：“地铁无序和地铁犯罪在80年代后期开始蔓延。那些长期逃票的、违反交通规则的、无家可归骂街的、站台上非法推销的、墙壁上涂鸦的……所有这些加在一起，使得整个地铁里弥漫着一种无序的空气。我相信，这种无序就是不断上升的抢劫犯罪率的一个关键动因。因为那些偶然性的犯罪，包括一些躁动的青少年，把地铁完全看成可以为所欲为、无法无天的场所。”

布拉顿采取的措施是号召所有的交警认真推进有关“生活质量”的法律，他以“破窗理论”为师，虽然地铁站的重大刑案不断增加，他却全力打击逃票。结果发现，每七名逃票嫌疑犯中，就有一名是通缉犯；每二十名逃票嫌疑犯中，就有一名携带武器。结果，从抓逃票开始，地铁站的犯罪率竟然开始下降，治安大幅好转。

1994年1月，布拉顿被任命为纽约市的警察局长。他开始把这一理论推广到纽约的每一条街道、每一个角落。他指出，这些小奸小恶正是暴力犯罪的引爆点。因为针对这些看来微小，却有象征意义的犯罪行动大力整顿，结果带来很大的效果。

“警局的最高领导居然要关心街头那些‘毛毛雨’犯罪，这在纽约市是史无前例的，甚至在整个美国绝大多数警察局也是史无前例的。”马里兰大学政策研究专家沙尔曼感慨地说。

在“破窗理论”的指导下，纽约市的治安大幅好转，甚至成为全美大都会中，治安最好的城市之一。人们把这个庞大的都市几十年来从没有过的崭新气象都归功于布拉顿。

“破窗理论”在社会治安综合治理以及反腐败中的应用意义是显而易见的，在企业管理中也有重要的借鉴意义。

在日本，有一种称作“红牌作战”的质量管理活动：

①清理：清楚的区分要与不要的东西，找出需要改善的事、地、物。

②整顿：将不要的东西贴上“红牌”。将需要改善的事、地、物以“红牌”标示。

③清扫：有油污、不清洁的设备贴上“红牌”。藏污纳垢的办公室死角贴上“红牌”。办公室、生产现场不该出现的东西贴上红牌。

④清洁：减少“红牌”的数量。

⑤修养：有人继续增加“红牌”；有人努力减少“红牌”。“红牌作战”的目的是，借助这一活动，让工作场所得以整齐清洁，塑造舒爽的工作环境，并进而养成企业内成员做事有讲究的心，久而久之成了习惯，大家遵守规则，认真工作。

许多人认为，这样做太简单，芝麻小事，没什么意义，而且劳师动众，没有必要。但是，一个企业产品质量是否有保障的一个重要标志，就是生产现场是否整洁。这应该是“破窗理论”比较直观的一个体现。

公司对员工中发生的“小奸小恶”行为，要引起充分的重视，小题大做，加重处罚力度，严肃公司法纪，这样才能防止有人效仿，积重难返。特别是对违犯公司核心理念的行为要严肃查处，绝不姑息养奸。

美国有一家以极少炒员工著称的公司，一天，资深熟手车工杰瑞为了赶在中午休息之前完成三分之二的零件，在切割台上工作了一会儿之后，就把切割刀前的防护挡板卸下放在一旁，没有防护挡板安放收取起加工零件来更方便更快捷一点。大约过了一个多小时，杰瑞的举动被无意间走进车间巡视的主管逮了个正着。主管雷霆大怒，除了目视着杰瑞立即将防护板装上之外，又站在那里控制不住地大声训斥了半天，并声称要作废杰瑞一整天的工作量。事到此时，杰瑞以为结束了，没想到，第二天一上班，有人通知杰瑞去见老板。在那间杰瑞受过好多次鼓励和表彰的不规则形状的总裁室，杰瑞听到了要将他辞退的处罚通知。总裁说：“身为老员工，你应该比任何人都明白安全对于公司意味着什么。你今天少完成了零件，少实现了利润，公司可以换个人换个时间把它们补起来，可你一旦发生事故失去健康乃至生命，那是公司永远都补偿不起的……”离开公司那天，杰瑞流泪了，工作了几年时间，杰瑞有过风光，也有过不尽人意的地方，但公司从没有人对他说不行。可这一次不同，杰瑞知道，他这次碰到的是公司灵魂的东西。

这个材料告诉我们，对于影响深远的“小过错”，“小题大做”去处理，以防止“千里之堤，溃于蚁穴”，正是及时修好“第一个被打碎的窗户玻璃”的明智举措。

另外，公司要鼓励、奖励“补窗”行为。不以“破窗”为理由而同流合污，反以“补窗”为善举而亡羊补牢，这体现了员工高尚的道德情操和自觉的成本意识。公司要提倡这种善举，通过表扬、奖励措施使之发扬光大。

奖惩办法的制定和流程

有效、公平的奖惩办法可以使员工心情舒畅，为员工发挥积极性和创造性提供极有利的环境条件。许多企业、组织之所以无效率、无生气，归根到底是由于它们的员工奖罚制度出了毛病。

制定奖惩办法有以下几个原则：

（1）公平原则。即物质利益分配和精神奖励，必须符合贡献与报酬相对的原则，才能使员工心理平衡，有公平感，才能激发员工多做贡献。

（2）易于执行原则。在制定奖惩制度时，尽量避免弹性条款。比如对后果和程度进行描述，最好能够做出细化和量化的规定，以便于实际操作和执行。例如，员工的某种违纪行为给公司带来500元以上经济损失，公司就可以解聘责任人等。像这样的尺度和标准明确、直接，易于企业执行。

（3）物质与精神并重原则。奖惩的方式包括物质与精神两个方面，物质方面主要有工资升降、奖金分配、福利分配、职位升降、经济处罚等；精神方面主要有职业定位、评先进、通报表扬、非正式表扬与体现成就感、社会地位等。一个公司的奖惩方式不可能只有一种手段，物质和精神对于员工同等重要。

（4）与时俱进原则。奖惩的尺度应该在不同的时期有所不同，但是却有连贯性。

奖惩的种类分为奖励和惩罚：

（1）奖励分为：嘉奖、授予荣誉称号、记大功、记小功等。

（2）惩罚分为：警告、记过、记大过、开除等。

奖惩的方式分为：

（1）奖励的方式有：通报表扬、奖金、加薪、晋级等。

（2）惩罚的方式有：通报批评、罚金、减薪、降级等。

上述奖惩的种类和方式，不同的企业可以依据自己的自身情况来具体制定。

奖惩应该制定基本的规则，也就是要规定好什么情况下给予什么样的奖励或惩罚。即员工的哪些行为可以记大功、哪些行为记小功、哪些行为要记过。规则要清楚明白，避免模棱两可的语言，使企业便于执行。

奖惩还应该有具体的标准。当员工立了功，是采用精神奖励还是物质奖励，还是两者并用。记大功的物质奖励是多少，记小过的罚金是多少，都要有清晰明确的规则。

奖惩管理一般由人力资源部门负总体责任，但奖惩的行为和绩效依据却要由具体的业务部门的来提供和配合。

具体来讲，人力资源部对于奖惩管理的职责在于：

（1）奖惩核实职责。

（2）兑现奖惩职责。

（3）被惩罚员工思想工作开展职责。

（4）鼓励宣传职责、奖惩登记与考核职责。

业务部门对于奖惩管理的职责在于：

（1）部门员工遵循规章制度的情况统计职责。

（2）奖惩呈报职责。

（3）对被惩罚员工开展思想工作的职责。

（4）奖励宣传的职责。

在以上职责分工的基础上，奖惩的流程可参照图8-1来进行。

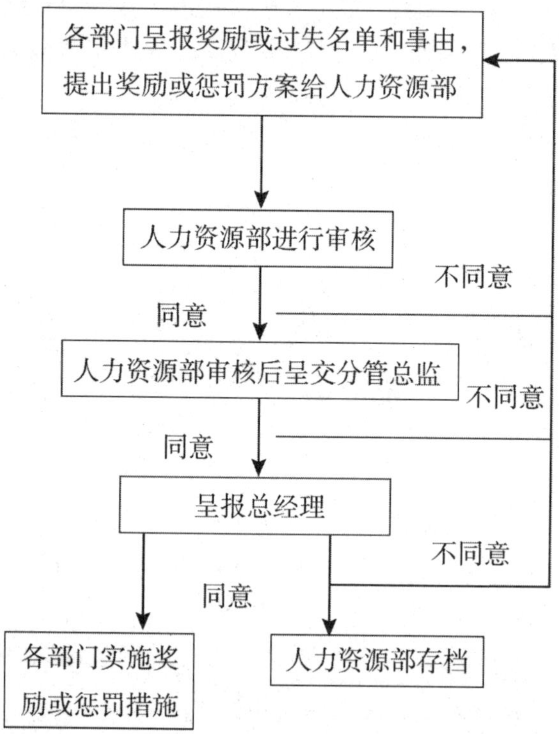

图8-1 奖惩的流程

简而言之，作为一个管理者，建立自己正确的（即符合企业、组织根本利益的）、明确的（即不是模棱两可、摇摆不定的）价值标准，并通过奖惩手段的具体实施明白无误地表现出来，是管理管到位的重要方面。

只奖不罚只能让更多人不满

追求快乐、逃避痛苦是人最基本的动力之源。鉴于此，领导制度的设计也分别引入了奖励和惩罚两种手段。奖励是一种激励性力量，惩罚是一种约束性力量，在奖励和惩罚之间的地带，是领导者纵情驰骋的空间。但是，在近来人性化领导大行其道的影响下很多领导者十分重视运用奖励制度，冷落了惩罚制度。具体表现在相对于奖励制度，惩罚制度的数量、方式和力度都有所减少，甚至有的惩罚制度竟变成了一纸空文，根本得不到执行。这种主动放弃惩罚的做法，无疑是一剂毒药，日积月累后，其危害不容小视。

某保险公司，在年终时距离完成年度任务指标还有不小差距。为了完成任务，总经理下令，不但给一线的业务员施加压力，而且要求所有的内勤办公人员在做好本职工作的同时，每个人都要承担一定的业务指标，并且规定了每个人必须完成的指标下限。为保证落实，总经理还制定了奖惩措施，对超额完成任务的人员视额度予以丰厚的奖励，对不能完成任务下限的员工，则要给予惩罚。最后，该公司“冲刺”成功，如期完成了任务。从整个情况来看，部分有能力员工超额完成了任务，有的业绩还很不错。而很大一部分员工则在压力下仅仅完成了任务下限。还有一部分员工，由于种种原因，没能完成任务。少数几个员工甚至根本就没有采取任何行动，他们的业绩是“白板”。

总经理知道，如果不兑现奖励，一定会招致员工不满，虽然这一块例外奖励的支出，大大增加了公司的运营成本，但他还是论功行赏，按照事先制定的标准一一兑现了奖励。至于那些没完成任务的员工，总经理认为这毕竟不是大多数人，况且现在公司的总体目标已经完成了，从与人为善的角度出发，没有必要和员工过不去了，事先制定的惩罚措施就这样不了了之。

这位总经理不想跟员工过不去，他的一部分员工却跟他过不去了。在这个案例中，超额完成任务而得到奖励的员工和未完成任务却逃过惩罚的员工都很高兴。但是大部分正好完成任务指标的员工却不高兴了。他们在公司高压政策之下，付出很多努力，克服很多困难才勉强完成了任务。但是他们的回报竟然和那些不思进取、偷奸耍滑者并无二致。许多人虽然不敢明着去向总经理提意见，却暗自做了决定，今后再有同类事情，一定要向这些未完成任务的同事学习。蒙在鼓里的总经理不知道，由于他的一个所谓“人性化”的领导失误，在他的公司中，惩罚措施作为一种约束性力量已经在无形中失效了。而且，这种影响作为一种强烈的信号，即不完成者不受惩罚，将会在很长的一段时间内对组织产生负面作用。

事实上，这与领导者的奖惩观有关。许多领导者把奖励当成惩罚的对立面。上述案例中的总经理就是如此，在他的心目中，对未完成任务者不施加处罚，等同于不奖励。其实不然，奖励的反义词不是惩罚，而是不奖励。同样，惩罚的反义词是不惩罚。奖惩制度的层级应该是这样的：惩罚、不惩罚；不奖励、奖励。换句话说，奖励和惩罚都是相对的，该奖励时不奖励，就相当于惩罚，即隐性惩罚，而该惩罚时不惩罚就相当于奖励，即隐性奖励。领导者一般能看到显性的奖励和惩罚，却看不到隐性的奖励和惩罚。上面这个案例中的总经理正是在无形中“奖励”了偷懒耍滑的员工，从而引起了努力工作的员工的不满。

领导者不要为了惩罚而惩罚

领导者不是为了惩罚而惩罚，惩罚的目的是教育人、帮助人。因此，一定要从关心、爱护人的角度出发，坚持“惩前毖后，治病救人”的方针，达到既弄清思想又团结同志的目的。

惩罚要及时。一旦发现有违法乱纪者应当立即处罚，毫不含糊。这样，才能收到立竿见影之效，使违纪者和未违纪者立刻看到不遵纪守法的害处和损失，起到警戒的作用。否则，就难以奏效。

正确处理宽与严的关系，要宽严适度。领导者对待犯错误的下属，要像医生对待病人一样宽严相济，根据病情，找出病因，说明其危害程度和严重性。作为一个领导者，要严格掌握惩罚的度。在实际工作中，对违纪者一定要具体分析其错误的性质和情节，区别是偶然还是一贯，考察其一贯表现及认错态度，全面、历史地具体分析有关问题。根据错误的大小、性质及危害程度，区别对待，需经济惩罚的则经济惩罚，该行政处分的要行政处分，对确实是真心实意想把工作做好，但由于种种原因致使工作失误的，要从宽对待。总而言之，一味地过宽或过严，过轻或过重，都会削弱惩罚的效果。过宽，不足以制止不良行为；过严，则会造成逆反心理，不仅起不到惩罚的作用，反而会适得其反。领导者对人对事，该宽该严，都不能从自己的主观好恶出发，更不能感情用事。而应做到“当赏者，虽仇怨必录；当罚者，虽父子不舍”。领导者只有铁面无私，从实际出发，处事公道，才能有效调动下属的积极性。

惩罚宜少。只有在必须实行惩罚时，才进行惩罚。如果惩罚司空见惯，大家就会不以为然了。俗话说：“虱子多了不咬，债多了不愁。”比如一个人受了几个处分，他就会索性豁出去了。在一个单位，当某种不良倾向已经成为一种普遍现象，惩罚尤其应当慎重，可先处理“重点人”，处分的人太多，大家的压力感就小了，有时还会使受处罚的人纠集在一起闹事，不利于对他们的批评教育。因此，可处罚可不处罚的，一般就不给处罚；处罚可轻可重的，一般的要从轻处罚。

把握赏勤罚懒的尺度

有功必赏，有错必罚，对有突出贡献的员工进行奖赏，对有过错的员工进行处罚，这是管理工作中的一条重要原则。

在公司内部，有功是应该受表扬的，有过是应该受惩罚的，赏罚分明才能使职员有所触动，从而不断进步。秦末时的项羽与刘邦两人性格完全不同。项羽是勇猛的武将，过分相信自己的力量。打了胜仗就将所有的功劳归为己有，而不承认下属的功劳。尽管前期项羽在各个战役中都胜过刘邦，但因对他不满而前去投靠刘邦的人很多。项羽虽武力占优势，但渐渐失去了同伴，被汉军所追击，最后断送了性命。四面楚歌就是忘了赏与罚的武将悲剧。

有人曾经说过：“做给他看、说给他听、让他去做，不夸赞则人家不愿去动。”有功者不赏的话就会不愿去动了，即使是不在意人家赞赏而自我要求高的人，对于自己的业绩，如果上司什么也不表示的话，也会不满，还可能索性离开公司。何况对于公司很用心的人都是公司的恩人，对于他们该赏而不赏的话，即使他们没有勇气离开公司，也会失去积极做事之心。影响了士气，就是有功不赏的后果。

与此同时，对公司职员还要有错必罚。罚要根据情节之轻重来处理。若出发点是善意的，属于积极完成任务时引起错误行动，以不处罚较好。如果因此而受到处罚，那么员工就会因害怕失误而什么都不敢做。再有，对于犯了错而及时将事实报告，迅速作修正处理的人，原则上也以不处罚为好。

酌情处理是很重要的。有家大公司董事长说：“的确，如果斟酌情形，那么在本人以外的人之中，也许有人会不满，说我们的公司管理太松了，做错了而不处罚。可是，对于这种不满与随便而使人心萎缩的严重处罚，如果要我选择其中之一的话，我还是采用斟酌情形之一方。”因为惩罚的目的是指导犯错人员的行动，促进组织目标的达成而非报复。这个道理，执行惩罚的人当然要知道，而其他人员也应该彻底了解。

有反馈的奖惩能让员工警醒

一个有16年工龄的员工在公司重组时被解雇了，原因是他“工作不合格”。但是自他加入公司以来，每一年的业绩考核结果都表明他的工作是符合要求的，因此，这位员工感到不平，不理解为什么自己会由于“工作不合格”而被解雇，于是，他起诉了原公司。

法庭进行了大量细致的调查，证明这个员工在相当长的一段时间内，工作一直达不到标准水平。然而，因为每个经理都急于摆脱他，想把他转到其他部门，为了使不知底细的其他部门经理愿意接收他，就给了他一个“达到标准”的工作评价。

在法官面前，这位员工陈述说，经理没有如实地指出他的缺点，也就等于剥夺了他改正自己错误的机会。结果这个员工打赢了这场官司，他原来的公司被迫全额补发了他的工资，而且还另外支付了一大笔赔偿金，来弥补“他的痛苦和精神压力”。

因为没有做出诚实的反馈，该公司付出了沉重的代价，所以，在进行反馈的时候，一定要实事求是，把真实的情况告知给员工。虚假现象和欺骗行为会误导员工，其结果如同搬石头砸自己的脚。

在这方面，有的领导者做得就很好。例如下面的谈话：

“小王，我对你的工作态度不满意。前天开员工会议时，你迟到了半小时，而且还告诉我，你还没看过我们正在讨论的报告；昨天，你又说家里有事，提前1小时就下班走了……”

“老张，你对我们的客户科尔公司所做的工作让我很满意。上个月他们在我们公司的订货总额提高了20%；几天前，我接到科尔公司负责人丹·菲利普先生打来的电话，称赞你对于产品规格和性能非常熟悉……”

正是因为这位经理针对具体行为进行了反馈，小王不但心悦诚服地接受了批评，而且很快就改进了这些缺点，而老张也继续保持了这些好的方面。相反，如果只是笼统地说：“小王，你的工作态度很不好。”“老张，你的出色工作给我留下了深刻的印象。”那效果就会大为逊色了。小王可能并没有意识到自己的不足，对你的话会感到摸不着头脑并感到精神紧张，而老张则可能会对经理的表扬不以为然，缺少那种现实的激励。没有反馈的奖惩相当于半途而废。反馈是奖惩最后也是最重要的一个环节。如果奖惩永远是领导者的暗箱操作，那么，奖惩将因此失去员工的参与和信任，而且，奖惩作为一种评价，其激励的作用也大为萎缩，从而失去真正的价值。

总之，不论领导者进行奖励或者是处罚，有一点非常重要——根据员工的具体行为，明确指出他到底“错”在何处，而又“对”在哪里。

软硬兼施，赏罚得当

狼群每次捕猎成功，都会尽情享用猎物。在分享胜利果实的过程中，狼性中英勇顽强、奋发向上的品格被有效地激发了出来。如果狼群捕杀不到猎物，就要长时间地挨饿，饥肠辘辘的滋味就是最好的惩罚。这种方法使得狼们不论在什么险恶的情况下，都会拿出亡命之徒的姿态，拼死一战，不惜用血的代价去争取最终的胜利。

一般人的本性都喜欢奖赏，害怕惩罚。因此，管理者可以运用软硬两手来管理下属，使之按着自己的意图行事。有功即赏，有过即罚。领导者要正确地用人，真正调动部属的积极性，必须做到按功行赏、论过处罚。这样做有以下三点好处：

第一是为部属提供一个公平竞争的环境，大家就会尽心尽力地工作，以争取奖赏、避免惩罚。第二是可以避免人为的矛盾。如果不坚持功奖过罚，部属难免有亲嫡疏旁之感，相互之间的隔阂矛盾便会随之而生。如果唯功是奖，唯过是罚。部属会感到领导一视同仁，矛盾自然消失。第三是可以调动大多数人的积极性。无论赏还是罚，只有得当，才能起到激励作用。如果失度，不仅没有受到赏罚的人心里不服，即使受罚者也不以为然。无功受禄，罚不当罪，皆是领导者的大忌。

软硬兼施的方略，是中国古代传统的驭臣之道。早在先秦时期，韩非即明确指出："凡治天下，必因人情。人情有好恶，故赏罚可用。"

此后数千年，大凡有作为的政治家，不论是刘邦、曹操、李世民、朱元璋等，无不是深谙赏罚两术的好手。

奖赏是正面强化手段，即对某种行为予以肯定，使之得到巩固和保持。而惩罚则属于反面强化，即对某种行为予以否定，使之逐渐减退。这两种方法，都是管理者管理下属不可或缺的。

管理者运用时，必须掌握两者不同的特点，适当运用。一般说来，正面强化立足于正向引导，使人自觉地去行动，优越性更多些，应该多用；而反面强化，由于是通过威胁恐吓方式进行的，容易造成对立情绪，故要慎用，应将其作为一种辅助手段。

强化激励，可以获得管理者所希望的行为。但并非任何一种强化激励，都能收到理想的效果。从时间上来说，如果一种行为和对这种行为的激励之间间隔时间过长，就不能收到好的激励作用，因此要力争做到"赏不逾时"。

一种行为刚刚做出以后，人们对其感触较深，这时即予以表扬和奖赏，刺激较大，激励作用较强。因此，及时奖励是一个重要的方法。这就要求做领导的要积极开动脑筋，多搞些花样，对下属的成绩给予及时多样的奖励。

对违反规章制度的人进行惩罚，必须照章办事。该罚一定罚，该罚多少即罚多少，来不得半点仁慈和宽厚，这是树立管理者权威的必要手段。西方管理学家将这种惩罚原则称之为"热炉法则"，十分形象地道出了它的内涵。

"热炉法则"认为，当下属在工作中违反了规章制度，就像去碰触一个烧红的火炉，一定要让他受到"烫"的处罚。这种处罚的特点主要有以下几点：

（1）即刻性。当你一碰到火炉时，立即就会被烫伤。

（2）预先示警性。火炉是烧红摆在那里的，你知道碰触则会被烫。

（3）适用于任何人。火炉对人不分贵贱亲疏，一律平等。

（4）彻底贯彻性。火炉对人绝对"说到做到"，不是吓唬人的。

管理者必须兼具软硬两手，实施起来还要坚决果断。奖赏人是件好事，惩罚虽然会使人痛苦一时，但绝对必要。如果执行赏罚时优柔寡断，瞻前顾后，就会失去应有的效力。

日立会社董事长仓田主税就深谙赏罚并行、恩威并施之道。日立会社是国际著名的大企业，其产品遍布世界各地，仓田主税对它的崛起和发展做出了很大贡献。仓田主税的一个法宝就是恩威并施。

仓田主税深信企业的发展有赖于全体员工的积极进取，稳定职工队伍是十分必要的。于是，他为日立的员工提供了广泛的福利。日立会社的15万男女员工，每人都能够住到租金低廉的房屋。上下班有交通车，有免费的读物，甚至有结婚补助金和死亡抚恤金等，待遇是很不错的。因此，全体员工都拧成了一股绳，工作热情非常高。从1950年日立会社成立以来，没有发生过严重的罢工或者不安定的情况。但是，仓田主税对待日立员工并不完全只是一个充满慈爱的父亲。他在最初被任命为日立社长时，曾坚持裁去16.5%的日立员工。正是运用这种恩威并施的手腕，仓田主税把日立的众多员工紧密团结在自己周围，上下同心，精诚合作，写下了日立会社的宏伟篇章。

在企业的经营领导中，领导奖罚分明，恩威并用，也就是“推”与“拉”的艺术。所谓“推”即压力领导，“拉”就是奖励领导。成功的领导总是能将“推”与“拉”很好地搭配使用，根据不同的对象，选择不同的方式，促使和激励企业员工提高生产和工作效率，推动企业向前发展。

惩罚三大招：稳、准、狠

管理者运用批评、惩罚手段应该富有技巧性。“打一巴掌”很重要，但一定要打得响，打得绝。具体来说，打这一巴掌要做到“稳、准、狠”。

稳。采用强硬手段，惩罚一个人，也是要冒风险的。这主要在于，被惩罚者有时有良好的人际关系，有时掌握着关键技术信息，有时有着很硬的后台。拿这样的人开刀，就要对其背景多加考虑，慎重行事。惩罚不当终会带来抵制和报复，因此在动手之前首先应想到后果，也能够拿出应付一切情况发生的可行性办法。

准。批评、惩罚都要直接干脆，直指其弱点，直刺其痛处，争取一针见血。有时某人总是犯同样的错误，或者代表一类人的错误，这时的惩罚一定要选准时机，待其犯错最典型、最明显、最有危害性时方痛下杀手。这时切忌无事生非，不明事实；也切忌小题大做。这样才会做到让受罚人口服心服，也才会真正让众人引以为戒。

狠。一旦看准时机，便要下定决心。出手要利落、坚决、果断，毫不容情。切忌犹疑不定，反复无常，拖沓累赘。一些杰出的管理者的经验是：“一旦采取坚决措施，便变得冷酷无情。”“即使当他们不得不解雇某人时，也并不因强烈的内疚而变得犹豫不决。”这样做，也是在向众人显示，我的做法是完全正确、适宜的，我对我的做法毫不后悔，充满信心，这是最好的选择。

加强对员工的约束，要有强化纪律的书面规范，保证下属得到公平的对待，避免因一时冲动而对他们的严厉惩罚。

强化纪律有以下四个阶段：

第一次犯错，口头警告。下属必须知道他们错在哪里。你要记下给他们警告的时间、地点和周围环境。

第二次犯错，书面通知，并警告说下次犯错误要受罚，扣工资或者换工作。这封警告信一式三份，一份给犯错误的员工本人，一份给领导，一份存档。

第三次犯错，临时停止工作。根据你们达成的协议和错误的性质及程序，给予长短不同的停工时间，停发一切报酬。

第四次犯错，降职、降级，或者调换工作、开除。

根据各种因素，做出上述惩罚之一。其中调换工作是最常见的，因为这样既可减少解雇给他们造成的打击，又可以使自己减少一个问题户。当然要了解清楚确实是岗位不适合，换一个工作会使他干得更好，否则轻易不要这样做。调换工作部门之后，还要将该人的资料全部移交过去。

附：小改进大奖励，大建议只鼓励
——华为总裁任正非谈员工奖励

任正非曾经在《华为的红旗到底能打多久》一文中写道：

公司实行小改进大奖励，大建议只鼓励的制度。追求管理不断的优化与改良，构筑与推动全面最佳化的有引导的自发的群众运动。能提大建议的人已不是一般的员工了，也不用奖励，一般员工提大建议，我们不提倡，因为每个员工都要做好本职工作。

大的经营决策要有阶段的稳定性，不能每个阶段大家都不停地提意见。我们鼓励员工做小改进从而将每个缺憾都弥补起来，公司也就有了进步。

所以我们提出小改进、大奖励的制度，就是要提倡大家做实。不断做实会不会使公司产生沉淀呢?

我们有务虚和务实两套领导班子，只有少数高层才是务虚的班子，基层都是务实的，不能务虚。务虚的人干四件事：一是目标；二是措施；三是评议和挑选干部；四是监督控制。务实的人首先要贯彻执行目标，调动利用资源，考核评定干部，将人力资源变成物质财富。务虚是开放的务虚，大家都可畅所欲言，然后进行归纳，所以务虚贯彻的是委员会民主决策制度，而务实是贯彻部门首长办公会议的权威管理制度。

我们应在小改进的基础上，不断归纳，综合分析。研究其与公司总体目标流程的符合，与周边流程的和谐，要简化、优化、再固化。这个流程是否先进，要以贡献率的提高来评价。

我年轻时就知道华罗庚的一句话，“神奇化易是坦途，易化神奇不足提”。我们有些员工，交给他一件事，他能干出十件事来，这种创新就不需要，反而是无能的表现，这是制造垃圾，因此这类员工要降低使用。所以今年有很多变革项目，但每个变革项目都要以贡献率来考核。既要实现高速增长，同时又要展开各项管理变革，错综复杂，步履艰难，任重而道远。各级干部要有崇高的使命感和责任意识，要热烈而镇定，紧张而有秩序。“治大国如烹小鲜”，我们做任何小事情都要小心谨慎，不要随意把流程破坏了，发生连锁错误。大家在处理相互之间的人际关系上也要保持冷静，稍不冷静就惹麻烦。千万不要有浮躁的情绪，戒骄戒躁，收敛自我，少一些冲动，多一些理智。我们要坚决反对形而上学、幼稚浮躁、机械教条和唯心主义。

在管理进步中一定要实事求是，特别要反对形左实右。表面上看做得很正确，其实效率是很低的。

第9章

勤沟通：

看入人里，看出人外

不懂沟通，还敢带队伍?

管理工作离不开沟通

著名管理学家巴纳德认为："沟通是一个把组织的成员联系在一起，以实现共同目标的手段。"有关研究表明：管理中70%的错误是由于不善于沟通造成的。由此可见沟通能力的重要性。

首先，让我们认识一下"蜂舞"法则。

世界上没有一种动物能够真正单独地生活，它们要依靠各种方式和同伴相互沟通，才能存活下去。例如，蜜蜂以跳舞为信号，告诉同伴各种蜂蜜信息，沟通完毕后一起去采蜜。

奥地利生物学家弗里茨经过细心的研究，发现了蜜蜂舞蹈的秘密。蜜蜂的舞蹈主要有"圆舞"和"镰舞"两种形式。工蜂回来后，常做一种有规律的飞舞。如果工蜂跳圆舞，就是告诉同伴蜜源与蜂房相距不远，约在100米左右。如果工蜂跳镰舞，则是通知同伴蜜源离蜂房较远。路程越远，工蜂跳的圈数越多，频率也越快。如果跳8字形舞，并摇摆其腹部，舞蹈的中轴线跟巢顶的夹角，正好表示蜜源方向和太阳方向的夹角。蜜蜂跳舞时头朝上或朝下，与告知蜜源位置之方向也有关联。

这就是管理心理学中著名的"蜂舞"法则。"蜂舞"法则揭示的道理是：信息是主动性的源泉，加强沟通才能改善管理的效果。

管理者要像蜜蜂采蜜一样，吸取各种沟通方式的特点，将"蜂舞"揉到自己的管理艺术中。

其次，要知道沟通力是一种关键能力。

面对现在日益复杂的社会关系，我们希望自己能够获取和谐、融洽、真诚的家庭关系、朋友关系、同事关系以及上下级关系，在激烈的市场竞争中，我们希望自己能够锻造出一支上下齐心、精诚团结的企业团队；我们希望自己的企业能够生活在一种良好的外部环境中，能在与顾客、股东、上下游企业、社区、政府以及新闻媒体的交往中，塑造出良好的企业形象等，这一切都离不开沟通。沟通不是万能的，但没有沟通却是万万不能的。

人活在世上，都会与人有关；不管是谁，每人每天都在反复地与人沟通，领导者更是如此。

具体地说，沟通在领导中的重要作用体现在以下几个方面：

（1）良好的组织沟通，尤其是畅通无阻的上下沟通，可以起到振奋员工士气、提高工作效率的作用。随着社会的发展，人们开始了由“经济人”向“社会人”“文化人”的角色转换。

人们不再是一味追求高薪、高福利等物质待遇，而是要求能积极参与企业的创造性实践，满足自我实现的需求。良好的沟通，使职工能自由地和其他人，尤其是管理人员谈论自己的看法、主张，使他们的参与感得到满足，从而激发了他们的工作积极性和创造性。

（2）在人际有效的沟通中，沟通者互相讨论、启发，共同思考、探索，往往能迸发出创意的火花。专家座谈法就是最明显的例子。

惠普公司要求工程师们将手中的工作显示在台式机上，供别人品评。以便大家一起出谋划策，共同解决困难。

员工对于本企业有着深刻的理解，他们往往能最先发现出现的问题和症结所在。有效的沟通机制使企业各阶层能分享他们的想法，并考虑付诸实施的可能性。这是企业创新的重要来源之一。松下的意见箱制度就充分说明了这一点。

（3）沟通的一个重要职能就是沟通信息。顾客需求信息，制造工艺信息、财务信息……都需要准确而有效地传达给相关部门和人员。各部门、人员间必须进行有效的沟通，以获得其所需要的信息。

难以想象，如果制造部门不能及时获得研发部门和市场部门的信息，会造成什么样的后果。企业出台任何的决策，都需要凭借书面的，或是口头的，正式的或是非正式的沟通方式和渠道传达给适宜的对象。

（4）企业领导者可通过信息沟通了解客户的需要、供应商的供应能力、股东的要求及其他外部环境信息。

任何一个组织只有通过信息沟通，才能成为一个与其外部环境发生相互作用的开放系统。尤其是在环境日趋复杂、瞬息万变的情况下，与外界保持着良好的沟通状态，及时捕捉商机，避免危机是企业管理人员的一项关键职能，也是关系到企业兴衰的重要工作。

什么是有效的沟通

沟通是领导的重要活动内容和组成部分，有效沟通可以起到以下几点作用：

（1）使组织成员感到自己是组织的一员。

（2）激励成员的动机，使成员为组织目标奋斗。

（3）提供反馈意见。

（4）保持和谐的劳资关系。

（5）提高士气，建立团队协作精神。

（6）鼓励成员积极参与决策。

（7）通过了解整个组织目标，改善自己的工作绩效。

（8）提高产品质量和组织战斗力。

（9）保证领导者倾听群众意见，并及时给予答复。

日本的成功管理经验最主要的特点就是注意沟通。如职工参与决策过程，质量控制圈，领导者与员工在一个敞开的办公室一起办公，所有各级员工工作后的社交活动以及领导与被领导之间不强调地位、身份等，都是促进沟通的具体表现。日本的管理经验证明，只有通过公开的各种沟通渠道，使员工获得所有信息，然后大家一起决策，这样的组织活动才能有效率和效益。日本经理们认为，尽管沟通有时花去一些时间，但这种沟通上的投资可以调动人的积极性，使每个人都能尽最大的努力为组织群体服务。

美国一些大公司已建立各种沟通渠道和网络，使职工与领导之间、职工与职工之间进行广泛的沟通，有的甚至采取公司与顾客之间进行沟通的方法满足他们的需要，预见他们的要求。美国国际商用机器公司就是保持与用户经常的沟通，了解世界市场信息，从而提供最佳服务，独步全球。

所有领导工作都需要自上而下的或自下而上的有效沟通，只有有效的沟通，上下级之间、同事之间才能有理解、和谐的气氛，才能将所有人的积极性调动起来，为组织的总目标服务。

成功从有效沟通开始

没有有效的沟通，再宏伟的蓝图也无法得到实现。没有有效的沟通，无论多么科学、多么完善的制度都是一纸空文，不会产生任何效益。

1. 制度落实的死穴——沟通障碍

制度是死的，沟通是活的。没有沟通的制度必然是空中楼阁，无法产生作用和效益。对于一个团队而言，团队成员之间沟通的重要性是显而易见的。团队发展、团队制度的落实等各项活动都必须依靠沟通。可以说，没有顺畅的沟通，团队成员之间就很难形成合力，很难落实制度，更无法达成团队目标。缺乏沟通乃是阻碍制度落实、团队发展的致命隐患。

只有沟通才会带来理解，带来合作，带来制度的有效落实和团队的迅速发展。如果不能很好地沟通，就无法理解对方的意图；不理解对方的意图，就不可能进行有效的合作，更无法落实制度，无法确保团队的发展。

美国知名主持人林克莱特在一次节目中问一名小朋友："你长大后想要当什么呀？"

小朋友天真地回答："我要当飞机驾驶员！"

林克莱特接着问："如果有一天，你的飞机飞到太平洋上空所有引擎都熄火了，你会怎么办？"

小朋友想了想说："我会先告诉坐在飞机上的人绑好安全带，然后我挂上我的降落伞跳出去。"

当现场的观众笑得东倒西歪时，林克莱特继续注视着孩子，想看看他是不是自作聪明的家伙。没想到，孩子的两行热泪夺眶而出，孩子的眼泪使得林克莱特觉得他还有更深层的意思没有表达，于是林克莱特问他说："为什么要这么做？"

小孩的答案透露出一个孩子真挚的想法："我要去拿燃料，我还要回来！"

林克莱特如果在没有问完之前就按自己设想的那样来判断，那么，他可能就认为这个孩子是个自以为是、没有责任感的家伙。但孩子的眼泪使他继续问了下去，才使人们看到了这是一个勇敢的、有责任心的、有悲悯之情的小男孩。

沟通上的障碍竟会产生如此大的差别。

一个沟通良好的团队可以使所有成员真实地感受到沟通的快乐和绩效，可以使团队制度得到更好的落实。加强企业内部的沟通，既可以使管理层工作更加轻松，也可以更加有效地落实各项制度，使普通员工大幅度提高工作绩效，同时还可以增强企业的凝聚力和竞争力。

2. 用倾听改善沟通

听是改善团队沟通的一个重要手段。

在沟通的过程中，说占30%，听占45%，阅读占16%，写占9%。在所有的沟通内容中，倾听占了45%，比说的比例更高。然而，人们通常被告知要如何说，却很少有时间来学习如何聆听。

布莱顿—摩根理论的创始人在对美国100余家大企业的高管调查后发现，85%的管理者都认为自己既关注人的因素——员工，也关注事的因素——绩效。但是80%的下属却不这样认为。

为什么团队中下属和管理者的认识有这么大的差距？主要是因为管理者自身的态度倾向与行为模式不相称。就如同冰山一样，冰山在水面上只露出它的十分之一，团队管理者具有态度、行为等多种要素，但员工看到的只是管理者的行为，所以，在沟通中管理者的行为表现就显得非常重要。

团队中的每个成员，都必须学会倾听同伴说话，收集有用信息。在英文中，hear和listen两个词都是听，但意思并不相同：前者仅仅是听到，后者却要求倾听。与同伴交流的时候，有的人认为自己在听，但可能一边在听，一边忙着做其他事情。这会让同伴觉得他心不在焉，听的效果可想而知。

因此，倾听并不是简单的听，而是要进行有效的倾听。它不仅要用耳朵，而且要用心灵。有效的倾听有两个层次的功能——帮助接收者理解字面上的意思和理解说话人的情感。好的倾听者不仅能听到对方说的内容，而且还了解对方的感受和情绪。同时，团队领导的有效倾听还向下属发出了一个重要信号——他们关心团队成员。虽然许多人并不是有技巧的倾听者，但可以通过训练提高倾听技能。

以下原则是团队成员在倾听时需要掌握的：

（1）要集中注意力，聚精会神地去听。

（2）在倾听的过程中既要与对方有目光接触，又要注意对方的眼睛和表情。

（3）不要打断对方并迫不及待地插话。打断别人的谈话是相当不礼貌的行为，对方很可能会因此受到打击。

（4）不要急于下结论，听完后要仔细斟酌对方的话。

（5）积极给予反馈。这种反馈并不是对别人进行评判，也不是要去做别人的老师，而是表示理解了对方的话。如果有不清楚的地方再进行沟通。

沟通的技巧和方法固然重要，但我们应该明白沟通不仅仅是一种临时性的技巧和方法，而且是一种组织制度，要获得有效的沟通效果必须有制度性的措施，我们应该针对企业的特点及发展的需要，对企业内原有的沟通制度进行不断地改革和补充。

作为一名成功的公司员工，不仅要有应对问题和挫折的能力，还要与客户、同事、合作伙伴和供应商建立良好的人际关系。因此，提升沟通艺术，并对人际关系进行良好的运作，就成为事业成功的重要保证。

“合一架构”法则

如果有人说：“你说的有道理，但是……”你知道他是什么意思吗？他是指你说的没道理。“但是”这个词具有否定先前所说的意义。如果有人在同意你的观点之后，再加上“但是”这两个字，你会有什么样的感觉呢？相信你心里不见得会痛快的。

如果你把“但是”替换成“也”的话，会有什么结果呢？如果你这么说：“你说的有道理，我这里也有一个很有道理的看法……”或“那是个好主意，我这里也有一个很好的主意……”你猜会有什么结果呢？这两句话都是以同意对方观点开头，然后给自己的观点另开一条路，未曾造成对方抗拒的心理。

在这个世界里没有永远抗拒的人，只有顽固且不具弹性的沟通者。就像有些话会必然激起听者的抗拒，然而也有些话能使听者敞开心门，愿意与你沟通。

有一套叫作“合一架构”的技巧，虽然只有三句话，你在与人沟通时若能常常运用，就能使你与人和睦，充分表达己见。

“我感谢你的意见，同时也……”

“我尊重你的观点，同时也……”

“我同意你的看法，同时也……”

上面每一句话都表达了三样事。第一，你能站在别人立场看，而不以“但是”或“不过”的字眼来否定或贬抑对方观点，因而达成契合；第二，你正建立一个使你们携手合作的架构；第三，你为自己看法另开一条不会遭遇抗拒的途径。

如果有人对你说："你百分之一百错了。"而你回了一句："我没错！"你认为双方还能与你平心静气地谈下去吗？那是不可能的，这时反倒会有冲突、有抗拒。相反地，如果你这么说："对于这件事，我十分尊重你的看法，同时也希望你能站在我的立场听听我的看法。"结果可能会很好。

有效的沟通就得尽量避免冲突的发生，减少抗拒的可能。

沟通反馈的六个准则

人们应该在下列准则的基础上尽可能地提供反馈：

（1）反馈应当建立在发送者与接收者互相信任的基础之上。如果组织环境以个人竞争为特征，强调利用权力进行处罚和控制，上下级之间的就会缺乏信任。

（2）反馈应当具体明确，最好带有新近的例证。说"你真霸道呀"，不如说"刚才我们决定那个有争议的问题时，你根本不听别人的意见，我感到不得不接受你的观点，否则你就会攻击我"更有用。

（3）反馈应当在接收者看来准备接受的时候进行。因此，一个人怒火中烧，心烦意乱或者一心抵制时，最好不要提出其他新问题。

（4）应该和接收者检查一下反馈，以判定它是否有用。发送者可以请接收者复述一遍反馈，来确定是否与发送者意图吻合。

（5）反馈只应当包括接收者能够做出反应的事物。

（6）反馈不应当超过接收者在任一特定时间能接纳的限度。例如，如果反馈包括接收者惹恼发送者的所有事情，接收者就会感到有威胁而形成防御心理。

沟通的四种基本方法：

沟通的基本方法有四种：书面、口头、非语言和大众传播。这四种方法经常是同时交错在一起使用。选择哪一种沟通一般取决于接受信息者是否当时在同一地点、信息的紧急程度、信息的秘密程度以及传递方式的价格费用。

1. 书面沟通

书面沟通是借助于书面语言进行沟通。如书信、备忘录、报告、布告、通知、工作手册、报表以及组织的定期刊物等。书面沟通的优点是信息可以长期保存，对一时辨不清的信息可作反复研究。如信息内容发生问题时，还可以参考留存的文件。在复杂或较冗长的沟通场合尤其显出书面沟通的重要性。

书面沟通的另一个优点是来自于沟通过程本身，除了发表正式讲演等少数情况外，书面沟通对语言文字的依赖性较强，往往需要更全面、较合逻辑并且清晰的表达方式。书面沟通的效果受文字修养的影响很大。而书面沟通的缺点是要花费很多时间，如口头表达需要10～15分钟，而书面方式也许要花一个小时才能将这些信息写下来。

此外，书面沟通的反馈慢，如寄一份备忘录给某人，不一定他能理解备忘录内容的原意。即使理解，书面答复也缓慢。

2. 口头沟通

口头沟通是借助于口语进行沟通。如演讲、讨论、谈话，以及非正式的悄悄话和谣传等。口头沟通的好处是比较灵活、速度快，双方可以自由交换意见。口述的信息能够在短时间内传送出去并被接受。如果接受者不能很清楚地理解这一信息内容，传送者能及时发现并可及时纠正。

口头沟通的缺点是信息保留时间较短，使用也有一定的局限性，尤其是信息需要通过许多人来传达时，信息可能被歪曲走样。

3. 非语言沟通

人类进行沟通活动最重要的工具当然是语言，但是沟通的工具绝不仅限于语言。如借助某些无声语言来达到沟通的目的。

手势语是人们进行非语言沟通的一种工具。例如，中国人竖起大拇指是表示称赞某人或赞赏某物或笼统表示赞同或好的意思。而在美国，常常有人站在公路边，举手竖起拇指，拇指朝着他要去的方向摆动，意思是希望搭便车。这个动作就是说“我要到……去，是否可以让我搭便车”。这些手势语，如不经解释，往往为其他民族的人所不理解，以致造成某些误会。

由于民族之间的文化不同，人们对时间的概念也有所不同。如在美国，人们非常讲究时间，他们不管工作、约会、上课、吃饭、看戏、开会都很讲究准时。人们的生活节奏是快速的，时间观念是极受重视的。譬如约会，人们总是事先预约，讲好几点，大约多久。

由于人们在日常生活中经常与颜色接触，所以很多时候把它们用来代表颜色以外的东西。因此，人们在沟通过程中，应注意颜色这类非语言沟通。如在我国，人们用红颜色的纸作包装送礼，表示吉利；而在其他国家红色有其他含义，如在美国，人们用红墨水记账表示赤字。所以商界人士最怕红字，因为商界里的赤字、负债都是用红色来书写的。

4. 电子媒介

在当今科技发达的时代，我们利用许多复杂的电子媒介来进行沟通。除了传统的电子媒介如电话及公共通讯系统外，还可以通过手机、网络等方式进行有效的沟通。

去倾听，去理解

倾听是沟通过程中一个重要的环节。几乎在任何交流中，我们所能做到的重要的事就是倾听。比如，作为一名管理者，在讲话前，只有倾听，才能帮助你在回答问题时提供更多的信息帮助。当我们养成倾听的习惯时，就必然会了解我们的员工的问题、挫折以及需求。

很多管理者都有这样的体会，一位因感到自己待遇不公而愤愤不平的员工找你评理，你只需认真地听他倾诉，当他倾诉完时，心情就会平静许多，甚至不需你作出什么决定来解决此事。

美国著名银行家约翰·洛克菲勒说："我们的政策一直都是：耐心地倾听和开诚布公地讨论，直到最后一点证据都摊在桌上才尝试达成结论。"据说他的座右铭就是"让别人说吧"。惠普公司的创始人帕卡德也特别强调："去倾听，然后去理解。"

"不善于倾听不同的声音，是管理者最大的疏忽。"玛丽·凯在《玛丽·凯谈人的管理》一书中，曾对倾听的影响做了如此的说明。玛丽·凯经营的企业能够迅速发展成为拥有20万名美容顾问的化妆公司，其成功的秘诀之一，是她非常重视每一个人的价值，而且很清楚员工真正需要的不是金钱、地位，他们需要的是一位真正能"倾听"他们意见的管理者。因此，她严格要求自己，并且使所有的管理人员铭记这条金科玉律：倾听，是最优先的事，绝对不可轻视倾听的能力。

西方有句谚语：倾听是最高的恭维。英国学者约翰阿尔代说：对于真正的交流大师来说，倾听和讲话是相互关联的，就像一块布的经线和纬线一样。当他倾听的时候，他是站在他同伴的心灵的入口；而当他讲话时，他则邀请他的听众站在通往他自己思想的入口。

管理是讲究艺术的，对人的管理更是如此。新一代的管理者更应认识到这一点。那种高谈阔论，教训下属，以自我为中心的领导方式已不适用了。倾听是一种有效的沟通方式。具有成熟智慧的管理者会认为倾听别人的意见比表现自己渊博的知识更重要。他要善于帮助和启发他人表达出自己的思想和感情，不主动发表自己的观点，善于聆听别人的意见，激发他们的创造性的思维，这样，不仅可以是使员工增强对管理者的信任感，还可以使管理者从中获取有用的信息，更有效地组织工作。

作为管理者如何才能更有效地倾听呢，下面就是帮你成为一个善于倾听的人的一些技巧：

（1）在别人说话时，要身体放松，头脑清醒，能够自然地听别人讲话。

（2）不要因为最开始的几句话就形成对他人的思维定式，认为你已经听得很明白了。很多倾听方面的错误是因为，有人只听了一句话或开头的几个词就自以为明白了，这样就错过了其他内容。

（3）快速进入听者的角色，当别人一开口，你就要迅速集中精力听他说话。

（4）不要因为你不喜欢一个人的外貌、声音或者整体形象而不听他说话，要兼收并蓄所有的新信息。

（5）当讲话人的观点与你的一贯想法不一致时，不要有过于情绪化的反应，听别人把话说完。

（6）在得出结论前，让讲话人充分表达他的想法，后再对他的话做出评价。

（7）把听到的部分内容写出来非常重要。你的口袋里应该装着纸、笔、笔记本和卡片。每天都会讨论一些重要话题，但是你不能记住每个细节，你发现多少张涂得乱七八糟的纸上，写着没有名字的电话号码？因此，如果有必要，听的时候要做笔记，事后回想一下，并整理成档案。

（8）人们经常说一件事情时却表达成另一种意思。听懂他人的意图和听懂谈话内容同等重要，这就是前文提到的观察过程，在你听的时候也要注意观察，确定说话人的眼睛、身体和脸传递出的信号是否与他的声音、语言一致。如果不一致，要仔细弄清楚，很多人认为如果他们要求讲话人确认什么事情，就会被认为很愚蠢，好像他们没有注意听。而事实上，让讲话人当场重复某些东西，比出现一系列的误解要好得多。

（9）人与人之间的交流有3个阶段：接收（倾听）、信息处理（分析）、传递（讲话）。在这3个步骤中，你很可能跳过接收(倾听)的过程。试着尽量去听而不要自己分析，或者打断别人讲话。

（10）听不进去别人说话的另一个主要原因就是精神不集中。要听得准确无误就必须反应快，当你一听到别人开口，就要集中精力对自己说“这很重要”，眼睛注视着说话的人，不要玩弄钢笔、铅笔或稿纸。

提高沟通力的九个技巧

真正有效的沟通，并非一日之功。以下技巧有助于你提高沟通能力，解决沟通中碰到的难题，使你的每次沟通都富有成效。

1. 妥善处理期望值

要想消除双方期望值之间的差异，一种途径是订立业绩协议。员工与企业签订的业绩协议可使双方明确彼此的期望和要求，帮助设计双方都能达到的目标，并且定期评估协议以确保双方的目标和要求都能得到实现。另一种途径是清楚说明你的期望。这样，能否达到你的期望，对方有责任向你说明。这种做法可以使你根据需要对自己的期望做些有效调整，预先消除可能出现的伤害和失望感。

2. 培养有效聆听的习惯

人们之间的沟通充满变数（如自己和别人的谈话及聆听风格等），因而既复杂又具挑战性。设身处地是成功沟通的一个关键因素。

聆听，但不要受别人情感的感染。别人有难处时，应设身处地地理解别人，但不能被这种情感左右，必须为自己留点精力去做自己的事。记住，不要做一块海绵，什么都吸收。

3. 积极认真听取、积极给予反馈

一般来说，反馈是事实和情感因素的结合。沟通中的实质信息和关系信息很容易带来误解，招致不满。因此，在提供反馈意见时，应强调成长进步，不要妄作评判或横加指责。听取别人的反馈时，要抓住其中对自己有价值的东西，不要计较对方的身份和沟通的方式，做到言者无罪，闻者足戒。

4. 坚持诚实

有时，实话实说的确伤人，但诚实最终能增加建立稳固长久关系的机会。因此，诚实非常重要。如果有什么事烦扰你，尽量直接说出来，以免将小事化大更难处理。

5. 有创意地正面交锋

所有其他方式都行不通时，唯有正面交锋。这也是摆平各方、理顺头绪的一个机会。如果不愿正面对垒，不要因为害怕而逃避，要理直气壮。当然有的时候，借故避开不失为明智之举。

6. 果断决策

如果你疲惫不堪、心中烦恼或忙得无法分身时，要坦然地说出来。然后另找一个时间，使自己处于最佳状态来处理局势和有关人员的事。

如果你优柔寡断、迟疑不决，可采用以下步骤予以补救：回顾所有事实；反复过滤各种可行方案；选择最佳方式，哪怕这意味着你要多受点委屈；一旦决策，立即行动。

7. 对失误不必耿耿于怀

沟通中出现失误，让你失望或受到伤害，不要放在心上。你不妨问一下自己，想不想背上这包袱？自己能从中得到什么？一旦尽心尽力地澄清了沟通中出现的失误，就要为自己付出的努力而骄傲，该过去的让它过去。一番心血没有白费，心中的巨石落地，该高兴才是。

8. 平息对方的怒火

对方怒气冲冲时，如何冷静处之，使对方平息下来？在此向你介绍几招：

（1）让对方的火发泄出来。

（2）表示体谅对方的感受。

（3）询问是否需要帮助。

（4）针对问题谈问题，也就是就事论事。

一般情况下，最正常的反应是，找惹人发怒的人谈谈，然后逐一解决问题。

9. 视意见为财富

柯达公司曾发生过一件事：一名普通工人写了一封建议书给董事长乔治·伊士曼，内容简单得令人吃惊，只是呼吁生产部门将玻璃擦干净。事情虽不足为道，但伊士曼却认为这是员工积极性的表现，立即公开表彰，发给奖金，并由此建立了柯达建议制度。

直到柯达公司宣布破产前，该公司职工已提出建议200多万项，被公司采纳了约有60余万项。该公司职工因提出建议而得到的奖金每年总计都在150万美元以上，而柯达公司从中受益的又何止千万美元呢。

企业最大的财富是人的聪明才智。企业领导人应该鼓励每一个员工积极地提出改进工作的建议；必须使他们知道，他们的建议将会得到认真的研究，并且也是这样做的。如果能像柯达公司那样，在企业中建立起良好的建议制度，凡所提建议能给企业带来效益的，给予重奖。这样必然会促进企业全体职工同心协力，使职工对自己的工作感兴趣，对自己的工作考虑得更多并总是设法去改进自己的工作，这是领导者激发人们聪明才智的有效手段。

柯达公司对职工提出的每条建议都进行认真审查，一般经过以下过程：职工提出建议后，由各车间委员根据建议的独创性、思索程度、适应性和效果等内容进行评定和选拔，分为特别、优秀、优良、A、B、C和建议7个级别；凡属最后两级建议的提出者，由车间委员会予以表扬；B级以上的建议还要提交小组委员会，再次进行评定和选拔，并对B级和A级的建议提出者给予表扬；特别、优秀、优良三级建议提交公司改进工作委员会审查后进行表扬；特别级建议要征询公司表彰审查委员会的意见。

优秀企业的五种沟通方式

有效的沟通与交流是优秀企业所必需的。惠普公司的一位高级经理说：“我们真的不清楚创新过程到底是如何进行的，但有一点我们却非常清楚：上下之间有效的沟通是必要的。和员工自由自在地交流应成为企业考虑的一个问题，不管我们在做什么，不管我们采用什么样的组织形式，尝试什么样的制度，这是企业生存和发展的基础。我们做什么事情都不能损坏这个基础。”

在优秀企业里，上下级之间的沟通方式有五个特征，这种沟通方式可以推动企业的创新活动。

1. 沟通方式很随意

在3M公司，有大大小小开不完的会，但很少是事先安排的，多半是几个来自不同部门的员工，凑到一块，商讨问题。公司的氛围如同校园，员工在一块讨论，气氛融洽平实但又不失学术气息，再加上公司结构的一些特点，使得员工在相处一段时间后能彼此熟悉，志同道合的人自然而然地经常聚在一起。

麦当劳公司的高层管理者时不时聚在一块，共同商讨公司的发展方向和生意的基调。

在Digital公司，总裁奥尔森要定期会晤一个所谓的工程委员会，这个委员会由20多位来自该公司各阶层的工程师组成。由奥尔森亲自确定议题，并不时地重组、更换委员会的成员，使得这个委员会不断地提出新构想，而他本人起催化剂的作用。研究人员爱德华·舍恩在总结对创新过程的研究时指出了这种相互交流的重要性，他说："建设性的构想往往是通过非正式而不是正式的方式提出的"。处于企业核心地位的创新系统实际上意味着企业文化的非正式性。

2. 沟通频繁且深入

埃克森石油公司和花旗银行是两家以"无阻碍沟通"而闻名于同行业的公司。在这两个公司，高级管理者的沟通交流方式行为与公司竞争者的行为之间的差别令人震惊。只要一进行提案的研讨，每个人讲话的声音都提高八度，接着声嘶力竭的叫喊争论开始了。员工自由地提出和讨论问题，气氛非常融洽轻松。只要有异议，任何人都可以随时打断董事长、总管理者和会上任何人的发言。

许多默默无闻的企业，其高级管理者尽管在一起工作了二三十年，但除了正式安排的会议外，很少聚在一块讨论问题。公司开会时，他们也只是缄默一旁，等着别人提出方案，最终只是礼貌性地评论一下。更有甚者，同一楼层办公室的同事也只是用公文便条来交流一下，绝对不会坐在一块海侃神聊。这些行为与优秀企业的沟通方式形成了鲜明的对比，像凯特皮勒公司的最高层10位主管每天的"无固定议题、无会议记录"的会议，弗卢尔工程公司和德尔塔航空公司10位高级管理者的"咖啡谈话会"，以及麦当劳高层每日的非正式聚会，这些行为与一般企业的沟通交流方式形成了强烈的反差。

英特尔公司的管理者们称这个过程为"同等地位人的决策"，这是一种公开的、面对面的管理方式。员工可以直接且直率地讨论问题，能这么做的一个主要原因是在这些企业里，这类会议自始至终一直在进行着，开会不是一种正式、不多见的情况。

3. 具备沟通所需的物质支持条件

IBM公司的一位资深职员跳槽到另一家高科技公司，从事一项重要的研究计划。工作几星期后，他走进该公司一位主管的办公室，关上门说："我遇到了麻烦"。那位主管顿时脸一阵白：这个家伙可是这个研究的关键人物。这位前IBM公司员工继续说："有件事我实在搞不懂，为什么你们这里连一块黑板都没有？没有黑板，你叫大家如何相互交流沟通？"

他的话是有来历的。当初汤姆·沃森上任时，就是站在黑板前，拿着黑板擦，与员工共同商讨企业遇到的问题，才把企业搞起来的。类似这样的工具，有助于非正式交流活动的深入进行。这种活动能刺激创新。

另一家公司的总经理也谈到他的一项创举：

"我把公司餐厅里4人用的小圆桌，全部换成长方形的大长桌。这是一个很重大的改变，如果用小圆桌，就会是4个熟悉已久的人坐在一块进餐。用大长桌的情形就不同了，其他陌生人就有机会坐下来和他们聊天，如此一来，研究人员就有可能遇到其他部门的销售人员或者是从事产品制造的工程师。这就好比在玩概率游戏，每增加一些接触的机会，都能增加员工之间意见的交流。

英特尔公司建在硅谷的新大楼里面有许多小的会议室，员工被要求在那里吃午饭，在那儿解决问题。每个会议室里面都有黑板，以便进行交流。

4. 设立推动机构

这是刺激创新交流系统的另一方面。优秀企业甚至把创新活动制度化。IBM公司的"革新人员计划"是一个典型的例子。"革新人员"是其总裁沃森想培育"野鸭"（沃森从挪威作家易卜生那里借用了这个比喻）的具体体现。

在IBM公司，大约有几百位这样的革新人员，在《新闻周刊》的一则广告上，他们被称为"梦想家""异教徒""讨厌鬼""自行其是的人"和"天才"等。一位革新人员说："在IBM公司，我们非常受重视。没有哪个企业能像IBM公司一样，给我们提供这么多企业副总的位置。"每位革新人员的任期为5年，在这一期间内，他可以随心所欲地从事他唯一的任务：创新制度。

哈里斯公司和联合技术公司对那些在部门间的技术交流方面工作出色的个体和小组给予重奖；比克特尔公司强烈要求每一个项目管理者把全部时间和精力的20%用在新技术的试验开发上；通用汽车公司建立"玩具店"以加快员工进入"未来工厂"的步伐，出于同样的考虑，通过数据公司建立了许多"技术中心"，来自不同部门的员工聚在这些地方，共同创新。这些都是推进企业创新活动的一些简单易行的办法。

5. 深入的、非正式的交流系统

这种系统刺激创新活动，而不是抑制创新活动。3M公司是一个典型的例子。

“当然，我们处于严密的控制之下。每个小组花几百万美元从事任何一项产品研究时，四周必定有一大群对研究感兴趣的人在旁边观察研究的进展情况。我们相信，其余优秀企业类似的控制活动也非常严格。在任何一个公司，你干任何一个事情，身边必定有许多人在注视着你，尽管他们是很随意的。但在我们知道的其他企业中，这种控制活动非常严格且有刚性。你可以在没研制出任何成果的情况下花掉500万美元，没有人会知道的，只要你及时正确地填写所需的表格即可。”

避免不良沟通的十个步骤

当你把工作授权或外包出去时，沟通不良常是双方有效工作的另一项障碍。在此，可以采用下列步骤，让你的讯息可被大家充分了解，这样就没有人会因为沟通过程而受挫：

（1）仔细聆听并确认自己已经了解。倾听需要全神贯注，当你在检查电子邮件或在网络上搜寻资料时，千万别讲话。一次做一件事，就能把每件事都做好。

（2）表现自己已经了解——回馈。当你跟别人谈话，别人反问你有没有问题或意见时，可以用自己的话再重述一次，并询问他说的话是不是这意思。通常，你所听到的可能并不是人家所要表达的，所以彼此间的沟通当然得更尽心尽力些。

（3）别低估一般人的智慧。对你公司、产品或技术不了解的人，只是欠缺技术背景、资料和这方面的资质，但绝不是因为没有智慧。所以，当你在解释技术概念时，就要用简单易懂的方式让对方了解。避免用术语，就算要用，也要先解释专业术语的意思。

（4）以对方能听懂的方式来交谈，而不是以自己的方式交谈。在交谈时，除了让事情尽量简单化，也要注意对方在意的是什么，记住，对方在意的事未必就是你在意的事。

（5）确定别人听懂你在说什么。人们常怕被认为自己很笨，所以就不敢提出问题。要鼓励跟你谈话的人，如果他们听不懂就该打断你，并向你提出问题。你也可以问他们问题，这样就知道他们是不是真的了解。如果他们不了解你说什么，找出他们不懂的地方。

（6）别做假设。当你做假设时，你就是愚弄对方和自己。

（7）别表现出生气和不耐烦的态度。如果表现出生气、不耐烦或开始变得自大，那你的听众一定会厌烦，而你就等于替自己创造出敌人而不是盟友。

（8）预先把沟通时间排入工作时间中。

（9）利用二八法则。最有效的沟通者会花 8成的时间倾听，只用 2 成的时间讲话。让别人告诉你，他们需要什么，然后你再给他们什么。当你浪费别人的时间，你们彼此获益性就会降低，对方很快就会失去热忱。

（10）交朋友。如果你跟承包商之间能产生友谊，就要让这种友情自然而然地交流和成长。当你跟承包商之间没有这种友情的感觉时，不要强迫彼此要建立这样的关系。大家都愿意跟自己喜欢的人打交道。

主动沟通的四个技巧

共同话题的主动权是应该掌握在领导者手中的。共同话题往往来源于员工和领导者的共同点，这些共同点往往容易拉近员工和领导者的距离。一般来说，可以从以下几个方面来寻找共同话题。

1. 从员工的口音找话题

员工的口音往往能够表明身份和经历。领导者要大胆地猜员工的口音。猜对了，固然可喜，两个人有了共同的话题；猜错了，也很可喜，因为员工往往会告诉你他是什么地方的人，这样你们还是找到了共同的话题。

2. 从员工的穿戴来寻找共同话题

员工的衣着、举止，在很大程度上可以反映出他的身份和地位。这些都可以作为领导者判断并选择话题的依据。如果看到一个西装革履的人坐在较大的办公室，领导者就可以判断其为主要负责人，即使猜错了，也可以借这个错误的判断来恭维他。只要接上了话，就可以很轻松地控制整个局面。

3. 从共同遭遇谈起

“同是天涯沦落人，相逢何必曾相识”，一般来说，遭遇相同或者近似的人容易形成共同话题。领导者可以通过共同的遭遇和员工寻求心灵上的共鸣。在我国历史上有些时期，很多人的遭遇都是相同的，如知识青年上山下乡。对于这类遭遇，领导者可以和别人侃侃而谈，尽量制造良好的交谈氛围。

4. 从共同物件谈起

如果领导者和员工有共同的物件，往往可以从共同物件谈起。比如员工有一个皮包和领导者的皮包是相同的式样和型号，领导者就可以从谈皮包出发，来引诱别人和自己交谈。

沟通交流的27条经验

表扬一个人，最好用公文；批评一个人，尽量用电话。——美国实业巨子雅科尔的人事管理诀窍。

（1）和别人站着沟通时，最好保持大约一米的距离。

（2）紧张时，慢慢地深呼吸以放松自己。

（3）遇到有敌意的记者时，保持冷静，不要说任何会伤及公共关系的话。

（4）知道该问什么问题，以获得最好的答案。

（5）思考你所听到的话，而不是说话的人。

（6）尽快将许诺形诸文字以避免误解。

（7）会议之前先列出问题。

（8）在想起下一个问题之前，不要害怕停顿。

（9）尽可能以自然的语调创造温暖的气氛。

（10）购买及阅读那些你想发挥影响力的报纸或杂志。

（11）趁记忆犹新时阅读笔记。

（12）进入大型企业的网页看看别人正做些什么。

（13）使用荧光笔强调重点。

（14）站起来打招呼或道别，坐着是极不礼貌的。

（15）给予正面回馈时，陈述赞美的理由。

（16）如果答应回电，就别食言。

（17）在电话答录留言的最后，请重复一遍自己的姓名和电话号码。

（18）个人资料有任何变动时，记得更改电话录音机内的录音。

（19）写信或写报告时，帮助读者可视化。

（20）避免使用复杂.不常用或抽象的字句——它们会模糊你想传达的意念。

（21）在写信之前将想法列出来——甚至可以先做笔记。

（22）将商标印在各式文具上，以提升企业认同。

（23）可能的话，邀请名人担任研讨会或会议的主讲者。

（24）询问其他管理人是否想在研讨会中发言。

（25）在选择新的会议地点时，寻求一些建议。

（26）请同事检阅商业信函以确认你的解读是正确的。

（27）选择不同性格特质的人组成谈判小组。

附：一个创造奇迹的公式——成功学大师卡耐基谈如何沟通

美国成功学大师戴尔·卡耐基在其著作《人性的弱点》一文中，谈到怎样与人沟通的话题，这里摘录如下：

我们要记住，对方并不承认有错误时，你别斥责他是错误的。在这种情形下，可能只有愚蠢的人才会去责备人家，聪明的人绝不会如此，他会试着去了解对方，去原谅对方。

为什么这个人有那样的思想和行动，一定有他的理由。我们探求出那个隐藏着的理由来，对他的行动、人格就可以很清楚地了解。

你把自己处在他的情况下，你这样对自己说：“如果我处在他的困难中，我将有什么样的感受，又作如何的反应？”你有了这样的想法，可以省去许多时间和烦恼。由于你已知道了那个起因，就不会憎厌这个结果了。此外，你可以增加许多人际关系上的技巧。

古德在他一部《如何将人变成黄金》一书上说过：“停下一分钟……把你对你自己的事的关心程度，和对于他人的淡然漠视冷静地做一个比较，你就会知道，世界上其他的人也都是如此的。然后，你可以跟林肯、罗斯福一样，把握住任何事业的稳固基础。也就是说，应付人的成功，靠同情地了解别人的观点。”

多年来，我常在离我家不远的一座公园里以散步、骑马作为我大部分时间的消遣。所以，自然地，我渐渐对树木有了爱护的心，当我听到火烧树林的消息时，心里会感到非常难受。这些火，不是由于粗心的吸烟者的不小心，而多半是孩子们来林间野炊所造成的。有时候树林起火，烧得很厉害，需要消防队来才能扑灭。

在公园边，有一个布告牌这样写着——凡引起树林火灾的祸首，将受到罚款或监禁的处罚。可是那块布告牌立在很偏僻的地方，很少有人会看到。有一位骑马的警察，似乎是负责管理这公园的，由于他对职务并不认真，所以公园里经常会起火。

有一次，我急急地去警察那边，告诉他有火正在急速地蔓延，要他马上通知消防队。可是他的反应却是极冷淡，说那不是他的事，因为不是他的管区。自那次以后，我每逢骑着马来公园，便自己执行保护公园的职责。

起初，我从未想到孩子们的观点，看到他们在树下野炊时，心里就非常不高兴，就立即骑马去那些孩子们那边，告诉他们，树下生火是要被拘禁关起来的，我以严肃的口气要他们把火熄了。我还这样跟他们讲，如果不听，我马上要把他们抓走——那只是在发泄我的情感，并没有想到他们的见解。

结果如何呢？

那些孩子们虽然遵从了，可是心里并不服气，当我骑着马离开后，他们又生起火来，甚至还想把整个公园烧掉。

几年后，我开始觉得自己应该多学些待人的技巧，学学各种与人相处的手腕，常从别人的观点去看事物。于是，我不再命令人家。如果几年后的现在，我在公园里看到孩子们玩火的情形，我会这样说：

“小朋友，你们玩得高兴吗？你们的晚餐打算做些什么？我在小的时候，也喜欢生火野炊，现在想起来还觉得蛮有意思的。可是你们要知道，在公园里生火，那是很危险的，不过我知道你们都是好孩子，不会惹出什么麻烦的。

“可是别的孩子们，我相信就不会像你们这样小心了。他们看到你们在生火玩着，也跟着玩起火来，回家的时候没有把火熄灭，就很容易把干燥的树叶烧着，结果连树也烧了。假如我们再不小心，这个公园就没有树了。

“你们知不知道公园里玩火是禁止的，要坐牢的。但我不是干涉你们的游戏，我希望你们玩得很高兴。只是你们最好别把火靠近干的树叶，同时你们回家时，别忘了在火堆上盖些泥土。如果你们下次再想玩时，我建议你们去那边沙堆上起火，好不好？那里就不会有危险，小朋友，谢谢你们，希望你们玩得很快乐。”

如果我说出那些话来，相信会收到满意的效果，而且那些孩子们会很乐意跟我合作。他们没有反感，没有抱怨，不会感到有人强制其服从命令，保全了他们的面子。那时他们觉得满意，我也觉得满意，因为我考虑到他们的观点，来处理这件事情。

当我们希望别人完成一件事的时候，不妨闭上眼睛，稍微想一想……把整个的情形由对方的出发点来想一想！然后问自己："他为什么要如此做？"是的，那是麻烦的，费时间的。可是，那样做会获得更多的友谊，会减少原来该有的摩擦和那些不愉快的气氛。

哈佛大学商学院院长陶海姆说："当我要跟一个人会谈前，我愿意在那人办公室外面走廊上来回走上两小时……那是我要把我所说的话想得更有条理，以及我代他设想他会如何回答……我不会贸然闯进他的办公室。"

当你看过这本书后，能增加你一种趋向，那就是当你接触到每一件事时，会处处替别人着想，而且以对方的观点去观察这件事情。虽然读本书你只得到这些，但它会影响到你终身事业的成就。

所以，你如果要获得人们对你的同意，有一项规则是：要真诚地以他人的观点去看事情。

第10章

建团队：像狼群一样战斗

以一挡十不难，难的是以十挡一。

Z型组织的文化特征

威廉·大内教授对日、美企业的经营管理进行对比后发现，在组织模式的每个重要方面，日本与美国都是对立的。但是，在美国的一些成功企业中，如IBM、普罗克特、甘布尔、伊斯门、柯达等，在经营管理上与日本有着惊人的相似之处。于是，他创立了著名的“Z理论”。

“Z型组织”的文化特征是：信任、微妙性和人与人之间的亲密性。

1.“Z理论”的第一课——信任

威廉·大内认为，信任可以使企业内的部门做出牺牲以顾全企业整体的利益；信任可以使员工坦率和诚实地对待工作和他人，忠实于企业，关心企业劳动生产率的提高。

2.“Z理论”的第二课——微妙性

威廉·大内认为，人与人之间的关系既复杂又微妙，只有长期相处才能精确了解每个人的个性，才能组织效率最高的搭档。强迫命令不会有微妙性；微妙性一旦丧失，劳动生产率就会下降。有了微妙性，人们的工作才能降低成本，提高经济效益。

3.“Z理论”的第三课——亲密性

日本企业的成功，充分证明了亲密的个人感情在工作中的重要性。威廉·大内以为，亲密性会使信任和微妙性得到发展，人们相互关心，相互支持都来自密切的社会关系，社会的亲密性一旦瓦解，人们就会失去对企业组织、对社会的信任，就会产生恶性循环，最终导致劳动生产率水平的降低。威廉·大内指出，日本企业内的种种“会”“小组”“俱乐部”对于增进亲密性都是大有帮助的。

因此，威廉·大内得出了“Z理论”的结论：劳动生产率取决于信任、微妙性和亲密性。威廉·大内在他的著作中生动地概括出日本企业文化与企业经营的关系：“日本企业的基本管理方法是如此微妙、含蓄和内在，以致局外人往往认为它是不存在的。……它的实质与西方企业的管理方法迥然不同。”

下大力气建设团队

随着社会分工越来越细化，个人单打独斗的时代已经结束。团队合作提到了管理的前台，团队作为一种先进的组织形态，越来越引起企业的重视，许多企业已经从理念、方法等管理层面进行团队建设。

有些情况的出现在团队建设中发出了隐秘的危险信号，容易蒙蔽团队管理者的眼睛，如果不引起管理层的重视，团队建设将会前功尽弃。因此，管理者对员工进行管理必须重视团队建设。团队建设需要管理者从三个方面努力：

（1）提防精神离职。精神离职是在企业团队中普遍存在的问题。其特征为：工作不在状态，对本质工作不够深入，团队内部不愿意协作，行动较为迟缓，工作期间无所事事，基本上在无工作状态下结束一天的工作。精神离职产生的原因大多是个人目标与团队愿景不一致产生的，也有工作压力、情绪等方面原因。

（2）控制超级业务员。个体差异导致了超级业务员的出现，其特征为：个人能力强大，能独当一面，在团队中常常以绝对的业绩跃跃领先于团队其他成员，组织纪律散漫，好大喜功，目空一切，自身又经常定位于团队功臣之列。超级业务员的工作能力是任何团队所需要的，但管理者必须对超级业务员进行控制，避免其瓦解团队的核心。

（3）瓦解团队中的非正式组织。团队是全体成员认可的正式组织。非正式组织短期内能够很好进行日常工作，能够提高团队精神，调和人际关系，实施假想的人性化管理，在团队发展过程中，基本上向有利于团队的方向发展，但长期而言，会降低管理的有效性，致使工作效率低下，优秀团队成员流失。管理者必须瓦解团队中的各种非正式组织，让所有的员工都融入企业的工作中来。

建立必要的团队规范

团队刚开始运用规范时，成员们在提醒别人犯规时会显得迟疑不决。你可能得进行一些干预，直到每个人都能自如地坚持规范。不过，要尽可能快地从其中脱身出来，让团队成员承担起贯彻规范的职责。这也是团队成员的义务之一。

“我觉得这条规范不难做到，”希尔说，“我们会准时开会，会议开始时，每个人都会到场。这样，我们就不用浪费时间，为迟到的人再复述一遍会议的内容。”

“这听起来不错。”麦克蒂格补充道。

莱尔摇了摇头：“等一等，我一周得拜访3~4个客户，而且不知道每次得花多长时间。准时开会是个好主意，不过是否考虑为我留点余地。”

“这样做行吗？”麦克蒂格问道，“如果早上第一件事就是大家碰个头，你等到碰头之后再安排对顾客的访问，怎么样？”

“这是个不错的主意，不过这意味着我们得就会议的长度达成一致……”

为什么要为行政规范操这么多心呢？因为，如果有团队成员预期自己会遇到其他人不会遇到的事情，即便这都是些琐碎的小事，他们也会成为众矢之的的。

团队要想高效运作，就必须树立人际规范。而且，每个成员都必须遵守这些规范，并且愿意加以运用。人际规范是怎样起作用的呢？假设团队达成了一致，认为其成员不可以给别人的观点“戴帽子”，而只应该讨论观点的内容本身。下面的对话反映了可能发生的情形。

“你知道，我们只要同意星期三和星期五下午不接电话就行了。这样顾客们会知道我们在做什么，而至少在这两天，我们可以不必为接电话而中断会议。”

“这真是个草率的念头，麦克蒂格！我从来没有听到过对顾客这样不敬的想法……”

“打住，”瓦埃插了进来，“听起来凯尔像是在给麦克蒂格的观点‘戴帽子’呢。麦克蒂格，你觉得是这样吗？”

“当然了。我真的觉得自己被贬低了。”

“好吧，算给你抓到了！”凯尔做了个鬼脸，“我确实在给她的观点‘戴帽子’。那就换一种说法吧。麦克蒂格，你真的认为，这样做在顾客当中造成的影响，会是我们想要的吗？”

“谢谢，这好多了。”麦克蒂格说，“现在，我来告诉你怎么会产生这样的想法的……”

除非保证每个人都能贯彻遵循，否则团队就不应该徒劳地树立什么规范。正如上面的例子说明的那样，在认为别人违背了规范时，每个人都应该能够做出提醒，而不受什么拘束，并且有权让对方当场进行处理。

当然如果你手下的一个团队是由许多有团队工作经验的员工组成的，他们会不自觉地给团队带来有效的规范。但这迟早都会表现出其局限性，除非能对这些规范加以明确，并让每个人都来遵守。

团队精神，以十挡一

佛教创始人释迦牟尼曾问其弟子："一滴水如何才能不干涸？"弟子们面面相觑，不知如何作答。释迦牟尼给出的答案是："把它放到大海里去。"个人再完美，也不过是一滴水；而一个团队，一个优秀的团队，则是一片辽阔的海。

何谓团队精神？简单来说就是大局意识、协作精神和服务精神的集中体现。团队精神的基础是尊重个人的兴趣和成就。核心是协同合作，最高境界是全体成员的向心力、凝聚力，反映的是个体利益和整体利益的统一，并进而保证组织的高效率运转。一个群体不能形成团队，就是一盘散沙；一个团队没有共同的价值观，就不会有统一意志、统一行动，当然就不会有战斗力；一个企业没有灵魂，就不会具有生命的活力。相反，一种积极向上、朝气蓬勃、洋溢着时代气息的企业精神，对于现代企业是十分重要的。它有助于企业目标的实现。

索尼公司是世界上的著名企业，其之所以能有今天的巨大成就，与其"家庭式"的管理方法是分不开的。在索尼公司，每一个员工都被视为大家庭的一分子，每个员工都能够发表自己独特的观点，但是，索尼公司又强调员工之间要像在一个家庭中生活一样互相配合、协调。公司的每一位员工由于受到了充分的尊重，才华得到充分的发挥。最后，公司得到了员工们同等的回报——积极工作并对公司忠诚，于是索尼公司获得了巨大的、可持续的事业成功。

团队精神在企业中主要有以下作用：

第一，目标导向功能。团队精神的培养，使店内员工齐心协力，拧成一股绳，朝着一个目标努力，对单个营业员来说，团队要达到的目标即是自己所努力的方向，团队整体的目标顺势分解成各个小目标，在每个员工身上得到落实。

第二，凝聚功能。任何组织群体都需要一种凝聚力，传统的管理方法是通过组织系统自上而下的行政指令，淡化了个人感情和社会心理等方面的需求，而团队精神则通过对群体意识的培养，通过员工在长期的实践中形成的习惯、信仰、动机、兴趣等文化心理，来沟通人们的思想，引导人们产生共同的使命感、归属感和认同感，反过来逐渐强化团队精神，产生一种强大的凝聚力。

第三，激励功能。团队精神要靠员工自觉地要求进步，力争与团队中最优秀的员工看齐。通过员工之间正常的竞争可以实现激励功能，而且这种激励不是单纯停留在物质的基础上，还能得到团队的认可，获得团队中其他员工的尊敬。

第四，控制功能。员工的个体行为需要控制，群体行为也需要协调。团队精神所产生的控制功能，是通过团队内部所形成的一种观念的力量、氛围的影响，去约束规范，控制职工的个体行为。这种控制不是自上而下的硬性强制力量，而是由硬性控制向软性内化控制；由控制职工行为转向控制职工的意识；由控制职工的短期行为转向对其价值观和长期目标的控制。因此，这种控制更为持久有意义，而且容易深入人心。

一个优秀的团队精神，才是企业真正的核心竞争力。它能够创造一种机制和组织氛围，使团队成员最大限度地发挥自己的潜力。

打造狼性团队

如果一个企业始终抱着做强做大的目的而且不遗余力地进取，就是狼性十足的企业；一个人如果始终抱着不甘平庸的决心竭力拼搏，那就是狼性十足的人。一个团队如果锐意进取，具备了充分合作的狼性特征，就是一支狼性团队。

与雄狮和猛虎相比，狼算不上是猛兽，它的体力与形状都与狗差不了多少。但是，狼却以自己矢志不移的食肉信念、百折不挠的作战态度、众狼一心的团队精神纵横自然界。如果地球上没有猎枪、陷阱、毒药，也就是人力的话，它们几乎可以和一切动物抗衡。

如果将狼的态度与意志移植到我们的大脑中，将狼群的法则用在我们的企业管理与团队运作上，我们的企业是否也会像狼群一样焕发无尽的团队活力？企业将产生怎样的成就？

在狼成功捕猎过程的众多因素中，严密有序的集体组织和高效的团队协作是其中的最明显和最重要的因素。这种特征使得他们在捕杀猎物时总能无往不胜。独狼并不是强大的，但当狼以群体力量出现在攻击目标之前，却表现出强大的攻击力。

在狼族社会里，一匹成狼的死亡会严重危及整个族群，如何寻找安全的巢穴以抚育小狼，目标猎物的行踪或可靠的水源等知识，都可能随着一匹老狼的殒命而消逝，一匹成狼的死亡便意味着多年的经验、知识与领导能力也随之消逝。

幸运的是，狼族中的老者不断地教导与提醒年轻的幼狼，给予它们机会去经历失败，从中学习与成长，直到成为领导者。整个狼族的捕猎、游戏和互助行为，都促使小狼们团结在一起。所有的这些活动，都增强了族群的社会秩序与传统。从幼小狼只与成年狼只嬉戏的经验里，幼狼学习到它们未来可能必须承担的领导能力，并且了解到整个狼群的未来发展，届时都将是它们生命的重要职责。

狼群的凝聚力、团队精神和训练，成为决定它们生死存亡的决定性因素。每位成员都应通过发挥特有的才智和力量来肩负起对团体应尽的义务，每一匹狼都要为群体的繁荣与发展承担一份责任。因此，一匹有智慧的狼如果死亡，并不会对狼的族群造成长久的致命伤害，因为，对于这些伤害，年轻的狼早已有万全的准备了。

狼群中每个成员都不希望成为光说不干的“老板”，它们中有些乐于成为技艺精湛的狩猎者，也有些擅长于作为族群看护者，还有一些喜欢充当群体的开心果，等等。比如，领导狼群的责任由阿尔法狼担负，其他狼则共同承担整个狼群的其他事物。在母头狼产下一窝幼狼仔后，通常有一只成年的雄狼担当起“保姆”的作用，这样，母头狼就可以暂时摆脱当妈妈的责任，和公头狼去进行“蜜月狩猎”。

事实上，狼群在哺育期，它们的“集体主义意识”和“协作精神”远远胜过人类。每一只成年的狼都各司其职，担负着抚养后代的重任，在它们捕猎时总是通力合作，彼此照应。更令人感动的是，遇到危急时，狼群总是用自己尾巴的摆动、鼻子的相触来相互鼓劲。

在狼群中，并非每一匹狼都积极争取领导者的角色。但是，所有的狼都满足于自身所扮演的至关重要的角色，并不断地努力，以达到最完善的境地。

在某些组织中，总会存在一些不合时宜的座右铭，例如：“不想成为将军的士兵不是好士兵”“不想当老板的员工不是好员工”等等。

但事实上，这只是一种假象，一种领导者对面试者的期望，以及面试者套用这种期望而揣摩出的对话方式。可以想象，一个公司如果到处充满着这种急于爬升的员工，它必将造成整个组织或团体充斥着竞争与个人主义至上的气氛，而非协调、合作与忠诚。

当然，这并不是说狼族不会挑战权威、地位或社会阶级——它们也会这么做。

不过，每一匹狼的社会角色，从孩提时期的嬉戏之中，便已经逐渐发展成形，并在成长的过程中，不断地针对该角色进行学习与演练。

它们的态度是基于这样的问题："什么是对团体最有益的？"而并非与人类一样，常常因为无法满足个人的欲望，而恶意破坏其所属的组织团体、家庭或事业单位。

不论是团队工作、公司业务、社会工作，或公民义务，个人对团体的尽心是让团体运行的原动力。"团队精神"就像是天气一样，每个人都在谈论它，但如果没有人能身体力行，一个团队就只能成为一个羊群，而并非是狼群。

可以说："狼性"就是企业团队必须具备的精神，没有"狼性"的团队必然是孤立的团队，面对残酷的市场竞争必将抱头鼠窜、落荒而逃。

独木不成林，1+1＞2

有人曾见过如此惊人的一幕：野火突然烧起来，包围圈逐渐缩小。巢穴外，众多蚂蚁迅速地背向里，腿朝外，一个抱一个，一层叠一层，集聚成一团，犹如一个黑球。在熊熊大火中，亿万条蚁腿组成了行进的轮子，沿着山脊滚动，逃离火海。不时传出的"噼叭"爆裂声，是最外层的蚂蚁在用自己的躯体为蚁团铺就一条生路。黑乎乎的"球团"逃出火圈后，体积已变得很小。活着的蚂蚁迅速散开，重新寻找巢穴。

企业强大的竞争优势不仅仅在于员工个人能力的卓越，更重要的一点体现在团队合作力量的强大。

俗话说，单人不成阵，独木不成林。个人的力量总是有限的，当工作远远超出个人能力或精力的承受范围时，则需依靠团队的力量，才能最终达成目标。

据统计，诺贝尔获奖项目中，因协作获奖的占2／3以上。在诺贝尔奖设立的前25年，合作奖占41%，而现在已跃居到80%。由此可见，合作可以产生1+1>2的倍增效果。

什么是团队？关于团队的定义有很多。管理学家罗宾斯认为：团队就是由两个或者两个以上相互作用、相互依赖的个体，为了特定目标而按照一定规则结合在一起的组织。

在一档谈话节目中，盛大网络董事长兼CEO陈天桥说出了自己成功的关键，那就是团队。创业时就组建的团队，共有五个人，时至今日，一个都不少。陈天桥坦承：如果没有团队，只凭个人的力量，纵使自己表现得再完美，也难创造很高的价值，盛大也不会走到今天。

一个由相互联系、相互合作的若干部分而组成的整体，经过优化设计之后，整体力量是能够大于部分力量之和，产生1+1＞2的效果。

分工合作正在逐渐成为一种企业中工作方式的潮流，同时也被更多的管理者所提倡，如果我们能把容易的事情变得简单，把简单的事情变得更容易，我们做事的效率就会倍增。合作，就是简单化、专业化、标准化的一个关键，世界正逐步向简单化、专业化、标准化方向发展，于是合作的方式就顺理成章地成为了这个时代的产物。

一个人如果可以引导其他人合作以及从事有效的团队工作，或者鼓舞其他人，使他们变得更为活跃，那么，这个人的活动能力并不亚于以更直接的方式提供有效服务的人。在工商企业中，有些人具有极高的能力，能够鼓舞并指挥他属下所有的人员获得比在没有这种指挥影响力之下更大的成就。众所周知，卡耐基很能干地指挥他个人的一些幕僚员，因而使得这些幕僚人员当中的许多人也成为富翁。每位销售经理、军事领袖以及各行各业的领导者，都了解“共同谅解及合作的精神的必要性”。要想获得成功，必须拥有这种精神。这种和谐的大众精神，经由自动或强制的纪律而获得。在这种情况下，个人的思想将被融合成为一种“智囊团”，这表示个人的思想受到修正，彼此的思想合二为一。造成这种融合过程的方法很多，就如同将个人置身于各种行业的领导地位，每一位领袖各有自己协调追随者的思想的方法。有人使用强迫的方法，有人使用说服的方式，有人则使用惩罚或奖赏的手段，他们的目的是为了减少某一团体中的个人思想，使它们全部融合成为一个单一的想法。读者不必深入政治、商业或财务中研究，就可以找出各自的领袖在个人思想融合成为一个集体思想的过程中所使用的技巧。

就算再伟大的球星，离开了集体的配合，单枪匹马，也是无法赢得比赛的；一支团结的球队才能成为一个有机的整体，才能在比赛时密切合作，赢得最终的胜利。

个人的成功离不开跟别人的合作，每一位成功者最爱说的一句话是“我能有今天，离不开大家的支持，成绩应归功于大家。”这是自谦之语，同时也道出了成功的一条秘诀，生活中需要合作的事情太多太多，让我们牢牢记住这句话："合作就是力量。"

团队成员的九种角色

要想有效地运作，一个团队需要三种不同技能类型的成员：

（1）需要具有技术专长的成员。

（2）需要具有解决问题和决策技能，能够发现问题，提出解决问题的建议，并权衡这些建议，然后做出有效选择的成员。

（3）团队需要若干善于聆听、反馈、解决冲突及其他人际关系技能的成员。

如果一个团队不具备以上三类成员，就不可能充分发挥其潜能。对具备不同技能的人进行合理搭配是极其重要的。一种类型的人过多，另外两种类型的人自然就少，团队绩效就会降低。但在团队形成之初，并不一定需要以上三方面的成员全部具备。在必要时，一个或多个成员去学习团队所缺乏的某种技能，从而使团队充分发挥其潜能的事例并不少见。

一般而言，如果成员的工作性质与人格特点一致，其绩效水平容易提高。工作团队内的位置分配有方，也可以达到这样的效果。团队有不同的需求，挑选团队成员时，应该以员工的人格特点和个人偏好为基础。

高绩效团队能够给员工适当地分配不同的角色。例如，长期使球队保持赢球的篮球教练知道如何挑选富有前途的队员，能识别他们的优势与劣势，并把他们安排到最适合他们才能的位置上，使他们能为球队做出最大贡献。这种教练们能够认识到，一个取胜的球队需要有多种技能的球员，如控球手、强力得分手、外线投手等。成功的球队具有能够胜任关键位置的球员，并能在了解球员和爱好的基础上，把他们配置到各个位置上。

一系列研究已经证明，在团队中人们喜欢扮演九种潜在团队的角色。现在简要描述这九种角色位置，并考察他们对于塑造高绩效团队的意义。

1. 创造者、革新者：产生创新思想

一般来说，这种人富有想象力，善于提出新观点或新概念。他们的独立性较强，喜欢自己安排工作时间，按照自己的方式和节奏进行工作。

2. 探索者、倡导者：倡导和拥护所产生的新思想

他们乐意接受、支持新观念，在创造、革新者提出新创意之后，他们擅长利用这些新创意，并找到资源支持新创意。这种人的主要弱点是，他们不一定总是有耐心和控制才能来使别人追随新创意。

3. 评价者、开发者：分析决策方案

他们有很高的分析技能，在决策前，如果让他们去评估、分析几种不同方案的优劣，是再合适不过的了。

4. 推动者、组织者：提供结构

他们喜欢制定操作程序，使新创意成为现实。他们会设定目标，制订计划，组织人力，建立起各种制度，以保证按时完成任务。

5. 总结者、生产者：提供指导并坚持到底

与推动者、组织者相似，他们也关心活动成果。但他们的着眼点主要在于：坚持必须按时完成任务，保证所有的承诺都能兑现。他们引以为荣的事情是：自己生产的产品合乎标准。

6. 控制者、核查者：检查具体细节

这种人最关心的事情是规章制度的建立和贯彻执行，他们善于核实细节，并保证避免出现任何差错。

7. 支持者、维护者：处理外部冲突和矛盾

这种人对做事的行为方式有强烈的信念，他们在支持团队内部成员的同时会积极地保护团队不受外来者的侵害，他们对团队而言非常重要，因为他们能够增强维护团队的稳定性。

8. 汇报者、建议者：寻求全面信息

他们是冷静的听众，而且不愿意把自己的观念强加于人，他们愿意在做出决策之前得到全面的信息。因此，他们在鼓励团队做出决策之前充分搜集信息，而不是匆忙于决策方面，起着非常重要的作用。

9. 联络者、合作者：综合协调

最后一种角色与其他角色有重叠，上述八种角色中的任何一种都具有承担这种角色的智能。联络者倾向于了解所有人的看法，他们是协调者，是调查研究者。他们不喜欢走极端，而是尽力在所有团队成员之间建立起合作关系。他们认识到，其他团队成员可以为提高团队绩效做出各种不同的贡献。尽管成员之间可能存在差异，他们会努力把人和活动整合在一起。

如果强迫人们去承担以上各种角色，大多数人能够承担得起任何一种角色，但人们非常愿意承担的通常只有两种。管理人员有必要了解个体能够给团队带来贡献的个人优势，根据这一原则来选择团队成员，并使工作任务分配与团队成员偏好的风格相一致。通过把个人的偏好与团队的角色要求适当匹配，团队成员就可能和睦共处。

关注整体而非单个成员

许多员工习惯于以自己个人的努力程度，作为上级管理和评估的依据。即便他们被告知自己是团队的一员，也还是放不下对自己工作表现的关心。这时，管理者就应帮助他们将注意力从个人的工作表现转移到团队的工作表现上来；反之，若依旧让员工们将注意力放在个人表现上，就难以建立起一个高效的团队。

优先考虑团队的业绩，而不是个人的成绩。当然，个人的成绩也不能忽视。但是团队的表现更为重要，因为如果团队没能取得成功，个人表现再好也于事无补。因此，要关注团队的整体表现，关注每个成员为团队的整体表现做出哪些贡献。这就需要在团队整体中体现这个原则。

1. 让团队来纠正个人的工作表现

有些管理者总乐于纠正员工的错误，但如果团队能够真正建立起来的话，这种情况就会改变。高效的团队在纠正、提高成员工作表现方面的作用，要比大多数管理者强得多。因为，一位差劲的员工无疑会受到来自团队中其他成员的压力。

2. 不要奖励无助于团队成功的个人表现

团队里的杰出人物是那些帮助团队实现整体目标的个人。只要有足够的时间，几乎每个团队成员都能成为杰出人物，在特定的时间点上都为团队的工作做出特别贡献。所以，即便有人做出了什么贡献的话，也不要把他单列出来。

3. 将团队的表现作为评估个人表现的关键

有了个人表现评估，并不见得就能使团队变得高效，不过大多数团队还是要对个人进行评估，至少在开始的时候是这样。但要至少要将个人在团队中合作的意愿，以及将团队的目标置于自己的目标之上的精神作为最重要的考量因素。

员工个人的高效工作表现，与作为一个团队成员工作表现，两者之间有时会产生矛盾。团队刚开始培养凝聚力时，经常会遇到此类问题。但当团队开始从一个工作小组向一个真正的团队转变时，团队要懂得怎样才能让每个成员扮演的角色都有意义，同时又使每个人都全身心地为实现团队的目标而努力。

在这一过程中，你应该扮演一个关键角色。高效的团队需要成员之间的密切联系与合作精神，你对此的理解越深刻，就越能把这一理解更好地传达给团队的成员。尤其是在团队形成的初期，这十分重要。

“糖纸理论”

随着社会分工越来越细化，个人单打独斗的时代已经结束。团队合作提到了管理的前台，团队作为一种先进的组织形态，越来越引起企业老板的重视，许多企业已经从理念、方法等管理层面进行团队建设。

但是一个不可忽视的现实是：虽然几乎所有明智的老板都明白拥有一个高效能团队的重要性，他们也都在为打造这么一个团队而努力。但是事实证明，一个高效能的团队不是每个人都能拥有的，也不是每个人都能控制得了的。一个好的团队就跟千万人梦寐以求的成功一样永远只属于极少数的那几个人，因为精英团队里个个都是精英。精英固然是有很多的过人之处，但是也有其非常个性的一面。他们出众的才能就像是一把尖刀，在商场上打拼能够无往不利，但是将他们紧紧绑在一起也会导致彼此伤害。他们能为团队的拥有者带来极大的成功，同时也带来了极大的麻烦，管理者稍有不慎就可能导致整个团队的解体。

不过再困难的事情也总有人能够做到，俞敏洪就是这极少数人当中的一个。他能成为不多的几个成功者当中的一位，就是因为他能将那个仙人球一般的精英团队牢牢地控制在自己的手中。要是别人问起这其中奥妙，俞敏洪十之八九会说是他独家所创的“糖纸理论”，会跟你讲那个很久很久以前的故事。

当时还是个连饭都吃不饱的年代，那时候能够拥有几块糖果绝对是一件能让自己幸福好一阵子的事情，但是这样的事情还真的就让俞敏洪给遇上了。有一次，母亲去走亲戚回来的时候竟然变魔术一般从兜里掏出来两颗水果糖。这让小小的俞敏洪高兴坏了，可是这么珍贵的糖他怎么能够舍得吃呢？于是他就在手中攥着，这一攥就是一整天。每隔一会儿就把糖拿出来看一看，看上一眼就像吃到了甜甜的水果糖一样，心里美滋滋的。

到了晚上，就在小敏洪准备好要吃掉水果糖的时候，两个很要好的小伙伴来了。看到小敏洪手中的糖，两个孩子的眼睛也是馋馋的。而此刻的小敏洪，心里正在做着激烈的思想斗争，平时他们都是有什么好吃的一起吃、有什么好玩的一起玩的，自己这两块糖，该怎么分呢?

犹豫了一会儿之后，尽管很不舍得，小敏洪还是把手中的两块糖给了两个小伙伴一人一块。那两个小伙伴把糖拿在手里馋得只咽口水，但是看见俞敏洪自己都没有留一颗也不好意思往嘴里放。俞敏洪就骗他们说："没关系，我早就已经吃过了，我母亲给我带回来好几颗呢。这是专门给你们两个留的。"

听他这么一说，两个小伙伴也就不客气了，心安理得地把糖放进嘴里，美滋滋地吃着。可是自己还没吃到糖的俞敏洪在一边看得既高兴又嘴馋，拼命地忍住自己的口水不让它流下来。

看着伙伴们快吃完了，敏洪说："把糖纸给我吧。"

小伙伴们虽然都不知道敏洪要糖纸干什么，但还是给了他。可是他们怎么也不会想到已经"吃过糖"的俞敏洪要回糖纸，只是为了舔一舔上面残留的碎渣，尝一尝糖的味道。虽然这一次俞敏洪没有能够吃到水果糖，但是后来却有了意想不到的收获。原来小时候的俞敏洪人长得比较单薄，平时总是受那些调皮孩子的欺负。以前他的两个朋友虽然也能帮他说话，可是一到要紧的时候还是先顾自己。但是经过这件事以后，俞敏洪发现这两个小伙伴真正成了他的死党，别的孩子要是再跟俞敏洪瞪眼睛，他们就冲别人瞪眼睛。这不是因为一颗水果糖，而是后来人家也知道了俞敏洪把水果糖给了自己，他却舔糖纸。这对于俞敏洪来说还不是最大的收获，更重要的是这次的事情让他明白了一个让他受益终身的道理——"糖纸理论"。后来，在创业的时候，俞敏洪就是运用这一理论打造了新东方学校的以"三驾马车"为核心的精英团队。

如果说俞敏洪是一个聪明人的话，那么他的聪明之处最主要的表现就是有自知之明。他知道哪些人比自己强，他也知道什么地方该用那些比自己强的人，他更知道怎么用这些比自己强的人。当他还是个小孩子的时候，他把糖果留给自己的朋友吃，而自己留下糖纸，从此他的朋友就越来越多。当他需要创业，开办新东方想要有更大的发展的时候，他同样需要别人的帮助。俞敏洪这次运用他的"糖纸理论"

从国外请回了那些当年比他优秀很多的北大同学。当时俞敏洪的新东方已经拥有了2万多名学生，已经是一个相当大的“糖果”了。这时候的他既有请高人的必要，也有了请人的资本。

但是光让人家知道自己有“糖”还远远不够，你还得让人家明白你能把手里的糖分给人家吃才行。“要知道这世界上比你俞敏洪钱多的人那还不知道有多少呢，我凭什么要跟着你回国？”关于这一点俞敏洪也是一再地重申，请他们回来不是让他们回来工作的，而是要他们回国来一起创业的，他要的不是员工而是合伙人。他是要请他们回国来一起“吃糖”的，分给他们的是“糖”而不是“糖纸”。俞敏洪是这么说的当然也是这么做的。这些人回国以后的情况其实等于是单干，他们各自守着自己的一个摊子，自己拥有决策和经营权，所有的收入也归自己支配，缺什么俞敏洪就给他们什么样的帮助。如果说跟俞敏洪有什么联系的话，那就是他们和俞敏洪都共用一个“新东方”的牌子，他们需要定期象征性地向俞敏洪缴纳15%的管理费。这样的决定，不能不说俞敏洪又一次把自己的糖果给了自己的朋友，而自己仅仅留下了糖纸。

经过一番努力，俞敏洪的那些比自己还出息的同学、同事都跟着他回国加盟了新东方，组成了以“三驾马车”为核心的精英团队；并且俞敏洪的下属感动于他的“无私”，在发展自己业务的同时，也自觉地提升“新东方”的品牌力。

团队协作的37条经验

总是在裁人，简称总裁；老是板着脸，故称老板；经常不理人，那叫经理。——别忙着笑，先拿这句话照照我们自己。

（1）谨慎地设定团队目标，且认真严肃地对待它们。

（2）将长程目标打散成许多短程计划。

（3）为每个计划设定明确的期限。

（4）找一位可提升团队工作士气的重量级人物。

（5）时时提醒团队成员：他们都是团队的一分子。

（6）将团队的注意力集中在固定可衡量的目标上。

（7）奖赏优异的表现，但绝不姑息错误。

（8）记住，每位团队成员看事情的角度都不一样。

（9）征召团队成员时，应注重他们的成长潜能。

（10）密切注意团队成员缺少的相关经验。

（11）使不胜任的成员退出团队。

（12）设定目标时，考量个别成员的工作目标。

（13）与团队同事就生涯规划达成一致意见，并给他们提供必要的协助。

（14）对待团队外的顾问要如同对待团队成员一般。

（15）除非你确定没有人能够胜任，否则应避免“事必躬亲”。

（16）肯定、宣扬和庆祝团队每次的成功。

（17）绝对不能没有解释就驳回团队的意见，与此相反，解释要坦白，理由要充分。

（18）记住要在工作中穿插安排娱乐调剂身心——这是每个人应得的福利。

（19）若有计划出错，一定要作全面性、公开化的分析。

（20）使用不带感情只问事实的态度，这是化解纷争的最好方法。

（21）设立交谊场所，让团队成员可作非正式的碰面交谈。

（22）实施会议主席轮流制，让每个人都有机会主持会议。

（23）确定所有相关人士都能听到、了解好消息。

（24）倘有麻烦在团队关系中发酵酝酿，要尽快处理。

（25）安排团队与机构的其他部门作社交联谊。

（26）避免使用名次表，因为落后的团队成员将会感到自尊心受创。

（27）谨慎分派角色以避免任务重复。

（28）找寻建议中的精华，且绝不在公开场合批评任何建议。

（29）一定要找有经验的人解决问题。

（30）分析团队成员每个人所扮演的角色。

（31）脑力激发出的意见，就算不采用，亦不得轻视。否则，会打击人的积极性，创意的流动也会因此停止。

（32）让提出问题的人解决问题。

（33）设定奖励标准时，允许团队成员有发言权。

（34）避免和团队成员有直接的冲突。

（35）开检讨会时一定要避讳人身攻击。

（36）先选择完成一些规模大的、可快速达成及有成就感的任务，以激励成员再接再厉。

（37）团队解散后仍旧要与团队保持良好互动关系。

附：最好的团队是唐僧团队
——阿里巴巴董事局主席马云谈团队建设

为了寻求更好的“领袖之道”，作为阿里巴巴掌门人的马云，一直把看似无为却能掌控三位高徒的唐僧当作自己管理阿里巴巴的偶像。相信对“马云经典语录”津津乐道的人，一定记得其中这样一句话：“唐僧是一个好领导，他知道孙悟空要管紧，所以要会念紧箍咒；猪八戒小毛病多，但不会犯大错，偶尔批评批评就可以；沙僧则需要经常鼓励一番。这样，一个明星团队就形成了。”

作为企业家，很多人都羡慕刘备的团队：刘备与关羽、张飞桃园三结义之后，又得到以诸葛亮为首的文官团队倾心辅佐，不仅联合东吴一举击败了强大的敌人曹操，还迅速建立了与曹操和孙权形成鼎足之势的军事政治集团。然而，马云并不是刘备团队的崇拜者。

相反，马云认为最完美的团队是唐僧团队，因为他们的成员都非常普通，不像刘备身边都是些千年难得一见的人才。再从结果上评判，刘备团队虽然在三足鼎立的局势中占有一席之地，但最后还是失败了。而唐僧团队师徒四人，西天取经，最后成功了。因为唐僧团队有明确的组织目标：取经。另外，在人才搭配上，唐僧团队也是非常合理的。唐僧本事不大，但能把握大局，而且执着；孙悟空忠心耿耿，能征善战，适合打头阵；沙僧老实巴交，最适合搞基础工作；猪八戒看似一无是处，但能讨领导欢心，能调节气氛，这种人有时也不可少；白龙马能力虽然稍欠一点，但其实潜力还是蛮大的。

对于马云来说，团队问题最根本的还是团队领导人的问题。一直以来，马云作为一个领导者坚持同甘共苦的理念。在北京的日子里，马云也和他的伙伴们一样，住在租来的两三套公寓里，每天睡眼惺忪地起床，在公共汽车中一颠一颠地睡到公司，工作到深夜又一颠一颠地回到集体宿舍。到现在，阿里巴巴有钱了，大家也是按劳分配。

在阿里巴巴的核心团队中，有很多人是跟随马云一路成长的，如原阿里巴巴COO（首席运营官）李琪、原淘宝网总裁孙彤宇、阿里巴巴总裁金建杭等等，均是参与创业的所谓“十八罗汉”成员。马云说：“他们和我一样，都算不上聪明绝顶的人，但是这几年内成长飞快。”马云的团队内有很多成长奇迹：前台的接待员能够成长为客服总监，宾馆的大堂经理变成了“支付宝”的副总经理。他相信一个组织健康的企业平台，融入创业的激情，加上竞争的机会，会使得最平常的人都成长得很快。

所以，在中央电视台的一期对话节目中，马云才有胆量说出“谁也挖不走我们的团队”的话。

第11章 考绩效：

结果第一，拿绩效说话

没有差员工，只有低绩效。

人力资源管理=绩效管理

知名企业摩托罗拉有一个观点，就是：企业=产品+服务，企业管理=人力资源管理，人力资源管理=绩效管理。从一定意义上来看，绩效管理在企业管理中有着举足轻重的地位，而绩效管理的关键便是绩效考核，因为绩效考核属于关键的执行层次，它与薪酬管理、调配晋升、开发培训、招聘录用、职业生涯规划等人力资源管理职能均有着非常密切的联系。如果绩效管理体系脱离了绩效考核，所谓的绩效管理不过是纸上谈兵。在探究绩效考核之前，先让我们认识一下绩效。绩效指的是员工的行为，并不包括员工的行为所产生的结果。也就是说，绩效是关于行为或者员工做了些什么的概念，而不是关于员工生产了什么或他们的工作取得了怎样的结果的概念。

既然要实施绩效考核，那么，企业所界定的绩效必须具备两个特征：其一，绩效所指向的行为是可评估的，即可以通过评估行为对个人或组织的有效性所产生的作用是消极的、中性的还是积极的来论断行为的价值；其二，绩效应该是多维度的，不单单指向单纯的一个行为，因为员工的很多行为都会影响组织目标的实现。

在现实的企业管理中，员工的很多行为是无法直接观察到的，因此，在进行绩效考核时便需要把行为的结果或后果视为衡量指标，从一定意义上来看，结果和后果正是员工的行为所产生的直接结果。以销售人员为例，为了实现交易，他们常需要外出拜访客户，向客户推荐企业所提供的产品和服务，销售人员在拜访客户时候的表现到底如何，在通常情况下，企业的人力资源管理部门的职员和员工的上级是无法观察到的，在这种情况下，销售额就成为近似的行为衡量指标——员工如果销售额较高的话，便可以说明他们的工作态度非常积极，工作行为非常值得被肯定。

1. 影响绩效的因素

职位相同的两名员工，他们每天工作的时间相等，为什么他们的绩效却相差悬殊？资深人力资源研究专家认为，影响绩效的因素有如下三个方面：陈述性知识、程序性知识和工作动机。

（1）陈述性知识。即关于事实和事情的信息，它包括关于某一既定任务的要求、说明、原则及目标等方面的信息。

（2）程序性知识。所谓程序性知识，就是关于应该做什么以及如何去完成工作的知识，它包括认知、身体、知觉、动力以及人际关系方面的技能。

（3）工作动机。即是否对某一项付出努力、将会付出多少努力、付出某种水平的努力的时间将会坚持多久。

如果希望绩效达到较高的水平，如上三个绩效决定因素都应该同时具备，绩效与其影响因素的关系可用如下等式表示：

2. 绩效=陈述性知识×程序性知识×工作动机

在上述三个因素中，只要有一个处于较低的水平，便会导致绩效处于较低的水平。这便启示管理者在致力于提高员工绩效时，应该首先必须意识到，到底是陈述性知识、程序性知识以及工作动机中的哪一个因素影响了绩效产出，还是因为员工的这三个因素都处于较低的水平；否则，便会导致管理者在改善员工绩效方面做的是无用功。比如，某员工因为工作动机不足而表现欠佳，但是管理者却为这位员工提供了关于陈述性知识的培训。其实，员工自身并不欠缺陈述性知识，这便导致虽然管理者在培训员工方面花费了很大的力气，也依然难以改善员工的绩效。

量化考核三级跳

为了了解学生的学习成绩，学校经常会采取月考、段考、期终考试等形式；但要了解员工在单位中的工作表现，单位领导应该如何来考一考呢？建立绩效考核制度，通过系统的方法、原理来评定和测量员工在职务上的工作行为和工作效果，是单位领导与员工之间进行管理沟通的一项重要活动。

一级跳：量化考核标准，有的放矢

进行绩效考核，首先当然要确定一个标准，作为分析和考察员工的尺度。这个标准一般可分为绝对标准、相对标准和客观标准。绝对标准是以如出勤率、废品率、文化程度等以客观现实为依据，而不以考核者或被考核者的个人意志为转移的标准。相对标准是采取相互比较的方法，此时每个人既是被比较的对象，又是比较的尺度，因而标准在不同群体中往往就有差别。比如规定每个部门有两个先进名额，那么工作优秀者将会在这种比较过程中评选出来。客观标准则是评估者在判断员工工作绩效时，对每个评定项目在基准上给予定位，以帮助评估者作评价。

制定绩效考核标准时，要针对不同岗位的实际情况，而对不同职位制定不同的考核参数，而且尽量将考核标准量化、细化，多使用绝对标准和客观标准，使考核内容更加明晰，结果更为公正。同时，考核标准公布并使之得到员工认可，避免暗箱操作。考核奖惩制度不单单是针对员工的，同时对领导起作用。当然，对领导的考核标准与一般员工的考核标准是完全不同的两个概念。

二级跳：你“考”我“考”大家“考”

一提到“考”字，很容易让人联想到纪律严明的考场，考官高高在上，考生埋头答题。但是，如果绩效考核也只是成为领导“考”员工的工具，就毫无意义可言。绩效考核最重要的一点就是让每一位员工参与进来，在接受他人考评的同时，不仅可以对自己的工作进行考评，同时还可以考评同事和上属，做到考核面前人人平等，每个人都有评定和说话的权利。

由于绩效考核与薪酬、奖金和晋升机会等与员工切身的利益息息相关，因此受到员工的特别关注，如果考核结果与员工的实际付出相差甚远，不能让员工心悦诚服，往往最容易引起内部矛盾，甚至引发劳务纠纷，而要做到公正客观，最重要的就是让员工积极参与进来。

绩效考核形式主要有上级评议、同级同事评议、自我鉴定等，领导还要通过下级评议，而客服服务等特殊岗位还可以增设外部客户评议等形式。如此一来，大家在给同一个人打分的过程中，会因为一些明显的分歧而进行讨论、沟通，特别是上属与下级之间，通过沟通交流最后达成共识，不仅是对以往工作的总结，也有利于以后更好的协作，统一思想与步伐，为单位效力。

三级跳：让绩效考核真正产生绩效

单位进行绩效考核的目的，一方面是鼓励员工继续发挥和提高工作能力，丰富知识和技能，并实现优胜劣汰；另一方面，是通过单位层面上的绩效考核和员工与团队层面上的绩效考核来帮助员工、团队和整个组织的能力发展。要实现单位和员工个人之间、团队与个人之间以及团队与单位之间的“双赢”关系，加强考核后的反馈与沟通势在必行。

通过考核，全面评价员工的各项工作表现，使员工了解自己的工作表现与取得报酬、待遇的关系、获得努力向上改善工作的动力，并根据考核结果评定奖金、薪酬等。但最重要的是，让员工有机会参与单位管理程序，发表自己的意见，并在此次考核的基础上改进工作中的不足，根据员工当前的绩效水平和工作表现中不尽如人意之处提供各类培训。同时还有必要找出根本原因，是能力有限还是工作态度不佳，或是其他客观条件导致了工作绩效不尽如人意。为了掌握这些情况，必须根据考核结果与员工进行一对一交流，给予建议的同时，也倾听员工的想法。

只有做好了考核后反馈交流这道程序，才能让绩效评估不仅帮助单位更有效地了解员工动态，提高工作效率；对于员工个人来说，也可以帮助其进行决策，是否改变自己的职业选择。如果员工意识到尽管自己接受了某些培训，工作表现仍无法达到期望目标，那么就应该寻求职业的改变，或在内部进行工作转换，或向外重新选择职业。

绩效管理的四个循环

绩效管理通常被视为一个循环，通过管理者与员工之间持续不断地进行的业务管理循环过程而实现业绩的改进，在这个循环过程中包括四个部分：绩效计划、绩效实施、绩效考核、绩效改进。

第一步：绩效计划

绩效计划是被评估者和评估者双方对应该实现的工作绩效进行沟通的过程，通过这个过程最终将沟通的结果落实为正式的书面协议，即绩效计划评估表。绩效计划的设计从公司的最高层开始，将绩效目标层层分解到各级子公司及部门，最终落实到个人。

在绩效计划阶段，管理者和员工共同投入与参与是进行绩效管理的基础，如果管理者单方面布置任务，员工被动接受，所谓的绩效管理就失去了其存在的价值与意义。

一般而言，绩效计划包括如下内容：

（1）本岗位在本次绩效周期内的工作要项。

（2）衡量工作要项的关键业绩指标。

（3）关键业绩指标的权重。

（4）工作结果的预期目标。

（5）工作结果的测量方法。

（6）关键业绩指标的计算公式。

（7）关键业绩指标的计分方法。

（8）关键业绩指标统计的计分来源。

（9）关键业绩指标的考评周期。

（10）在达成目标的过程中可能遇到的困难和障碍。

（11）各岗位在完成工作的时候拥有的权力和可调配的资源。

（12）组织能够为员工提供的支持和帮助以及沟通方式。

第二步：绩效实施

当管理者和员工就绩效计划达成共识后，便进入绩效实施阶段，在这个阶段，管理者对员工的工作进行指导和监督，为员工提供必要的辅导，协助其共同完成工作、提高工作质量，并随时根据实际情况对绩效计划进行调整。

在绩效实施阶段，绩效沟通是关键，如果缺少了沟通，管理者与员工都处于各自为政的状态，既不利于管理者及时发现绩效实施中所存在的问题，也难以保证绩效计划得到正确有效的执行。

第三步：绩效考核

绩效考核过程一般可以分成以下若干阶段：

第一阶段是根据组织设计和工作分析设定绩效考评标准，对绩效考核指标进行详细阐述。设计绩效考核标准是企业实施绩效考核的一项基础工作，绩效标准决定着员工努力的方向以及组织战略目标的实现度。绩效考评标准的确定也是以职务分析为基础，职务分析的结果决定了绩效考评的标准。

第二、第三阶段分别为确定绩效考评的内容和实施绩效考评。一般来说，员工绩效考评的内容主要侧重于工作实绩和行为表现两个方面，由有关人员对被考评员工的实际成绩和表现做客观的记录，并确定在不同的指标上的成绩水平。

绩效考评的第四阶段是确定评语及改进措施。该阶段对被考评员工工作综合评定，确定最后的评价等级，并指出其优缺点和制定改进方案。

第四步：绩效改进

绩效管理的目的不仅仅是为了发现问题，更重要的是为了解决问题，不断根除掉导致员工绩效不佳的因素，所以针对前三个阶段所出现的问题，组织要以企业的战略目标为准绳，对绩效考核系统本身和员工的工作绩效实施有针对性的改进。企业的绩效成果来自于员工恰当的工作行为，而员工行为的有效性又受三个方面的制约：员工个人特征、组织战略和工作情境。因此，绩效改进主要侧重从如上三个方面着手开展工作。

实施绩效管理的三个保障

绩效管理体系是一个较复杂的全员参与的系统，企业如果想实现成功的绩效管理，至少应该具备如下三个基础保障。

1. 企业高层管理者和各部门主管责任到位

企业高层管理者是绩效管理的倡导者和推动者，他们是否对绩效管理有清晰正确的认识，对于实施绩效管理的成败发挥着重要的影响，因而企业高层管理者必须承担起绩效管理中应该承担的责任。至于各部门主管，他们可谓是实施绩效管理的责任主体，因为绩效管理是一个自上而下目标分解、不断指导沟通和交流的过程，所以各部门主管对于自己应该承担的责任是否明确，是否很好地履行了责任，将决定绩效管理最终实施的效果。

2. 企业建立了相关的绩效管理制度，使绩效管理的实施具备制度保障

一般而言，绩效管理制度应该具备如下内容：

（1）绩效管理的宗旨和目的。

（2）绩效管理的原则。

（3）绩效管理的组织和领导。

（4）绩效管理的执行关系。

（5）绩效考核周期。

（6）绩效考核内容。

（7）绩效考核方法。

（8）绩效考核程序和步骤。

（9）绩效考核结果的要求及应用。

3. 企业的目前环境足以为绩效管理提供支持

成功实施绩效管理必不可少的环境因素包括：

（1）企业的发展目标和战略规划十分明确。

（2）企业已建立了完善的预算管理评估机制。

（3）公司的治理结构比较完成，权责关系十分明晰。

（4）企业已建立了与绩效相关的奖惩和分配机制。

（5）企业已建立了与绩效管理相配套的其他管理体系。

绩效管理制度可参考以下格式：

第一章　总则

第二章　绩效管理的构成与分类

第三章　部门绩效管理

第四章　员工绩效管理

第五章　绩效管理参与者的责任

第六章　附则

第一章　总则

第一条　目的。

为构建公司的现代人力资源管理体系，健全和完善绩效管理工作，促使公司持续、快速、稳定发展，特制定本管理制度。

第二条　定义。

绩效就是组织和员工在工作中想要达到的结果。能够影响并可能成为绩效的因素分为五个方面：

工作者，包括企业员工的态度、技能、知识、适应性、人际关系等；

工作本身，包括开始工作的目标、计划、准备，工作过程中的程序、规定、需求，结束工作的标准、时间等；

工作方法，包括工具、技巧、流程、协调、组织等；

工作环境，包括场地、条件、信息等；

管理机制，包括激励、检查、监督等。

绩效管理是人力资源管理系统的重要组成部分，是组织与员工相互间就提高绩效而持续进行的沟通过程，是将个人绩效与公司的任务与目标相联系的一种工具。具体包括：

组织期望员工完成的实质性工作职责；

员工的工作对企业目标实现的影响；

以明确的条款说明“工作完成得好”是什么意思；

员工和组织之间应如何共同努力以维持、完善和提高员工的绩效；

工作绩效如何衡量；

指明影响绩效的障碍并排除之。

第三条　绩效管理的基本目标。

贯彻、执行集团整体发展的战略思想、战略规划；

保障和促进公司经营目标的实现，提高企业的核心竞争力；

加强内部的沟通与协作，提升士气，降低内耗，形成合力，打造团队精神；

帮助每个员工提高工作绩效与工作胜任能力，培育适应企业发展需要的人力资源队伍；

促进管理者与员工之间的沟通与交流，形成开放、积极参与、主动沟通的企业文化，增强企业的凝聚力。

第四条　绩效管理的基本原则。

“三公”原则：

公平：考核标准公平合理，人人都能参与平等竞争；

公开：考核实行公开监督，人人知晓理解考核办法；

公正：考核做到客观公正，考核结果尽量做到准确。

“四严”原则：

严格考核制度：即考核的规程和考核的准则要严格，使考核工作有据可依，有章可循；

严格考核标准：即考核要素的标准必须具体、明确、客观、合理；

严格考核方法：即考核的形式和方法必须符合科学、严谨的要求；

严肃考核态度：即考核的思想要端正，态度要认真，反对老好人主义和不负责的态度。

第二章　绩效管理的构成与分类

第五条　绩效管理的构成。

绩效管理是一个持续进行的动态过程，包括以下五个不可或缺的环节：

绩效计划。这是绩效管理的起点，指在一个绩效管理周期内，就员工（或组织）“做什么、为什么做、什么时候做、需要做多好才算成功”等问题进行识别、理解并达成共识，是绩效评价的基本依据。

持续的绩效沟通。这是连接计划与评价的中间环节，指管理者与员工（或组织）就工作进展情况，潜在的障碍和问题、解决问题的可能措施以及如何帮助员工（或组织）实施等信息进行交流和分享的动态过程。

数据收集、观察和记录。数据收集就是有组织的系统的得到关于员工（或组织）绩效信息的过程。观察是一种收集数据的特定方式，通常是亲眼所见或亲耳所闻而不是从他人处得知。记录是将有关数据、观察结果、沟通和讨论情况予以书面记载以防止重要信息丢失。

绩效评价。评定和估价员工（或组织）对绩效计划所定目标的完成情况。绩效评价本身不能防止问题的产生，只是进一步讨论、诊断、处置的起点。绩效评价有效或成功的关键在于不能省却其他任何一个绩效管理环节。

绩效诊断和辅导。问题分析和解决，绩效诊断和提高是与员工（或组织）一起分析、讨论成功（或失败）的真实原因，并加以消除和克服的过程。绩效辅导指借助培训、导师或其他工具来帮助员工（或组织）开发自身知识和技能，从而改善绩效的过程。

第六条　绩效管理的分类。

绩效管理自上而下分为企业绩效、部门绩效、员工绩效三个层次，其考核内容、考评周期如下：

企业绩效，绩效评价周期为年度，主要内容为：包括财务、顾客、内部营运流程、员工学习与成长四方面。

部门绩效，绩效评价周期为月度，主要内容包括主要绩效（出色要求）和基础绩效（基本职能、绩效管理、学习与创新等完美要求）。

员工绩效，绩效评价周期为季度+年度，主要内容包括任务绩效（员工的工作结果）、关系绩效（工作过程中表现的行为）。

第三章　部门绩效管理

第七条　适用范围。

本章之管理主要针对公司的办公室、财务科、供水所、营业所、安装公司等部门。

如部门下设科室或班组，也可按照此章的管理办法进行绩效管理和考评。

第八条　部门绩效管理内容。

主要绩效指最能体现部门显著业绩的那部分工作，或对工作的主要要求，这部分又包括显性业绩、短板要求和临时任务。

【显性业绩】此部分与公司平衡计分卡的发展目标相关联和保持一致。显性业绩的量化采用关键绩效指标，确定指标时必须遵循SMART原则，即：

S——Specific（具体的）。

M——Measurable（可度量的）。

A——Attainable（可实现的）。

R——Realistic（现实的）。

T——Time-bound（有时限的）。

【短板要求】有效的解决短板问题，可以大幅改善组织的整体绩效。短板是动态变化的，随着环境和时间的不同，短板时刻在发生变化，因此在每个考核周期开始时要重新审视确定短板内容。短板要求由总经办通过会议纪要或其他形式确定内容、负责部门、解决时限、评价办法等。

【临时任务】工作总有例外，针对计划调整或上级安排的临时工作任务，必须按要求完成同时又漏掉对它的工作评价。临时任务也是随机和动态的，应根据实际情况而定。

【基础绩效】基础绩效是所有的基础工作，包括工作本身、工作品质、工作管理、工作工具、工作环境、工作者等能够产生和支持显性业绩的部分。其分为基本职能、绩效管理、学习与创新三部分。

【基本职能】各部门在组织和流程中必须完成的基本工作。包括日常业务，工作环境、事务管理、质量目标、给予其他部门的服务和支持以及劳动卫生、安全保卫、考勤纪律等工作。

【绩效管理】各部门为保障工作的顺利开展和目标任务的完成，所进行的流程优化、管理改善、组织协调、上下沟通、检查监督等工作。

【学习与创新】各部门为更好、更快地完成目标任务而进行的培训、激励、授权，采纳建议、业务创新等工作。

第九条　部门绩效计划与数据的收集、记录。

部门绩效的计划通过部门绩效考核标准表进行，绩效数据的收集、记录通过部门绩效考核评价表来进行。其具体内容和编制方法如下：

部门绩效考核标准表

基本内容：包括考核角度、指标名称、单位、计算方法或评价依据、评价周期、权重、评价标准、评价方法。因每个部门的实际业务和职能职责而具体设定，此表由部门主管编制，公司审核确认。编制过程即为绩效计划过程，其指标确定后除【短板要求】和【临时任务】项外原则上本年度不予调整。

权重设置原则：主要绩效基准分为60分，其中短板要求占5分，每一个临时任务占5分，其余为显性业绩分。基础绩效基准分为40分，其中基本职能占20分，绩效管理占10分，学习与创新占10分。其中，基本职能和绩效管理的评分标准原则上只有扣分没有加分，如有特别优异之改善，由总经办人事科核定后酌情加分。

部门绩效考核评价表

基本内容：此表之项目与部门绩效考核标准表完全对应，但栏次调整为考核角度、指标名称、单位、分值、标准值、实际值（结果）、差异值、简要说明、计分、下月计划。此表是每月部门绩效考核的执行评价表，也可称为绩效数据的收集和记录。

编制方法：完全按照部门绩效考核标准表进行，计分以自评为主，并对数据的真实性、准确性负全责，计分完成需经主管副总审核。

审核机制：此表作为【月度绩效检讨会议】的重要素材，各部门在每月8日前将部门绩效考核评价表交至总经办人事科，并由其分发至公司领导和各部门。公司领导和各部门对其进行审核并在1周内将意见书面反馈至总经办人事科，人事科予以核实修正。人事科拥有1年内追溯调整的权利。各部门就其重要事项或重要误差在【月度绩效检讨会议】进行质询。

第十条　月度经营绩效检讨会议。

公司每月定期召开经营绩效检讨会议，此会议既是公司的经营工作会议，又是部门绩效的评价会议；既是绩效的沟通过程，又是绩效的诊断和提高。

第十一条　部门经营绩效评价的应用。

经营绩效检讨会议完成后，由总经办负责在48小时内下发书面会议纪要，主要包括各单元（或部门）的主要绩效完成情况，存在问题及解决办法，新安排和布置的工作任务、会议精神或决议等。

各部门将此会议纪要作为未来1个月工作的指导性文件予以执行，如有必要，应制订绩效改进计划或召开局部会议安排布置落实。

在绩效会议上，针对部门绩效评价计分，若有疑义或错误，应予以修正，修改确认后的绩效评价表抄报至总经办人事科进行审校、汇总、排名，并由其作为年度评价的关键资料存档。

部门的绩效计分将作为部门主管的定量考核计分在员工绩效管理中直接引用。

年末，人事科汇总各部门的每月绩效考核计分，按照计分高低分成A级（1~2名）、B级（3~6名）、C级（7~8名）三类。并从公司绩效奖总额中提取一定金额进行奖罚。具体方案另文规定。

说明：月度绩效检讨会议是公司原有的经营工作会议平台，将此纳入绩效管理体系以及将部门的绩效评价视为部门主管的任务绩效是为了简化环节、避免多层皮的现象。

第四章　员工绩效管理

第十二条　适用范围。

本章之管理针对公司除下列人员外的所有员工：

A.在考核周期内出勤不满2/3(2个月)者，如产假、病假、人事变动等。

B.在试用期或见习期内的新入公司员工。

按照公司职等规定又将员工分为四个绩效评价层次：

E层(临时层)日薪制员工、季节性劳务工。

J层(作业层)6、7、8、9、10职等，指科级（含中级职称）、班长级（含助理职称）以及普通员工。

S层(管理层)3、4、5职等，指总监、特理、部门正副经理。

M层(决策层)1、2职等，指总经理/副总经理、总工程师/副总工程师。

说明：不同职等的人因其责任和关联面不同，管理层注重协调和沟通能力，而一般员工主要的是如何完成任务即可，故分开进行评价。

第十三条　员工绩效管理内容。

员工绩效管理内容分为任务绩效和关系绩效两部分。

任务绩效，指员工按照工作性质完成的工作结果或履行职务的结果，用质量、数量、时效、成本、他人的反应等定量指标进行考核。员工任务绩效在员工整体绩效中的权重为60%。

关系绩效，指影响员工完成工作结果的行为、表现和素质，用工作态度、工作能力、个性特征等定性描述来评价。员工关系绩效在员工整体绩效中的权重为40%。

说明：任务绩效和关系绩效即是定量和定性的区别。

第十四条　员工任务绩效的管理与考核评价。

M层（决策层）的任务绩效即为董事会下达之年度经营目标，由董事会进行评价。具体参见集团的有关文件。

S层（管理层）的任务绩效即为第三章、部门绩效管理中考核的部门绩效，按月考核计分，年度计分=各月考核计分合计÷12。如该部门设有副职，则副职任务绩效计分方法为：部门经理定性评价（20%）+部门绩效年度评分（80%）。

J、E（普通员工层）的任务绩效按照【目标管理法】进行管理，基本程序如下：

确定目标，即绩效计划。

确定本季度员工目标任务的原则是：

上下级一致认同；

目标符合SMART原则；

目标中有个人努力的成分；

目标存在于一项完整的工作中；

目标越少越好。

确定目标的方法或形式可选取下列中的一种或其他：

召开专题绩效计划会议，讨论公司经营计划、部门目标作用，岗位职责，讨论确定该未来一个考核期的目标并达成一致，签署书面的目标任务书。

结合部门、科室或班组的工作会议进行，要有会议和书面记录。

上下级的一次面谈，建议上级作简要的记载。

目标过程管理，即绩效的持续沟通、数据收集与记录。包括下级在行动开始前列出方案和措施并与上级进行沟通，以确定方向和方法正确；上级对下级进行适当授权并让其分担责任；若遇情况变化，相互进行目标或工作方法的调整等。

过程管理的方法或形式可选取下列中的一种或其他：

定期的部门、科室或班组的工作通报会；

就某项工作的专题会议或小组会；

员工定期的简短书面报告；

非正式沟通，如走动观察或聊天；

出现问题时应员工所需的专门沟通。

结果评估，即绩效评价与反馈。

必须进行绩效评价，计算量化得分，员工之间可不进行强制分布。

必须将任务绩效评价反馈至员工本人并尽可能就此交换意见并确认。

如制定目标时有临时激励措施应及时兑现。

J、E（普通员工层）管理实施通过员工目标管理考核评价表进行。

此考核周期为季度，每季度次月中旬各部门对上季度的员工工作进行评价，确定员工下一季度的目标任务。

第十五条　员工关系绩效的管理与考核评价。

员工关系绩效的考核周期为1年，在每年的12月中旬进行。

关系绩效的内容包括：

工作业绩（定性部分）包括工作数量、工作速度、工作质量；

工作态度包括主动性、协作性、责任性、纪律性；

工作能力包括专业知识、工作方法、工作经验、协调沟通、理解与判断能力等；

个性专长员工个人的学习能力、性格特征、业余爱好。

M层（决策层）的关系绩效分为自我评价(15%)、同级互评(45%)、直接下级参评(40%)三部分。

S层（管理层）的关系绩效分为自我评价(10%)、同级互评(30%)、直接上级考评(40%)、直接下级参评(20%)四部分。

J、E（普通员工层）的关系绩效分为自评（10%）、直接主管（科级及以上）评价（50%）、部门主管二次评价（40%）三部分。

第十六条　员工绩效考核的年末评级。

年末评价汇总处置流程：

M层（决策层）：自我评价+下级参评+同级互评→人事副总汇总形成关系绩效结果→总经理最终评价并反馈→呈报董事会。

S层（管理层）：任务绩效评价+关系绩效评价→人事副总汇总并扼要总结提出相关建议方案→总经理审定方案→总经理之书面回馈或面谈（含评价及改进意见、考评处置结果）→考评处置。

J（普通员工层）：任务绩效评价+直接主管关系绩效评价→部门经理二次评价并扼要总结及建议→主管领导知/人事主管备案→人事副总商榷后决定处置方案→绩效面谈（含评价及改进意见、考评处置结果）→考评处置。

E（临时层）：定量评价+直接主管定性评价→部门经理二次评价并扼要总结及

建议→人事主管商榷后决定处置方案→绩效面谈（含评价及改进意见、考评处置结果）→考评处置。

按照强制分布原则划分的绩效考核等级

等级	描述	区别比例
S	出色、无可挑剔（超群级）	A级中遴选，名额不定
A	满意、不负众望（优秀级）	15%
B	称职、令人放心（较好级）	50%
C	注意、存在问题（一般级）	25%
D	危险、勉强维持（较差级）	10%

上述区别比例适用于：

直接主管对下级的评定按照被评人数以此比例加以区别；

同级互评按照被评人数以此比例加以区别；

公司及各部门最终评定结果以此比例加以区别。

对计算过程中的小数问题按照满0.8进一原则先确定A、D，然后确定B、C，员工评价总人数不包括经理级人员。

第十七条　员工年度绩效评价的面谈。

部门层次的面谈：

员工年度绩效评价完成后，部门经理必须与每一个员工进行绩效面谈。

面谈的内容为告知评价结果，提出改进意见和建议，帮助员工制定绩效改进措施。

面谈必须具体，要援引数据，列举实例来支持绩效评价的结论。

绩效面谈必须单独进行，且时间不少于30分钟。

对于人员较多的部门，可由部门经理与副经理分别进行。

公司层次的面谈：

员工在与部门主管的面谈上有不同意见时，可向公司人事科申诉，人事科必须及时与其进行面谈。

对考评为D级的J层员工，必须由人事副总（或授权人）进行面谈。

对考评为D级的E层员工，必须由人事主管进行面谈。

公司层次的面谈内容为对绩效考评结果的基本态度；绩效考评中是否存在不合理、不公开、不公平现象；对未来工作的设想和打算等。

绩效面谈必须单独进行，且时间不少于30分钟。

如评比结果显失公平或太过平衡，公司人事部门及相关上层领导有权责令部门修正调改。

第十八条　员工绩效管理的结果应用。

作为公司级选拔评优的标准：

从J层的A级员工中遴选10名最优秀者成为公司十佳员工（S级），推荐晋升或享受总经理特别奖励薪资或采取别的奖励措施；工会或对外推荐的各种评优活动人选原则上也从A级员工中遴选。

从E层的A级员工中选拔非常优秀者转为正式月薪制员工。

作为公司整体绩效奖金与部门绩效奖金发放标准：

此部分完全按照员工绩效考评结果，本着激励先进的原则，适当考虑其薪资基准，拉开档次发放，并作为年度调薪的标准。

年度调薪原则：A级员工上调4n～6n级数薪资，B级员工可上调2n～4n级数薪资，C级员工上调0～2n级数薪资，D级员工培训上岗后下调0～2n级数薪资。n为调薪系数。

末位处置机制：

对考评结果为D级的S层员工，建议总经理对其进行岗位调整或降职处理。

对考评结果为D级的J层员工，由人事科召开专门会议或协调沟通，据实分别采取培训、换岗、解聘、建议辞聘等处置办法并报总经理批准后施行。

对考评结果为D级的E层员工，直接予以解聘。

第五章　绩效管理参与者的责任

第十九条　绩效管理的是公司经营管理的重要组成部分，与每个部门和每位员工的切身利益休戚相关。所以每一位员工有责任和义务参与公司的绩效管理工作，尤其是各部门主管，应视绩效管理是进行本部门管理的重要工具和手段。

人事科在绩效管理中的责任：

运用最新的工具结合公司实际情况，设计、改进和完善绩效管理制度；

绩效管理制度的宣传、培训、沟通，确保管理者和员工透彻理解和明确绩效管理的目标和意义，掌握绩效评价的标准和方法；

提供绩效评价所需的各种表格，汇总、分析各类绩效评价结果；

组织、协调绩效评价工作，进行时间进度控制、评价实施答疑等；

收集、记录绩效管理中的各种反馈信息，如存在问题和建议；

分析、撰写绩效管理的总结报告，制定人力资源开发计划和相应的人力资源管理决策。

各部门主管在绩效管理中的责任：

各部门主管应视为本部门的人力资源管理者，也是绩效管理的第一责任人；

制订本部门的部门绩效计划，组织进行本部门的员工绩效计划；

进行过程管理，对下级进行绩效的跟进和指导，并记录关键事件；

负责指导下属进行自我评估，并客观、公正地对下属的绩效进行评估；

与下属进行沟通，帮助下属认识到工作中存在的有待解决的问题，并与下属共同制订绩效改进计划和培训发展计划；

对绩效管理中出现的问题随时与人事科进行沟通，并提出建议。

所有员工在绩效管理中的责任：

学习和了解公司的绩效管理制度；

理解或参与制定部门的工作目标和绩效指标；

积极配合直接上级讨论、确定本人的绩效计划；

在工作中主动和上级保持沟通，明确方向和方法，并勇于承担责任；

认真进行自我评估，并与直属上级或公司人事科进行交流沟通；

主动制定个人发展规划。

第六章　附则

第二十条　本制度由总经办制定并负责解释、执行、检查与考核。

第二十一条　本制度报总经理批准后施行，修改时亦同。

第二十二条　本制度施行后，公司和部门原有之类似规章制度自行终止，与本制度有抵触的规定以本制度为准。

第二十三条　本制度自2016年3月1日起施行。

关键绩效指标：KPI

关键绩效指标（key performance indicator，KPI）是用来衡量某一职位员工工作绩效表现的具体量化指标，是对完成工作效果的最直接衡量方式。关键绩效指标来自于对企业总体战略目标的分解，反映了最能有效影响企业价值创造的关键驱动因素。

一、关键绩效指标的特点

与普通工作目标相比，关键绩效指标体现了由公司战略目标分解得出的关键价值驱动因素，并且只反映目标职位的最主要经营活动效果，而非全部工作。关键绩效指标具有如下四个特点。

1. 来自于对公司战略目标的分解

KPI的第一层含义在于，作为衡量各职位工作绩效的指标，关键绩效指标所体现的衡量内容最终取决于公司的战略目标。当关键绩效指标构成公司战略目标的有效组成部分或支持体系时，它所衡量的职位便以实现公司战略目标的相关部分作为自身的主要职责；如果KPI与公司战略目标脱离，则它所衡量的职位的努力方向也将与公司战略目标的实现产生分歧。

KPI来自于对公司战略目标的分解，其第二层含义在于，KPI是对公司战略目标的进一步细化和发展。公司战略目标是长期的、指导性的、概括性的，而各职位的关键绩效指标内容丰富，针对职位而设置，着眼于考核当年的工作绩效、具有可衡量性。因此，关键绩效指标是对真正驱动公司战略目标实现的具体因素的发掘，是公司战略对每个职位工作绩效要求的具体体现。

最后一层含义在于，关键绩效指标随公司战略目标的发展演变而调整。当公司战略侧重点转移时，关键绩效指标必须予以修正以反映公司战略新的内容。

2. 关键绩效指标是对绩效构成中可控部分的衡量

企业经营活动的效果是内因外因综合作用的结果，这其中内因是各职位员工可控制和影响的部分，也是关键绩效指标所衡量的部分。关键绩效指标应尽量反映员工工作的直接可控效果，剔除他人或环境造成的其他方面影响。例如，销售量与市场份额都是衡量销售部门市场开发能力的标准，而销售量是市场总规模与市场份额相乘的结果，其中市场总规模则是不可控变量。在这种情况下，两者相比，市场份额更体现了职位绩效的核心内容，更适于作为关键绩效指标。

3. KPI是对重点经营活动的衡量，而不是对所有操作过程的反映

每个职位的工作内容都涉及不同的方面，高层管理人员的工作任务更复杂，但KPI只对其中对公司整体战略目标影响较大，对战略目标实现起到不可或缺作用的工作进行衡量。

4. KPI是组织上下认同的

KPI不是由上级强行确定下发的，也不是由本职职位自行制定的，它的制定过程由上级与员工共同参与完成，是双方所达成的一致意见的体现。它不是以上压下的工具，而是组织中相关人员对职位工作绩效要求的共同认识（见表11-1）。

表11-1　　KPI指标体系与一般绩效考核体系的区别

项　目	KPI指标体系	一般的绩效考核体系
假设前提	假定员工会采取一切必要的行动努力达到既定的目标	假定员工不会主动采取行动以实现目标；假定员工不清楚应采取什么行动以实现目标；假定制定与实施战略与一般员工无关
考核的目的	以战略为中心，指标体系的设计与运用都是为战略服务的	以控制为中心，指标体系的设计与运用来源于控制的意图，为了达到有效地控制员工行为的目的
指标的产生	在组织内部自上而下对战略目标进行层层分解产生	通常是自下而上地根据个人以往的绩效与目标而产生
指标的来源	来源于组织的战略目标与竞争的需要	来源于特定的程序，即对过去行为与绩效的修正
指标的构成及作用	通过财务与非财务指标相结合，体现关注短期效应，兼顾长期发展的原则；指标本身不仅传达了结果，还体现了产生结果的过程	以财务目标为主、非财务目标为辅，注重对过去绩效的评价，指导绩效改进的出发点是过去的绩效存在的问题，绩效改进行动与战略需要脱钩
收入分配体系与战略的关系	与KPI指标的值、权重相搭配，有助于推进组织战略的事实	与组织战略的相关程度不高，但与个人绩效的好坏密切相关

二、关键绩效指标对组织的意义

KPI所具备的特点，决定了KPI在组织中举足轻重的意义。

第一，作为公司战略目标的分解，KPI的制定有力地推动公司战略在各单位各部门得以执行。

第二，KPI为上下级对职位工作职责和关键绩效要求有了清晰的共识，确保各层各类人员努力方向的一致性。

第三，KPI为绩效管理提供了透明、客观、可衡量的基础。

第四，作为关键经营活动的绩效的反映，KPI帮助各职位员工集中精力处理对公司战略有最大驱动力的方面。

第五，通过定期计算和回顾KPI执行结果，管理人员能清晰了解经营领域中的关键绩效参数，并及时诊断存在的问题，采取行动予以改进。

三、关键绩效指标的作用

对于组织的未来发展而言，KPI将有助于：

（1）根据组织的发展规划、目标计划来确定部门、个人的业绩指标。

（2）监测与业绩目标有关的运作过程。

（3）及时发现潜在的问题，发现需要改进的领域，并反馈给相应部门或个人。

（4）KPI输出是绩效评价的基础和依据。

当公司、部门乃至职位确定了明晰的KPI体系后，可以：

（1）把个人和部门的目标与公司整体的目标联系起来。

（2）对于管理者而言，阶段性地对部门、个人的KPI输出进行评价和控制，可引导正确的目标发展。

（3）集中测量公司所需要的行为。

（4）定量和定性地对直接创造利润和间接创造利润的贡献做出评估。

四、设计关键绩效指标的基本方法

组织确定关键绩效指标时，亦需遵循SMART原则。即：

（1）绩效考核要切中特定的工作指标，不能笼统。

（2）绩效指标是数量化或者行为化的，验证这些绩效指标的数据或者信息是可以获得的。

（3）绩效指标在付出努力的情况下可以实现，避免设立过高或过低的目标。

（4）绩效指标是与上级目标具明确的关联性，最终与公司目标相结合。

（5）注重完成绩效指标的特定期限。

如何才能精准设定有效的关键绩效指标呢？目前常用的方法是鱼骨图分析法和

九宫图分析法。

1. 鱼骨图分析法

鱼骨图分析法的首创者是日本管理大师石川馨，这种方法常用来发现问题的根本原因。鱼骨图分析法理论认为，问题的特性总是受到一些因素的影响，找出这些因素，并将它们与特性值放在一起，然后按相互关联性整理成层次分明、条理清楚的特性要因图，将有助于透过现象发现问题发生的本质。

鱼骨图分析法有三种类型：

（1）整理问题型鱼骨图（各要素与特性值间不存在原因关系，而是与结构构成关系）。

（2）原因型鱼骨图（鱼头在右，特性值通常以“为什么……”来写）。

（3）对策型鱼骨图（鱼头在左，特性值通常以“如何提高/改善……”来写）。

应用鱼骨图分析法的主要步骤为：确定个人、部门业务重点。①确定哪些因素与公司业务相互影响。②确定业务标准。定义成功的关键要素，满足业务重点所需的策略手段。③确定关键业绩指标，判断一项业绩标准是否达到的实际因素。④将公司级的关键业绩指标逐步分解到部门，再由部门分解到各个职位，依次采用层层分解、互为支持的方法，用定量或定性的方式确定各部门、各职位的关键业绩指标。

2. 九宫图分析法

九宫图分析法是一种有助扩散性思维的思考策略，利用一幅像九宫格的图，将主题写在中央，然后把由主题所引发的各种想法或联想写在其余格子，即由事物之核心出发，向八个方向去思考，发挥八种不同的创见。依循此思维方式加以发挥并扩散其思考范围。

五、KPI指标分解的原则

在层层分解KPI的过程中，需要遵守如下原则：

（1）分解到各个部门的指标必须具有激励作用。

（2）员工对所分解指标可以实施有效的控制，指标与部门的工作密切相关，没有超出员工的能力范围。

（3）所分解的指标具有较强的可测性，便于进行指标计算。

上述原则反映在具体的指标分解工作中，主要有如下三个方面：

（1）根据员工的工作性质和内容而确定各指标权重。比如在分解财务类指标时，对于客户经理而言，财务指标可占其总指标60%，对于呼叫中心主任而言，财务指标可占其总指标的5%，对于维护安装部主任而言，财务指标可占其总指标25%，这种分解方案的原因在于：一般而言，公司的前端和后端分别是公司收入与成本的主要产生处，财务类指标的考核权重应该大于职能部门或支撑部门这些不直接与财务挂钩的部门。

（2）明确关键绩效指标的计算和数据来源。举例见表11-2。

表11-2　　某通讯公司对于关键绩效指标的定义

关键绩效指标	指标定义	数据来源	考核周期
分公司贡献	实际收入-实际网络成本-运营成本	财务部	季、年
坏账	应收账款超出3个月以上÷公司贡献×100%	财务部	季、年
净营运资产贡献率	固定资产+流动资产+无形资产	财务部	季、年
实际网络成本	实际网络成本折旧+网络维修费用	财务部	年
收入增长率	（当年客户收入-去年年终客户收入）÷去年年终客户收入×100%	财务部	年
用户人均收入	（用户租费收入+通话费收入+服务费收入）÷用户总数	财务部、营销服务中心	季、年

（3）定性指标用分级评估表的形式予以明确。合格的分级评估表格见表11-3。

表11-3　　合格的分级评估表

评估方面	权重	优（100%）	良（75%）	中（50%）	差（0）
部门协调能力		主动协调相关部门，全面展开各项工作，流程运作非常顺利	能够协调相关部门开展各项工作，流程运作没有严重问题	基本能协调相关部门开展各项工作，流程运作有较少问题	无法协调相关部门开展工作，流程无法运作
政府协调能力		主动、及时地走访政府相关部门，与其沟通融洽，使企业各项工作顺利开展	能按计划与政府相关部门沟通，基本能开展各项工作	基本能与政府相关部门保持沟通，但工作开展不顺利	不能与政府相关部门保持联系，各项工作无法展开

（续表）

评估方面	权重	优（100%）	良（75%）	中（50%）	差（0）
关键岗位人才的培养		注重后辈人才的发掘，有计划、有针对性地提供培训、锻炼机会，使企业各项工作顺利开展	能够提供后辈人才的培训、锻炼机会，基本能满足关键岗位人才需求	不能按计划地开展后辈人才的培训、锻炼，关键岗位人才培养发展不均衡	不能提供培训、锻炼计划，造成后辈人才的短缺
客户响应		主动分析市场发展，对新业务需求有预见性，并协调后端对新业务进行测试、论证及网络承受能力的预测，以主动向客户提供响应或者在客户提出业务需求时立即响应	对客户提出的电信业务需求能及时协调后端，在客户要求时间内满足	对客户提出的电信业务需求不能主动协调后端支撑，能满足客户基本需求，但时限较长，不能令客户满意	不能满足客户提出业务需求，不能协调后端
网络分析的有效性		对话务量等网络数据十分熟悉和敏感，并能从其他系统得到有用数据进行系统分析。对网络、网元情况熟悉，分析推断的结论与事实吻合，并能妥善解决问题	对话务量数据比较熟悉和敏感，知道从其他系统得到有用数据进行系统分析的途径，分析推断的结论与事实基本吻合，基本上能指导问题的解决	对话务量了解一般，但不敏感，不会从其他系统得到有用的数据进行系统分析。对网络、网元情况了解一般，分析推断的结论与事实在方向上大体吻合，需进一步分析后，才能指导问题的解决	对话务量数据不了解、不敏感，对网络、网元情况不了解，分析推断的结论与事实在方向上不吻合，需重新分析

（4）在设计职能部门的关键业绩指标时，要以主要工作的完成情况为基础。关键业绩指标的设计除了要考虑主要工作的完成情况外，还要充分考虑到影响工作完成的三大因素：时间（工作完成得是否及时）、质量（工作的质量如何）、成本（完成主要工作的费用支出是否合理）。下面列出了企业五大职能部门关键绩效指标（见表11-4至表11-8）。

表11-4　　研发部门关键绩效指标

项目	指标名称	指标定义	设立目的	数据收集
组织增幅	新产品销售额比率增长率	年度新产品订货额占全部销售订货额比率的增长率	反映产品研发的效果，体现公司后劲的增长，坚持产品的市场检验标准	财务部
	老产品市场增长率	老产品的净增幅	反映产品研发的效果，体现公司后劲的增长，坚持产品的市场检验标准	财务部
生产率提高	人均新产品毛利增长率	在计划期内，新产品销售收入减去新产品销售成本后的毛利与研发系统员工平均人数之比的增长率	反映研发系统人员的平均效率，控制研发系统人员结构和改善研发管理	人力资源部
成本控制	老产品技术优化及物料成本降低额	在计划期内，销售的老产品扣除可比采购成本升（降）因素后的物料成本降低额	促使研发部门不断完善和改进老产品，降低老产品物料成本，提高老产品竞争力	财务部
	运行产品故障数下降率	在计划期内，网上运行产品故障总数的下降率	促使研发系统提高新、老产品的质量和稳定性，降低产品维护费用	市场部

表11-5　　营销部门关键绩效指标

项目	指标名称	指标定义	设立目的	数据收集
组织增幅	销售额增长率	在计划期内，分别按订货口径计算和按销售回款口径计算的销售额增长率	作为反映公司整体组织增幅和市场占有率提高的主要指标	财务部
	出口收入占销售收入比率增长率	在计划期内，出口收入占销售收入比率的增长率	强调增加出口收入的战略意义，促进出口收入增长	财务部
生产率提高	人均销售毛利增长率	计划期内，产品销售收入减去产品销售成本后的毛利与营销系统平均员工人数之比	反映销售费用投入产生销售收入的效果，促使营销系统更有效地分配和使用销售费用	财务部、人力资源部

（续表）

项目	指标名称	指标定义	设立目的	数据收集
成本控制	销售费用率降低率	在计划期内，销售费用支出占销售收入比率的降低率	反映销售费用投入产生销售收入的效果，促使营销系统更有效地分配和使用销售费用	财务部
	合同错误率降低率	在计划期内，发生错误的合同数占全部合同数的比率的降低率	促进营销系统减少合同错误，合理承诺交货期，从而提高整个公司计划水平和经济效益	生产总部

表11-6　　　　采购部门关键绩效指标

项目	指标名称	指标定义	设立目的	数据收集
组织增幅	合格物料及时供应率提高率	在计划期内，经IQC检验合格的采购物料及时供应的项次各占生产需求的物料采购项次的比率的提高率	反映采购系统管理供应商的能力，以及对均衡生产的保障能力和响应能力	生产总部
生产率提高	人均物料采购额增长率	在计划期内，到货的物料采购总额与采购系统平均员工人数之比	反映采购系统的生产率，促使其减人增效	人力资源部
成本控制	可比采购成本降低率	按代表性物料品种(重点是A类物品)计算的与上年同期比较或与业界最佳水平比较的采购成本降低率，在采购成本中包含采购系统的费用分摊额	降低物料采购综合成本	生产总部

表11-7　　　　生产管理部门关键绩效指标

项目	指标名称	指标定义	设立目的	数据收集
组织增幅	及时齐套发货率增长率	在计划期内，生产系统按照订货合同及时齐套正确发货的产值占计划产值的比率	反映生产系统和公司整体的合同履约能力	市场部

（续表）

项目	指标名称	指标定义	设立目的	数据收集
生产率提高	人均产值增长率	在计划期内，生产系统总产值与平均员工人数之比	促使生产系统降低制造费用	财务部
成本控制	制造费用率降低率	产品制造成本中制造费用所占比率的降低率	促使生产系统降低制造费用	财务部
	产品制造直通率提高率	产品(含元器件)一次性通过生产过程各阶段检验的批次占全部生产批次的比率的提高率	提高制造质量，降低制造质量成本	管理工程部

表11-8　　财经管理部门关键绩效指标

项目	指标名称	指标定义	设立目的	数据收集
组织增幅	净利润增长率	在计划期内，净利润增长率	旨在促进财经管理系统通过全面预算的有效控制和对货款回收的有效监控，促使公司最终成果的增长	管理工程部
生产率提高	财经管理人员比例降低率	在计划期内，技术财经管理系统人员平均数占公司员工平均数的比例降低率	旨在促进财经管理系统减人、增效	人力资源部
成本控制	管理费用率降低率	在计划期内，公司管理费用支出（不含研发费用）占销售收入的比率的降低率	促使财经管理系统通过全面预算管理，有效地提高管理费用支出效果和降低管理费用率	管理工程部

KPI指标的提取，可以用“十字对焦、职责修正”一句话来概括。也就是说，在具体的操作过程中，要做到在各层面从纵向进行战略目标分解、横向结合业务流程进行“十”字提取如图11-1所示。

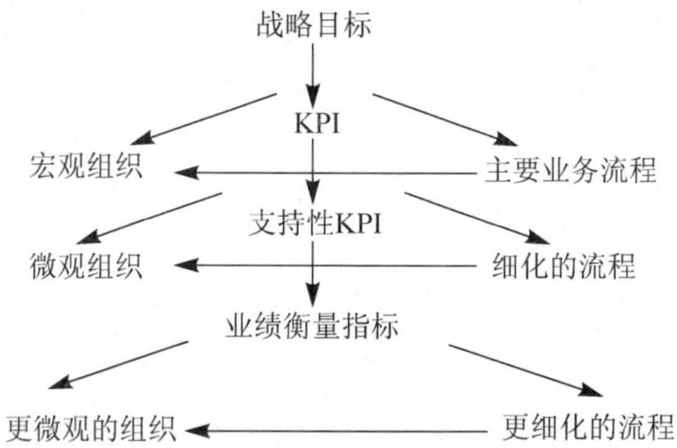

图11-1　KPI指标提取总示例图

第一步：分解企业战略目标，分析并建立各子目标与业务流程的关系（见图11-2、图11-3）。

在通常情况下，企业的总体战略目标可以分解为几项主要的支持性子目标，而这些支持性子目标要实现的话，需要企业的某些主要业务流程的支持，所以，当组织提取KPI指标时，在这个环节上需要完成以下工作：

（1）企业高层管理者确立公司的总体战略目标。

（2）由企业（中）高层管理者将战略目标分解为主要的支持性子目标。

（3）将企业的主要业务流程与支持性子目标之间建立关联。

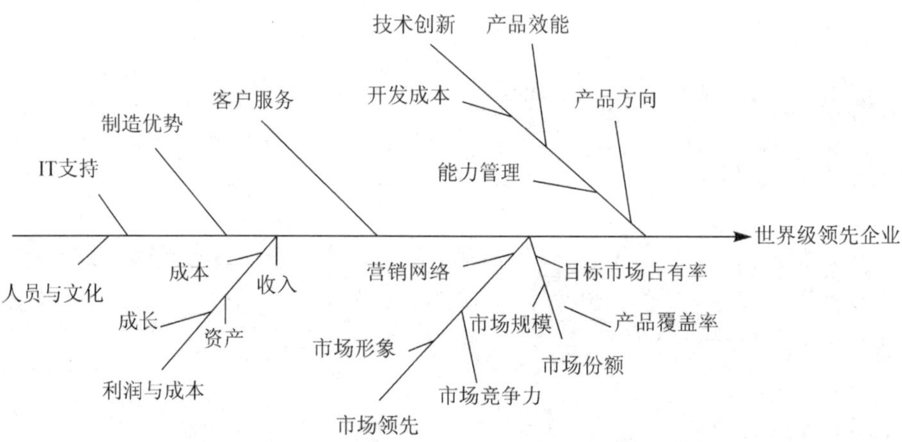

图11-2　战略目标分解的鱼骨图方式示例图

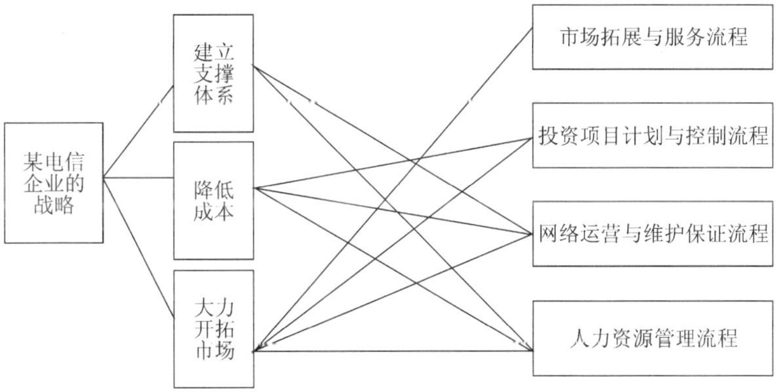

图11-3　战略目标与流程分解示例图

第二步：确定各支持性业务流程目标（见表11-9）。

在确认对各战略子目标的支持性业务流程后，需要进一步确认各业务流程在支持战略子目标达成的前提下流程本身的总目标。

表11-9　　确认流程目标示例表

流程总目标：低成本、快速满足客户对产品质量和服务要求		组织目标要求（客户满意度高）			
		产品性能指标合格品	服务质量满意率	工艺质量合格率	准时齐套发货率
		产品设计质量	工程服务质量	生产成本	产品交付质量
客户要求	质量	产品设计好	安装能力强	质量管理	发货准确
	价格低	引进成熟技术			
	服务好		提供安装服务		
	交货周期短			生产周期短	发货及时

第三步：确认各业务流程与各职能部门的联系（见表11-10）。

本环节建立流程与工作职能之间的关联，从而在更微观的部门层面建立流程、职能与指标之间的关联，为企业总体战略目标和部门绩效指标建立联系。

表11-10　　确认业务流程与职能部门联系示例表

流程：新产品开发	各职能部门在流程中所承担的角色				
	市场部	销售部	财务部	研究部	开发部
新产品概念选择	市场论证	销售数据收集	—	可行性研究	技术力量评估

续表

流程：新产品开发	各职能部门在流程中所承担的角色				
	市场部	销售部	财务部	研究部	开发部
新产品概念选择	—	—	—	—	—
产品概念测试	—	市场测试	—	—	技术测试
	—	—	—	—	—
产品建议开发	—	—	费用预算	组织预研	—
	—	—	—	—	—

第四步：提取部门级KPI指标（见表11-11）。

在本环节中要将从通过上述环节建立起来的流程重点、部门职责之间的联系中提取部门级的KPI指标。

表11-11　　部门级KPI指标提取示例表

项目	KPI维度			指标
	测量主体	测量对象	测量结果	
时间	效率管理部	新产品（开发）	上市时间	新产品上市时间
成本	投资部门	生产过程	成本降低	生产成本率
质量	顾客管理部	产品与服务	满足程度	客户满意率
数量	能力管理部	销售过程	收入总额	销售收入

第五步：将企业战略目标、流程、职能、职位目标统一起来（见表11-12）。

根据部门KPI、业务流程以及确定的各职位职责，将企业目标、流程、职能与职位统一起来。

表11-12　　KPI进一步分解到职位示例表

流程：新产品开发流程		市场部部门职责		部门内职位职责			
				职位一		职位二	
流程步骤	指标	产出	指标	产出	指标	产出	指标
发现客户问题，确认客户需求	发现商业机会	市场分析与客户调研，制定市场策略	市场占有率	市场与客户研究成果	市场占有率（增长率）	制定出市场策略，指导市场运作	市场占有率（增长率）

（续表）

<table>
<tr><td colspan="2" rowspan="2">流程：新产品开发流程</td><td colspan="2" rowspan="2">市场部部门职责</td><td colspan="4">部门内职位职责</td></tr>
<tr><td colspan="2">职位一</td><td colspan="2">职位二</td></tr>
<tr><td rowspan="3">发现客户问题，确认客户需求</td><td rowspan="3">发现商业机会</td><td rowspan="3">市场分析与客户调研，制定市场策略</td><td>销售预测准确率</td><td rowspan="3">市场与客户研究成果</td><td>销售预测准确率</td><td rowspan="3">市场与客户研究成果</td><td>销售预测准确率</td></tr>
<tr><td>市场开拓投入率（降低率）</td><td>客户接受成功率（提高率）</td><td>销售毛利率增长率</td></tr>
<tr><td>公司市场领先周期</td><td>领先对手提前期</td><td>销售收入月度增长幅度</td></tr>
</table>

有的企业在设计关键绩效指标时，推崇多多益善的原则，一般每个部门设计几个KPI指标，最少的部门也有七八个，这样延伸到整个系统，如果一个系统有几个工作性质不同的部门的话，整个系统就至少有50个关键绩效指标。可以想象，执行这样的绩效考核制度自然导致极大地增加了绩效考核的成本，然而绩效考核工作并没有直接的利润产生，只是帮助实现利润的工具，应该追求合适的投资回报率。

关键绩效指标并不是越多越好，绩效指标设计不合理至少会给企业带来两个严重的问题：

（1）不能够有效地支持企业的目标和绩效，甚至会把企业带到错误的方向。绩效指标基本上是以各个职能部门为单位设计，如果指标过多、差异较大，很可能导致各个部门为了实现部门利益而相互推卸责任，从而使企业陷入混乱和低效率中。

（2）难以使指标得到很好的执行。在企业中，有很多这样的情况：一个很好的管理方法、管理工具往往不能执行。不能执行的原因可能有很多种，最重要的一个原因是指标设计不合理。比如，在一个企业中，对于销售人员的绩效考核，制定了一个“每周拜访客户30次”的目标，这个指标本身是没有什么问题的，但是该企业的销售人员的工作水平还没有达到这样一个水平，这便导致这个指标对提升员工的绩效毫无意义。

一些企业推行绩效考核制度后，常会不自觉地认为：每件事情都需要设计一个指标来考核员工对其的执行情况，于是便从各种管理资料中照搬一大堆各种各样的指标，而忽略了指标与公司战略目标的匹配性。不同的企业、相同的企业在不同的时期，关注的绩效目标极有可能是不同的，设计的绩效指标也可能会不同。但是，一个能够反映企业需要到达的目标的绩效指标系统应该有以下几个标准：①恰如其分地反映了企业的战略目标。②大多数指标是能够量化的，具有客观考核的价值。③可以成为激励员工高效工作的指标标杆。④绩效考核指标并非是越多越好，也实现绩效考核目标为制定准则。

对于上述四个标准，可以归为一点，即：量化正确的事情，以企业的各项资源和人力资源为基点，尽可能做到组织可以做好的事情。

常见的绩效考核方法

常见的绩效考核方法主要有：

一、实绩统计法

实绩统计法又称成果记录法，这种方法主要是利用各种原始生产（工作）记录和其他记录统计资料直接反映员工的工作成果，以此来考核员工的绩效。

实绩统计法主要适用于工作任务明确、稳定，且工作成果能够用量化形式予以表示的工作岗位，比如生产线上的工人便适用于这种考评方法。企业在应用实绩考评法时，应尽可能把反映员工工作成果的所有指标都包括进来，以便全面考察每一位员工的工作成果。

二、调查询问法

所谓调查询问法，即通过访谈、座谈、问卷等形式对工作人员实施考核评价。根据调查询问的手段不同，可将调查询问法分为以下三种形式。

1. 访谈法

应用访谈法时，可选择的访谈对象有两种：一是被考核者本人；二是与被考核者有关联的第三人。访谈法的突出优点是，使考核更加深入具体，有助于从多角度审视员工的绩效，不过访谈法也有一定的局限性，那就是工作量大，耗时较长，如果被考核者的人数比较多的话，将不适用于访谈法。

2. 座谈法

座谈法即通过召开各种形式的座谈会，来收集对被考评者的评价意见，从而对被考评者的工作表现做出论断。

座谈法适用于需要得到全面、细致且有一定深度评价意见的考核，如对企业各级管理人员的考核。通过座谈法实施绩效考核有如下注意事项：

（1）选择合适的与会者，与会者既要有一定的代表性，也必须能够发表具有评价参考价值的意见。

（2）会议主持人员要善于创造大家能够畅所欲言的会场气氛。

（3）会议主持人员要善于驾驭、控制、引导会议的进程。

（4）会议开展的过程中要做好记录和意见整理。

3. 问卷法

问卷法是通过发放、填写、回收、整理、汇总各种考核问卷表，对人员进行考核评价的方法。问卷法的优点是能够收集到大量人员的评价信息，能够综合反映出人们的倾向性意见，并且所需的工作量也不大。

问卷法的缺点则表现在，由于受文字表达和问卷格式的限制，导致很难使意见得到充分发挥，因而难以实现较深层次的分析评价。

三、图尺度评价法

图尺度评价法也被称为图解式考评法，是最简单和运用最普遍的工作绩效评价工具之一。在应用图尺度评价法时，事先列举出一些组织所期望的绩效构成要素（如质量、数量或个人特征等），还列举出跨越范围很宽的工作绩效等级（从“不令人满意”到“非常优异”）。在进行工作绩效评价时，首先针对每一位员工从每一项评价要素中找出最能符合其绩效状况的分数，然后将每一位员工所得到的所有分值进行汇总，即得到其最终的工作绩效评价结果。

图尺度评价法有很多种变形，比如通过对指标项的细化，可以用来测评某一职位人员的具体表现。通常来说，考评者可以先从被考评者所在职位的职位说明书提取指标的维度，然后从职位说明书中选取与该职位密切相关的关键职能领域，再总结分析出关键绩效指标，并为各指标项标明重要程度，即确定出权重，就完成了指标细化的工作。

图尺度评价法使用起来比较方便，能为员工提供一种定量化的绩效考核结果。然而，图尺度评价法也不可避免地存在一些缺点，如不能有效地指导行为，该法只能提供考评的结果而无法提供解决问题的方法；该法的准确性不高，因为评定量表上的分数没有给出明确的评分标准，所以很可能得不到准确的评定，考评者只是主观地实施考评。

四、关键事件法

关键事件法是由上级主管记录员工平时工作中的关键事件，一种是做得特别好的，另一种是做得不好的，在预定的时间内，通常是半年或1年以后，利用积累的记录，由主管与被考评者讨论相关事件，为测评提供依据的一种考评方法。关键事件法包含了三个重点：

（1）观察。

（2）书面记录员工所做的事情。

（3）有关工作成败的关键性事实。

关键事件法的主要原则是确定员工的职务行为，并选择其中最重要、最关键的部分来评定其结果。这一方法对每一事件的描述包括了如下内容：

（1）事情发生的原因和背景。

（2）员工特别有效或多余的行为，即关键行为。

（3）关键行为的后果。

（4）员工能否支配或控制关键行为所带来的后果。

关于如何有效记录员工的关键行为，可以参考STAR法。所谓STAR法，即Situation（情境）、Target（目标）、Action（行动）和Result（结果）四个英文单词的首字母组合。

Situation——行为发生时的情境是怎么样的？

Target——为什么要做这件事？

Action——当时采取什么行动？

Result——采取这个行动获得了什么结果？

关键事件法是由美国学者福莱·诺格和伯恩斯在1954年共同创立的，这种考核方法的主要优点是将研究的焦点集中在职务行为上，因为行为是可观察的、可测量的，通过这种方法可以确定行为的任何可能的利益和作用。具体来说，关键事件法具备如下优点：

（1）主管向下属解释绩效考评结果时，可以提供确切的事实依据，增强了考评结果的说服力。

（2）确保组织对员工的绩效进行考评时，所依据的是员工在整个年度的表现，而不是最近一段时间的表现，从而有效地避免了近因效应。

（3）有助于员工有针对性地改善绩效。

同时，关键事件法也存在如下两个显著缺点：

（1）费时费力，需要主管花费大量时间去观察、收集那些关键事件，并加以概括和分类。

（2）过于注重员工的关键绩效，便忽略了员工的平均绩效，以致难以客观地评价中等员工的绩效。

为了尽可能使关键事件法扬长避短，企业在应用关键事件法时，应注意如下几个事项：

（1）所记录的事件必须是关键事件，即属于典型的“好的”或“不好的”事件，所记录的关键事件必须是与被考评者的关键绩效指标有关的事件。判断是否属于关键事件，其主要依据是事件的特点和事件所产生的影响。

（2）关键事件法一般不单独作为绩效考评的工具来使用，而是应和其他绩效考评方法结合使用，为其他考评方法提供事实依据。

（3）记录的关键事件应当是员工具体的行为，而不是考评者的主观评价，要把事实与推测区分开来。

（4）关键事件的记录要贯穿于整个考核周期，不能仅仅集中在接近考核的最后几个星期或几个月里。

（5）关键事件法不适用于以结果来衡量绩效的工作，因为关键事件法是一种基于行为的绩效考评工具，所以如果员工的绩效主要通过工作结果来体现的话，应用关键事件法就难以取得理想的结果。

五、评级量表法

评级量表法就是把员工的绩效分成若干项目，每个项目后设定一个量表，由考核者实施考评。评级量表法是最古老也是用得最多的考核方法之一，该法应用简便，费时较少，有效性也很高。

评级量表法创造了一种数量化考核方式，它把与员工绩效相关的每一个因素都反映了出来，因而可以较好地达到考核的目标。概括说来，评级量表运用起来既简单又省事，考核的结果可以有效地用作员工调薪、职位变动的依据。

评级量表法也有缺陷，使用这种量表，考核者很容易产生晕轮误差和趋中误差，过于宽大的或中庸的考核者，就会把每个人的每个项目都评定为较高分或平均分，失去了实施绩效考核的意义。此外，很多评级量表并不针对某一个特别的岗位，而是适用于组织的每一个岗位，这便导致评级量表针对性不强，难以全面、具体地反映员工的绩效水平，评级量表举例见表11-13。

表11-13　　评级量表举例

考核内容	考核项目	说明	评定
基本能力	知识	是否充分具备现任职务所要求的基础知识和实际业务知识	A B C D E 10 8 6 4 2
业务能力	理解力	是否能充分理解上级指示，高效地完成被指派的工作任务，在执行过程中不需要上级的反复指示	A B C D E 10 8 6 4 2
	判断力	是否能充分理解上级意图，正确认清工作形势，从而随机应变地妥当处理	A B C D E 10 8 6 4 2
	表达能力	是否具备现任职务所要求的口头表达力和文字表达力，能否进行一般的联络、说明工作	A B C D E 10 8 6 4 2
	谈判能力	在和企业内外的人员谈判时，是否具备使对方心悦诚服地接受意见乃至达成协议的能力	A B C D E 10 8 6 4 2
	纪律性	是否严格遵守公司的各项规章制度，是否严格遵守工作汇报制度，定期向上级汇报工作	A B C D E 10 8 6 4 2
	协作性	在工作中，是否充分考虑别人的处境，是否主动协助上级、同事完成工作	A B C D E 10 8 6 4 2
	积极性	是否毫无抱怨地、主动积极地完成被指派的任务，是否善于挑战困难	A B C D E 10 8 6 4 2
评定标准： A. 非常优秀，理想状态 B. 优秀，满足要求 C. 基本满足要求 D. 略有不足 E. 不满足要求		分数换算： A. 80分以上 B. 60~79分 C. 40~59分 D. 20~39分 E. 20分以下	合计分数
评语			
考核人签字			

六、行为锚定等级评价法

行为锚定等级评价法是对一份职务工作可能发生的各种典型行为进行评分度量，建立一个锚定评分表，以此为依据，对员工的实际工作行为进行测评级分的考评方式。

行为锚定等级评价法实质上是把关键事件法与评级量表法结合起来，兼具两者之长。行为锚定等级评价法是关键事件法的进一步拓展和应用。它将关键事件和等级评价有效地结合在一起，通过一张行为等级评价表可以发现，在同一个绩效维度中存在一系列的行为，每种行为分别表示这一维度中的一种特定绩效水平，将绩效水平按等级量化，可以使考评的结果更有效，更公平。

行为锚定等级评价法的目的在于通过一个等级评价表，将关于特别优良或特别劣等绩效的叙述加以等级性量化，从而将描述性关键事件评价法和量化等级评价法的优点结合起来。在实施行为锚定等级评价法时，有5个操作步骤：

（1）进行岗位分析，提取关键事件，以便对一些代表优良绩效和劣等绩效的关键事件进行描述。

（2）确定评价等级，一般分为5~9级，为关键事件确定若干绩效指标，并给出确切定义。

（3）由另一组管理人员对关键事件做出重新分配，把它们归入最合适的绩效要素指标中，确定关键事件的最终位置，并确定出绩效考评指标体系。

（4）审核绩效考评指标登记划分的正确性，由第二组人员将绩效指标中包含的重要事件按由优到差，从高到低进行排列。

（5）建立最终的工作绩效评价体系。

七、个体排序法

个体排序法也称排队法，就是把员工按从好到坏的顺序进行排列，应用这种考核方法时，只有一名员工可以是“最优的”。个体排序法将排名相邻的两名员工的差距假设为一样的，比如要对一个部门的30名员工进行评价，第1名和第2名之间的差别就被假定为与第21名和第22名之间的差别是一样的。

个体排序法的具体操作方法举例如下：对某公司市场部的员工进行考核，首先，把市场部员工的名单列出来，总共10个人。然后从这10个人中找出最差的员工A，就在他的姓名旁边标注上“10”，然后再从剩余的9个人名中找出最好的员工F，在姓名旁边写上“1”。接着从剩余的8个人中找出最差的员工G，标注为“9”。如此反复，直到全部的姓名都被标注上数字，这时员工的优劣顺序就被排出来了。

八、强制正态分布法

强制正态分布法也被称为强制分布法、硬性分配法，该方法是根据正态分布原理，即俗称的“中间大、两头小”的分布规律，预先确定评价等级以及各等级在总数中所占的百分比，然后按照被考核者绩效的优劣程度将其列入其中某一等级。例如，要求考核者将10%的人评定为最高分级别A，20%的人评定为次高分级别B，40%的人评定为居中的那一级别C，再将20%的人评定为次低分级别D，最后将10%的人评为最低分那一级别E。以通用电气公司（GE）为例，绩效评估在GE被称作session C，即每年的4月份，GE都要对所有员工运用强制正态分布法进行绩效考核——评估系统将20%的员工定位最好（A player），10%的员工定位最差（C player），另外70%的员工按照表现给予相应的定级，而公司将依据对每个人的考核结果进行工资调整、晋升及各种奖惩措施 。

强制正态分布法的实施遵循如下基本步骤：

第一步，确定A、B、C、D、E五个评定等级的奖励实施标准，不同等级之间的差别应该具有充分的激励效果。

第二步，对所有被考核者进行百分制的评分。

第三步，对于每一名考评者，对称地去掉若干个最高分和最低分，算出每个员工的平均分。

第四步，将部门中所有员工的平均分加总，再除以部门的员工人数，计算出部门所有员工的业绩考校平均分。

第五步，用每位员工的平均分除以部门的平均分，就可以得到一个标准化的考评得分。那些标准分为1（或接近于1）的员工应得到“中等”的考评，而那些标准分明显大于1的员工应得到“良”甚至“优”的考评，而那些考评标准分明显低于1的员工应得到“及格”甚至“不及格”的考评。

第六步，根据预先制定的奖励标准对处于不同等级的员工实施奖励。

强制正态分布法适用于被考核人员较多的情况，操作起来比较简便，而且由于遵从正态分布规律，该法在一定程度上也降低了由于考核者主观性过强而造成的误差；同时，强制正态分布法也有效地避免了考评中过严或过松等一边倒的现象。不过，强制正态分布法的缺点也是显而易见的，具体来说，该法存在如下缺点：

（1）如果员工的业绩水平事实上不遵从所设定的分布样式，那么对员工进行硬性区分便很容易招致员工的不满。

（2）只能把员工分为有限的几种类别，难以具体地比较员工差别，也不能在诊断工作问题时提供准确可靠的信息，以致难以提供关于员工绩效改进的建议。

（3）导致出现马太效应，造成强者越强模式。强制性地将员工划层定级，极易造成强者越强的模式。得到肯定并得到较多机会的员工会加倍努力，表现愈加突出，而其他的员工由于没有得到充分肯定或对考评结果不满，也许会增加挫折感，降低对公司及上级领导的认同感，从而影响工作效率，更严重的结果，会造成优秀员工的流失，降低公司的凝聚力和团队精神的发挥。比如，在GE医疗系统的销售部，有两名员工表现都较为良好，且销售业绩、利润率等各项考核指标都不相上下，但公司有硬性规定，只能有20%的员工能被评为A类员工，享受较高的奖金福利及其他奖励，在当时情况下，意味着只有其中一位能被评为A类员工，其上级经理在左右为难的情况下，将甲评为A类员工，而将乙评为B类员工。结果公布后，乙员工心理上不平衡，工作质量明显下降，3个月之后，他就跳槽到了竞争对手西门子公司。

（4）部门与部门之间考评标准不一，但奖惩标准却一样，使得部门之间产生矛盾，乃至造成员工心理上的不平衡。应用强制正态分布法后，各部门之间的业务范围差距较大，无法采用同一考评标准，但整个公司的奖惩标准却是一样的，如A类员工上涨薪资15%，1年有两次培训机会等。由于各部门的工作量及工作难度不同，对整个公司业绩及发展贡献也不相同，难免造成各部门及员工之间的心理不平衡。如前线的销售部门员工工作辛苦，且业绩突出，但所受的奖励和行政部、后勤部等业务支持部门员工相同，销售人员感觉心理不平衡，怨言较多，极易造成工作懈怠，并在部门之间的业务合作时，如销售活动未得到行政部门的有效支持时，采取消极态度，并引发部门之间的矛盾。

九、配对比较法

配对比较法也称相互比较法，就是将所有要被考评者列在一起，两两配对比较，其绩效较优秀者可得1分，最后将各被考评者所得分数相加，其中分数最高者即为绩效最优者，然后按分数高低顺序对被考评者进行排列，即可确定不同考评者的绩效如何。

配对比较法与序列比较法不同的是，它采用配对比较的方法，将所有被考评者逐一进行比较。比如，有10名医生，考评时，将每一位医生与另外9位医生逐一进行配对比较，总共进行9次配对比较。每一次配对比较之后，工作表现好的医生得“1”分，工作表现较差的医生“0”分。配对比较完毕后，将每个人的分数进行相加。分数越高，考评成绩越好。

配对比较法不适用于被考评者人数过多的情况，一般而言，被考评者的人数最好不要超过10名。

员工绩效低下的十个原因

在绩效改进环节，面对员工绩效不佳的现实，确定员工绩效低下的原因是成功进行绩效改进的关键因素，纵览企业形形色色绩效低下的员工，可以将他们绩效低下的原因概括为如下几个方面。

1. 员工有成就高绩效的愿望，但不知究竟该做些什么

员工不知道该做些什么，具体情况有如下四种：

（1）员工不知道什么是自己该做的。

（2）员工不知道应该什么时候开始做。

（3）员工不知道什么时候应该做完。

（4）员工不知道做到什么程度才算是完成。

为了规避这一情况，要求部门主管在指派工作任务的时候，要明确无误地把工作任务的具体要求、确切标准、完成期限等重要因素传达给下属；否则，很可能出现这样一种情况：员工确实完成了工作，但所提供的工作成果与部门主管的要求有天壤之别。因此，部门主管在布置工作任务的时候，一定不要使用一些模糊的字眼，比如当员工问主管工作任务的完成期限时，部门主管便随口说道“不着急”“你自己看着安排”等字眼，这很容易产生歧义，比如在员工心中，“不着急”意味着两三天，而主管对“不着急”的理解却是不超过5个小时。

2. 员工不知道该怎么做

受限于知识、经验和技能的不足，员工不知道该如何完成工作任务，他们急求相关的培训和指导。对于这种情况，主管便要身体力行地对员工进行相关业务培训，让员工从知识层面和操作层面都学会如何完成工作任务。

3. 员工不知道为什么做

由于所承担的职业角色不同，某些时候，员工很难确切理解部门主管让自己做某项工作的深刻原因，他们不知道这些工作意味着什么，只是机械地去完成。由于不知道自己的工作和公司的目标、公司的业绩及价值之间的联系，员工就不会有动力把工作做得更好，只是停留在浅层次，最终导致绩效不佳。

彼得·德鲁克曾说，员工在工作的时候要思考自己的工作对组织的贡献。因此，管理者要善于从贡献的角度向员工诠释工作任务，这样员工的潜能才会得到更大的发挥，员工的绩效才会更棒。

4. 员工认为他们正在做符合上级要求的工作

在工作的过程中，部门主管很少与员工沟通，很少就下属的工作情况进行反馈，任由下属信马由缰地开展工作，只在最后的期限日，才让下属提交工作结果。结果发现，员工的工作成果与自己期望的工作成果大相径庭，而员工却感到很不解，因为他们认为自己一直在明确无误地执行上级的指示。

所以，部门主管要让自己成为一个合格的绩效教练，在工作实施的过程中，不间断地与员工进行沟通，把工作任务分解为几个小的阶段，在一些关键节点上，适时过问一下，了解员工的进展情况，并加以辅导，调整员工的工作方向，使之朝自己期望的方向发展。

5. 员工认为上级的方法不会成功，自己的方法更有可操作性

在指派工作任务时，有的主管会同时按照自己的经验和喜欢教导员工，让员工按照自己的方法开展工作，但有时候，员工并不对上级所传授的方法全权接受，只是表面上唯唯诺诺，暗地里仍然按照自己的方法工作。结果，由于员工的自以为是，使其工作绩效没有达到组织的要求。

6. 员工认为有更重要的事情做

有时候，当管理者要求下属执行一项工作任务时，下属便会说，自己正在做一件更重要的事情，现在无暇完成上级指派的任务。而事实上，上级所指派的任务更加重要，只是员工错误地理解了优先顺序，导致更重要的工作没有及时完成。

7. 做了没有正面的反馈

当人们采取一项行为时，如果行为得到奖励，就会使这种行为再次出现，如果行为受到惩罚，行为出现的次数就会减少，所以如果当员工完成工作后，部门主管没有给予正面反馈，员工便会认为这个行为并不是上级所期待的行为，从而不再采取类似的行为。

8. 做了有负面结果

一项很棘手的工作，大多数员工都不愿意去做，而某一位员工毛遂自荐地完成后，很可能按照“能者多劳”的原则，以后有类似的棘手情况时，大家还会把工作推给那位员工，导致那位员工的工作积极性降低，绩效表现不佳。

对于这种情况，主管要善于对能够毛遂自荐的员工实施奖励，给予其与其工作绩效相匹配的奖励。

9. 出于个人私人因素

员工的身份都是双重的，既是有着职位的员工、经理、上司、下级，也是别人父亲、母亲、丈夫、妻子，所以，员工很有可能会被家里的事情困扰，而影响工作的情绪，导致绩效不佳。比如，一个员工和妻子关系不和，正在闹离婚，这个时候，员工的工作情绪很差，很多工作就可能被拖延，难以保质保量地完成工作。

身为主管，不仅要关心员工的工作情况，还要适当地了解员工的家庭情况，帮助员工克服家庭环境对其所造成的困扰，引导员工平衡好工作与家庭的关系。

10. 没有人能够做到

组织所制定的绩效标准超过了员工的能力范围，没有人能够达到组织的绩效标准，导致很多人出现了绩效不佳的情况。当出现这种情况后，部门主管便要反思绩效标准的合理性和科学性，根据员工的能力特点制定更有考核价值的绩效标准。

对低绩效员工不能心太软

一位经理花了很大力气，才从某大公司挖来一名关键的信息系统专家。公司满腔热情地给他安排了工作，却很快发现他不能胜任。这位经理试图指导和帮助他，但是他的工作表现没有起色。

其他同事来到这位经理面前，建议他采取行动，他却迟疑不决。此时，他知道自己雇错了人，但是由于负疚而迟迟没有动作。他告诉这位新员工，他将给他一些时间寻找新的工作。但是这位新员工的表现却越来越差，直到一位重要客户拂袖而去，其他员工也士气低落，这位经理才把他解雇。

这位经理得到的教训代价不菲：“下次我绝不犹豫，立刻采取措施。”

在解员工工时瞻前顾后，原因何在？

许多企业主管都像这位焦虑的经理一样不忍心正视没有达到标准的工作绩效，更不用说毫无绩效的情况了。绩效低劣的员工是指那些屡犯错误，赶走客户，在企业组织中造成不满和士气低落等问题的员工。快速成长的公司对绩效低劣的员工尤其不能容忍，他们会削弱团队的实力，给潜在客户和商业伙伴留下不良印象，加剧对公司综合生产率的负面影响。作为经理，你必须采取措施及时纠正这种状况。

如果你尽了最大的努力对员工进行指导，但他依旧置若罔闻，或者你降低了工作期望值和标准，他还是没能达到要求，这时你就应该重新审视对他的录用决定。很多经理在3周或更短的时间内就意识到自己在录用员工上的错误，但通常在3个月之后才决定纠正这个错误。

经理们犹豫不决的原因多种多样。例如：他们觉得承认错误是一件尴尬的事情；他们对错误的录用感到内疚，对解雇曾满怀期望的人于心不忍；他们对录用员工的时候没有明确表达工作绩效的期望而感到遗憾；他们知道自己没有做好员工的绩效反馈和指导工作；他们不愿意再次经历昂贵耗时的程序找到合适的人员来替换。

对于经理人而言，这可能是一个痛苦的经历，但还是应该采取行动。让自己理性一点。

在计划解雇一名员工之前，你应问自己是否公平地对待过这个员工："我是否让他认识到自己绩效低劣的事实，并给予他改进的机会？"也就是说，你是否采取过以下这些行动。

是否为这个员工确立明确的绩效期望值？这与你对员工绩效的管理水平有关。运用绩效管理技巧留住最佳员工的效果，取决于你和他们建立伙伴关系的程度。这种伙伴关系，是成年人之间建立共同协定的关系。

是否就这名员工的绩效没有达到目标，向他做出具体的反馈？一项研究表明，在60%的公司中，产生绩效问题的首要原因是上司对下属的绩效反馈做得不够或是没有做好。在针对79家公司的1 000多名员工所做的一项调查中，经理人的反馈和指导技能一致被评为平庸。这些结果表明很多经理人都是拙劣的导师，而他们的员工通常也意识到这一点。

是否详细地系统地记录该员工的绩效数据、事件、绩效反馈及改进评估的谈话结果，以及是否在上述评估谈话中，使该员工认识到存在的问题并对如何解决问题达成一致？在绩效讨论的过程中，让员工评估他们自己的绩效。如果员工承认问题，那么，问题解决会顺利得多。如果员工否认问题，那么该员工对建设性的指导置若罔闻。

是否把给予这位员工一定的试用期或者改进绩效的最后期限，作为解雇前的最后手段？曾经有一位经理告诉他的一名员工，如果他在30天内仍然不能完成自己的工作项目，就必须走人。结果该员工在期限内完成了任务。所以，要确保给予员工足够的改进时间。

是否寻找解雇之外的其他方法？你犯了录用某位员工的错误，并不意味该员工不能有效地完成其他工作。该员工不适合这项工作，可能是他绩效低劣的真正原因。因此，可以考虑重新评估该员工的才能、动力和兴趣。也许工作可以重新设计，也许在你的领域内有其他更能发挥该员工才能的工作。

假设你已经不止一次直言不讳地把工作绩效低劣的情况反馈给员工，指导他如何改进，为他确立具体的绩效目标，记录他未能改进绩效的情况，而且考虑过不解雇的解决方法，然而都无济于事，那么，你的最终选择是解雇他。

经理人无论出于何种原因解员工工，都是一件最令人忧虑和烦恼，却又不得已而为之的事情。令人烦恼的因素多种多样，你不仅夺走了这位员工的生活来源，而且，你这么做会影响组织中的其他成员，包括你最想留住的员工。

重要的是时刻牢记你的目标：消除糟糕的表现和行为。在有效地惩戒员工或者采取纠正措施之前，你必须表明你真诚地关心他的成功。考核程序对事不对人，是基于“目标推动行为，结果维系行为”的原则。

绩效反馈

案例：

宏大公司客服部张经理因在一次考核中给下属杨小玉评了最低分，在绩效面谈时，杨小玉与张经理发生了争吵，杨小玉对自己的考核结果非常不满意，她提出了三点投诉理由：

其一，张经理无法对打分标准进行合理的解释，他只是凭主观印象打分，是有意在打击报复下属。

其二，自己向张经理请教绩效改进的方法，张经理没有给予明确的回复，这样的面谈只是在浪费时间。

其三，张经理言语多讽刺用语，侮辱了自己的人格。

人力部黄经理收到杨小玉的投诉后，开始核查工作，张经理也反馈了自己的意见：

（1）评分标准是公司统一制定的，自己只是严格按照公司的标准开展考核工作。

（2）公司的绩效面谈一直流于形式，人力资源部要求自己与下属进行绩效面谈，但并没有告诉自己如何进行绩效面谈。

绩效反馈是绩效考核工作的关键环节，但是在现实的管理工作中，绩效面谈常常没有取得预期的效果，并且造成上级主管与下属的对立，出现这种局面的原因是多种多样的，比如，上下级之间缺乏信任、管理者缺乏成功实施绩效反馈的技巧、组织对绩效反馈给予的重视性不够等。那么，绩效反馈究竟对组织绩效的提升有哪些意义呢？到底该如何开展成功的绩效反馈呢？

一、绩效反馈的重要性

人事考核最主要的目的，就是要帮助员工个人和组织改进绩效。而能否及时而妥善地对考核绩效进行反馈，将直接影响到考核工作的成效。

绩效反馈是绩效管理过程中的一个重要环节。它主要通过考核者与被考核者之间的沟通，就被考核者在考核周期内的绩效情况进行面谈，在肯定成绩的同时，找出工作中的不足并加以改进。绩效反馈的目的是为了让员工了解自己在本绩效周期内的业绩是否达到所定的目标，行为态度是否合格，让管理者和员工双方达成对评估结果一致的看法；双方共同探讨绩效未合格的原因所在并制定绩效改进计划，同时，管理者要向员工传达组织的期望，双方对绩效周期的目标进行探讨，最终形成一个绩效合约。由于绩效反馈在绩效考核结束后实施，而且是考核者和被考核者之间的直接对话，因此，有效的绩效反馈对绩效管理起着至关重要的作用。

很多管理者对绩效反馈讳莫如深，以消极的态度对待绩效反馈，甚至抱着能不反馈就不反馈的侥幸心理。这是因为，在绩效反馈中，多会涉及员工的不足与缺点，而谈及他人的不足与缺点多是不快的，所以管理者将绩效反馈视为得罪人的差事，或者不对下属进行绩效反馈，或者蜻蜓点水地把绩效结果反馈给下属，没有达到绩效反馈应该实现的目标。

杰克·韦尔奇曾说："我们所见过的大多数人都从来没有得到过别人诚实的评价，原因很简单——对于评估者来说，诚实是需要勇气的。"那么，为什么绩效考核要鼓励管理者具备诚实的勇气呢？绩效反馈对于绩效考核究竟有哪些意义呢？

其一，绩效反馈确保了考核的公平和公正，使考核公开化，犹如在考核者和被考核者之间架起了一座沟通的桥梁，尽可能规避了管理者在绩效考核中的"暗箱操作"。绩效考核是一项与被考核者的切身利益紧密相关的管理活动，考核的公正性与否大大影响着被考核者对考核结果的认可度和接受度。绩效反馈赋予了被考核者的知情权和发言权，使他们有权力来了解绩效考核的每一个环节。同时，通过程序化的绩效申诉，有效地降低了考核过程中不公正因素所带来的负面效应，为考核者和被考核者开辟了相互沟通的渠道，将有助于整个绩效考核系统的完善化。

其二，有助于被考核者了解自己工作中的不足与缺点，明确组织对自己的期望，从而采取改善绩效的措施。绩效考核结束后，如果管理者只是把绩效考核结果传达给下属，而没有就考核结果的由来和如何采取绩效改善措施与下属进行交流，绩效考核的意义便会非常局限，难以发挥提升员工胜任素质的作用。因此，管理者一定要就被考核者的绩效情况与其进行认真沟通，指出被考核者的优缺点，针对被考核者的绩效提出改进建议。只有如此，被考核者才可充分了解到自身存在的不足，从而知道该改进什么、如何改进，最终达到提高绩效的目的。

其三，绩效反馈有助于排除个人与组织的目标冲突，从而增强企业的核心竞争力。企业会有长短期的目标，同样，员工也会有个人的目标，在很多情况下，员工的个人目标与组织目标是不一致的，而且两者存在着强烈的冲突。有效的绩效反馈，可以通过对绩效考核过程及结果的探讨，借助一些强有力的激励手段，不断弥合个人目标与团队目标的鸿沟，促使个人目标朝着团队目标方向发展，从而使两者保持一致。

二、关于绩效反馈的准备工作

案例：

联想集团非常注重绩效面谈，每次绩效考核结束后，直接上级一定会与下属进行绩效面谈。通过绩效面谈，实现这样的组织提升目的：肯定已有的成就，指出仍然存在的不足，针对员工的工作，上级主管提出改进意见和建议，并帮助员工制定改进措施并确认本季度考核评分和下季度的绩效计划。此外，在联想集团内部，还明文规定绩效面谈应选择不受干扰的地点，时间应不少于40分钟。为了保证考核结果的客观公正，当上级主管与部门员工就考核意见不能取得一致时，被考核者可向考核者的上一级提出申诉直至问题得到解决。对于绩效考核中被评为C的员工（最后那10%的部门员工），还要安排员工的隔级主管与其进行复谈。

在联想集团内部，已经形成了非常好的绩效面谈制度，这将非常有利于实现绩效考核的既定使命。不过对于很多企业而言，绩效面谈的环节仍然很薄弱，为了取得好的绩效面谈效果，在进行绩效反馈前，管理者应做好充分的准备，以便在有效的沟通时间内创造较高的反馈价值，管理者需要做的准备工作包括如下几个方面。

1. 选择适宜的沟通时间

绩效反馈时间的选择非常关键，比如，如果管理者在接近下班的时间开始与下属进行绩效沟通，下属很可能会心不在焉，因惦记着回家而难以集中精神地与上级交谈。管理者在选择绩效面谈时间时，应注意如下这几个方面：

（1）选择自己和下属都空闲的时间段，不要在下属忙得焦头烂额时与其进行绩效面谈。

（2）尽量避开接近下班的时间，所选择的时间段最好不要影响下属的正常作息。

（3）不要在自己状态不佳的时候进行绩效面谈，绩效面谈对管理者脑力和体力的要求都很高。

（4）管理者最好民主一些，就面谈时间征求下属的意见。

2. 选择适宜的场地

为了避免下属在沟通时情绪紧张，管理者最好选择比较轻松的沟通环境，而且在交谈过程中，管理者还应该注意安排好与下属的空间距离，既不要因距离太远而无法清晰地获得信息，也不要因距离太近而对下属造成压抑感。

一般而言，在办公室进行交谈，会凸显出绩效反馈的严肃性和重要性，而在家中等非正式场合交谈，则利于营造亲切、平等的沟通氛围，管理者应根据下属的性格特点和沟通的主题选择最合适的沟通场所。

3. 准备好面谈的资料

沟通时一定要做到言之有物、言之有据，为此管理者要在面谈前准备好关于绩效考核的表格资料，如下属日常工作表现的记录、下属的绩效评估表格等。

4. 提前预测下属对于面谈内容的反应，并准备好应对方案

大多数员工都会对绩效考核结果比较敏感，因此管理者在面谈前最好做好充分的心理准备，提前预测一下下属会针对面谈内容表现出什么样的情绪和行为，然后准备好合适的措辞与举动，

5. 准备好面谈的程序，把握好面谈的进度

把握好面谈的程序非常重要，否则管理者将会失去对话题的控制，使交谈进度偏离了既定的主题。因此在绩效反馈前，管理者有必要计划一下面谈的程序，如选择什么样的开场白、在面谈的过程中如何安排诸多交谈事项、应该在什么时候结束面谈以及面谈的结果需要实现什么样的与其目标。

成功的绩效面谈是管理者和下属双方有效合作的结果，所以关于绩效面谈的准备工作，员工也不能置身于外，而是应该做一些必要的准备工作：

（1）回顾自己整个考核周期的工作情况，对绩效完成情况做出自我评价。

（2）预先准备好表明自己绩效的资料和证据。

（3）找出表现优秀和需要改进的地方。

（4）对自己的绩效结果准备好解释。

（5）告诉上级主管自己需要哪些支持和帮助。

绩效面谈表

绩效面谈表详见表11-14。

表11-14　　绩效面谈表

部门		岗位		姓名	
直接上级		考核形式		面谈时间	
工作业绩分析及工作计划的执行情况（目标与现实）：					
业绩讨论要点：					
个人看法及意见（工作中的困难、希望上级领导给予的支持等）：					
后续工作目标及改进措施：					
给予面谈人员的建议：					
面谈人员签名： 日期：			上级领导签名： 日期：		

绩效面谈的SMART原则

管理者与员工之间常常存在着信息不对称的情形，要实现组织内信息的均衡分布，管理者与员工应该经常就绩效进行及时的沟通，关于如何实现上下级之间的良好沟通，管理者可以参考这样一个重要的原则，即SMART原则。

1. S——specific（直接具体原则）

绩效面谈要直接而具体，不能作泛泛的、抽象的、一般性评价。对于管理者来说，无论是赞扬还是批评，都应有具体、客观的结果或事实来支持，使员工明白哪些地方做得好，哪些地方做得不好，与组织的期望还有哪些差距。如果员工对绩效考核流程和结果有不满或质疑的地方，向主管进行申辩或解释时，也需要有具体客观的事实作为基础。只有信息传递双方交流的是具体而准确的事实，每一方所作出的评价对另一方才算是公平的，评估与反馈才会发挥实效。

2. M——motivate（互动原则）

成功的绩效面谈强调双向的沟通，为了尽可能使面谈有针对性，管理者应当鼓励员工多说话，充分表达自己的观点。因为思维习惯的定向性，主管似乎常常处于发话、下指令的角色，员工只是在被动地接受，这样很可能导致管理者得到的信息不一定就是真实的情况，因此当员工有表达的欲望时，管理者不应武断地给予打断和压制，而是应适当地站在员工的角度考虑问题，以便营造相互理解的沟通氛围。

3. A——action（基于工作原则）

绩效反馈面谈中涉及的是工作绩效，是工作的一些事实表现，员工是怎么做的，采取了哪些行动与措施，效果如何，因此，在进行绩效面谈时，管理者不应评论员工的性格特点和道德水平，不应将其作为评估绩效的依据。不过，对于那些关键性的影响绩效的性格特征，管理者也可以巧妙地指出来，但是在指出的时候必须是出于真诚的关注员工与发展的考虑，且不应将它作为指责的焦点。

4. R——reason（分析原因原则）

绩效面谈需要指出员工不足之处，但不需要批评，而应立足于帮助员工改进不足之处，指出绩效未达成的原因。出于人的自卫心理，在反馈中面对批评，员工马上会做出抵抗反应，使得面谈无法深入下去。但主管如果从了解员工工作中的实际情形和困难入手，分析绩效未达成的种种原因，并试图给以辅助、建议，员工是能接受主管的意见甚至批评的，反馈面谈也不会出现攻守相抗的困境。

不妨看如下的两个绩效面谈案例。

案例A：

生产经理：最近你负责的生产线，每日生产的乙产品都没有达到预定的产量，并且部门产品的品质指数低于标准，你有什么解释？

车间主任：乙产品产量没有达到标准是因为属于新产品，作业员在操作上还不太熟练造成的，品质方面的问题是因为一些检验标准改变了，而近来原材料品质不太稳定，所以品质指数低于标准。

生产经理：你是车间主任，你应该设法去解决这些问题，我希望你给我一个明确的日期，什么时候可以达到产量与品质的标准，一个星期够不够？不要因为你的无能而造成公司的损失。

案例B：

生产经理：你辛苦了，最近甲产品的质量和品质都很不错，要继续努力，不过乙产品的产量和品质状况不如预想的理想，你认为原因是什么？我们共同研究解决之道，好吗？

车间主任：乙产品是新产品，作业员操作不熟练，可能这是主要原因。此外，品质标准进行了修改，检验员也不熟练，材料品质不稳定也是原因之一。

生产经理：甲产品与乙产品类似，为什么甲产品可以达到产量指标，而乙产品不行？品质标准修改了哪些部分？对检验员的培训够不够？我们一起来探讨这些问题？

车间主任：甲产品与乙产品外形类似，但内部结构上，乙产品更复杂，在装配乙产品的过程中，有两个检验仪器老旧，功能落后，经常需要人操作，所以耽误时间，往往还不正确。

生产经理：你把这些问题列出来，看看哪些是需要我帮你解决的？你尽快告诉我，我会协助你解决，我们共同来克服这些困难。

上面的两个绩效面谈案例，显然案例B 符合“R—reason”的原则，这种沟通方式更有助于管理者与下属共同解决所面对的问题。

5. T——trust（相互信任原则）

没有信任，就没有交流，缺乏信任的面谈会使双方都会感到紧张、烦躁，不敢放开说话，充满冷漠、敌意。而面谈是主管与员工双方的沟通过程，沟通要想顺利地进行，要想达到理解和达成共识，就必须有一种彼此互相信任的氛围。管理者有义务让员工明白，绩效面谈的目的是为了帮助员工改进绩效，并不是为了向员工兴师问罪，组织是出于良好的愿望进行绩效反馈的。

如何进行正面反馈和负面反馈

1. 正面反馈的原则

正面反馈以肯定与鼓励为主题，相对负面反馈，正面反馈一般不会遭到员工的抵触，处理起来也比较得心应手。管理者在进行正面反馈时，应遵守如下三个原则：

（1）真诚。一般而言，没有人会反感表扬和肯定，尤其是来自上级主管的认可。管理者在表扬下属的时候，最主要的是要表现出真诚的态度，要让员工真实地感受到上级主管确实满意自己的表现，而不是虚情假意地套近乎。管理者只有做到态度真诚，员工才会从管理者的表扬中感受到激励的力量，认识到自己的努力和付出确实得到了组织的认可，从而激发出更高的工作积极性。

（2）具体。管理者在表扬下属的时候切不可泛泛而谈，只是一句“表现很好”或者“做得不错”，下属难以确切知道究竟自己哪种工作行为受到了组织的认可，以致不知道如何在今后的工作中扬长避短。因此，管理者在表扬下属的时候，一定要具体地指出员工为何而受到表扬。比如，某名员工的客户服务态度特别好，不厌其烦地向某个啰唆的客户讲解公司产品的知识，最终使客户选择了公司的产品，管理者在表扬这名员工的时候，便应该具体地提示这个事件，认可员工对待客户的方式。

（3）建设性。即使对于十分优秀的员工，也始终有做得更好的空间，因此，管理者在表扬员工时，不要为了表扬而表扬，应该遵从建设性的原则，除了强化员工的正面表现外，还要给员工适当地提出一些建设性的改进意见，以帮助员工获得更大的提高和改进。关于如何进行建设性反馈，“三明治原则”非常有借鉴意义，即管理者在与下属沟通的时候，先表扬员工的工作成就，给予真心的肯定，然后再提出下属的小小的不足，提供改进意见，最后以肯定和支持结束，再一次表示对下属工作前景的信心。

2. 负面反馈的原则

负面反馈涉及的话题比较敏感，稍有不慎，就可能造成上下级之间的对立，因此管理者在进行负面反馈时，不妨参考如下建议：

（1）当指出员工的不足时，应遵循对事不对人的原则，只对员工的不足之处进行客观描述，而不是进行人格乃至道德的批判。比如，员工在工作中出现了失误后，管理者不要对员工进行人身攻击，用一些诸如“笨啊”、“无药可救”等负面的措辞指责下属，而是应具体指出下属在哪一个环节做得不够好、组织所期待的工作行为是如何的。

（2）掌握让员工下台阶的技巧。管理者在指出员工的不足时，应该设法为对方挽回面子，懂得一些让员工下台阶的技巧。比如，针对一项不太满意的工作任务，管理者可以这么说：“我记得以前你在类似的工作任务中表现都很出色，这次可能是大意了。”在这种情况下，员工一般会说：“是啊，是啊。”从心里默认自己的失误，并对上级的善良用心感激不已，从而对绩效反馈持较正面的态度。

（3）学会倾听，不要一味地只是向下属传达自己的想法，而是充分给予下属解释自己工作行为的机会。有的管理者在进行绩效面谈时，只是喋喋不休地一边指责一边命令，使面谈成为只有一个听众的演讲，缺乏真正的信息交流。绩效反馈的核心目的是改善员工的绩效，如果管理者不知道员工的真实想法，将难以在绩效改善方面取得好的进展，因此绩效反馈是双向沟通的过程，并不是要管理者承担信息的主要传播者，单方面地把信息传播给下属，而是强调沟通的互动，管理者在面谈的过程中要认真地倾听员工关于绩效行为的解释和说明。在倾听时，管理者应该抛弃既有的偏见，耐心地听取员工讲述并不时地概括或重复对方的谈话内容，以便全面地了解员工绩效的实际情况。

（4）巧妙运用BEST法则进行绩效反馈。BEST法则又叫“刹车”原理，是指在管理者指出问题所在，并描述了问题所带来的后果之后，在征询员工的想法的时候，管理者就不要打断员工了，适时地“刹车”，然后，以聆听者的姿态，听取员工的想法，让员工充分发表自己的见解，发挥员工的积极性，鼓励员工自己寻求解决办法。最后，管理者再做点评总结即可。

BEST法则即在进行绩效面谈的时候按照以下步骤进行：B——behavior description（描述行为）。E——express consequence（表达后果）。S——solicit input

（征求意见）。T——talk about positive outcomes（着眼未来）。

关于BEST法则的运用，举例如下。

某公司市场部的小周经常在制作标书时犯错误，小周的部门主管应用BEST法则对其进行了绩效反馈。他们之间进行了如下的对话：

主管："小周，8月6日，你制作的标书，报价又出现了错误，单价和总价不对应，这已经是你第二次在这个方面出错了。你的工作失误，使销售员的工作非常被动，给客户留下了很不好的印象，这可能会影响到我们的中标及后面的客户关系。小周，你怎么看待这个问题？准备采取什么措施改进？"

小周："我准备……"

主管："很好，我同意你的改进意见，希望在以后的时间里，你能做到你说的那些措施。"

（5）与员工共同探讨关于改进绩效的措施。只有让员工参与了关于绩效改善的探讨，员工才易于对管理者的期望做出承诺，从而采取实际行动改善自己的绩效。在提出关于绩效改善的措施时，管理者最好先让员工自己提出相关的建议，如果建议不是很有效的话，管理者再提示员工提供更好的建议，如果员工的建议仍然不是最好的话，管理者便可向下属讲述自己的主张，对下属提出期望。

（6）以积极的方式结束面谈。如果在面谈的过程中，管理者与下属出现了分歧冲突，或者由于其他意外的事情被打断，管理者应该暂时结束面谈，以积极的方式肯定员工的付出，对员工今后的工作表现出信心，而不是在消极的氛围中结束面谈。

如何与不同种类的员工进行绩效反馈

1. 对于表现十分优秀的员工

当与绩效较高的员工进行绩效面谈的时候，应该以鼓励为主，对其十分出色的典型工作行为表示认可，最好不要轻易做出加薪或晋升的承诺，而是注重了解员工未来的职业规划以及对组织的期望。

2. 对于始终无明显进步的员工

如果绩效面谈的对象始终在工作中没有明显的进步，管理者应该与下属一起分析员工没有进步的原因，共同制定改进措施，以帮助员工找到有效的改进方法。

3. 对于绩效较低的员工

对于绩效较低、工作表现较差的员工，管理者很容易对其存在偏见，在绩效面谈时，管理者一定要摈除自己的主观偏见，具体分析员工绩效不高的原因，而不是片面地归于个人素质低下、不够努力等因素。

4. 对于资历较深的员工

资历较深的员工常会过于倚重过去的成就，对于这一类的员工，管理者首先要充分肯定他们曾经做出的贡献，但一定要让他们知道，绩效考核只关注当前，组织只钟爱始终为企业做贡献的员工，过去的成绩并不能代表现在或将来的成绩。

5. 对于性格内向、不善言谈的员工

性格内向、不善言谈的员工总是倾向于保留自己的意见，为了更好地实现有效沟通，管理者在进行绩效面谈的时候，应该多提一些开放性的问题，注重征询他们的意见。

6. 对于脾气暴躁的员工

脾气暴躁的员工常会使绩效面谈不欢而散，为了避免这种现象的发生，管理者对这一类员工一定要有耐心，耐心地倾听员工的讲话，最后在冷静、平和的沟通氛围中与员工一起找原因，分析员工绩效方面的问题。

绩效申诉

当组织对员工的考核尘埃落定后，被考核者不一定对自己的考核结果100%地认可，他们很可能会对绩效结果产生异议，这时，便出现了绩效申诉的环节。

所谓绩效申诉，就是指员工对考核自己的绩效方案、绩效考核执行过程、绩效考核结果有疑义时，经部门负责人解释后仍不能接受而提出的申诉。

公平、公正、公开是绩效管理的最高原则，允许员工进行绩效申诉充分体现了企业对被考核者的尊重，是有效地激励员工的手段，如果被考核者绩效申诉的愿望没有通过合理的途径在组织里得到释放，被考核者必然对组织心生抱怨，从而对被考核者工作积极性产生不利影响。绩效申诉流程包括以下四个步骤。

一、提出申诉

员工对个人的绩效考核结果不满意或存在异议时，可到相关部门进行查询，如果员工仍然对查询结果不满意，并认为自己受到了不公平对待，便可提出绩效申诉。员工在提出绩效申诉时，一定要有的放矢，明确指出自己针对绩效考核的哪部分内容存在异议，是绩效方案，还是绩效结果、绩效实施的过程等事项，这将有利于绩效考核冲突及时得到有针对性的解决。

为了使绩效考核工作实现制度化，员工在提出申诉时须完整填写绩效考核申诉表（见表11-15），经所在部门签字后转报其他相关部门。

表11-15　　绩效考核申诉表

<table>
<tr><td>申诉人</td><td></td><td>职位</td><td></td><td>部门</td><td></td><td>直接主管</td><td></td></tr>
<tr><td colspan="8">申诉事件：</td></tr>
<tr><td colspan="8">申诉理由（可以附页）：</td></tr>
<tr><td colspan="8">申诉处理意见：

上级部门负责人签名：
日期：</td></tr>
<tr><td colspan="8">申诉处理意见：

人力资源部门负责人签名：
日期：</td></tr>
<tr><td colspan="8">申诉处理结果：

人力资源部门负责人签名：
人事管理办公室负责人签名：
日期：</td></tr>
</table>

填写绩效考核表应注意：

（1）申诉人必须在知道考核结果3日内提出申诉，否则无效。

（2）申述人直接将表交人力资源部。

（3）人力资源部须在接到申诉的5个工作日内提出处理意见和处理结果。

（4）本表一式三份，一份人力资源部存档，一份交申诉人主管，一份交申诉人。

二、申诉受理

企业一定要以严肃的态度对待员工的申诉，如果员工提出了申诉的请求，部门主管为第一绩效申诉接口人，对于员工的申诉，先要给予合理的、员工可能认可的解释，然后再根据实际情况判断是否属于申诉范围，确定是否为员工发放绩效考核申诉表。

如果部门主管无法针对员工的申诉提供可以让员工接受的解释，员工便可向其他相关部门提出绩效申诉，由其他部门进行调查核实处理。

三、申诉调查处理及反馈

部门主管和人力资源部门针对受理的申诉要快速展开调查，找出问题发生的原因，经查明后，对于可以立即反馈的，绩效申诉负责人要当场向申诉人反馈，对于需要通过核查的，一般要求在3个工作日内核查处理，并向申诉人通报结果。如果绩效考核结果确实对申诉人做出了不公平的判断，绩效申诉负责人向申诉人做好解释后，要在绩效考核申诉表中填写处理意见，纠正对申诉人的不公平对待，如反映在员工晋升和薪酬奖励上。如果经查证无误的话，绩效申诉负责人要就查证结果与申诉人进行沟通，争取彼此对绩效考核结果取得共识。

四、绩效申诉的总结分析

部门主管与人力资源部门对绩效申诉内容定期做好总结分析，看是否需要进行方案调整、流程优化改进等，比如判断在考核指标、考核标准和考核权重等方面是否存在不足。一般而言，绩效考核方案不宜频繁变动，因此，对于新制定的绩效考核方案，最好有一个试用期，在试行一段时间，积累汇总各方面问题后，再集中修正并确定方案。

附：只认功劳，不认苦劳
——巨人集团当家人史玉柱谈绩效

“说到做到，严己宽人，只认功劳，不认苦劳。”据说很久以前史玉柱贴了这么一条标语。史玉柱自己是这么看的，也是这么干的，下属同样是如此遵守的。

史玉柱说：“我的观点是，功劳对一个公司才是有贡献，苦劳对公司的贡献是零。比如，在中小城市的网吧里，我们两家（征途和网易）争着贴招贴画，你盖你的，我再盖我的。如果我们的招贴画被对手盖了，我们的人肯定会在24小时之内发现，而对方多半一个礼拜都不去看一下。再比如，招贴画大家相互盖，而我们的人很快想出一个妙招，就是把招贴画做得比对手大一圈，边上全部写上‘征途’，让对方无论如何都盖不完。这就是执行力的差异。”

“只认功劳，不认苦劳”这八个字，在史玉柱的薪酬管理中表现得最明显。史玉柱偏好绩效工资，这已经是业界的常识。即便在互联网时代，他的巨人网络游戏公司，仍然雷打不动实行绩效工资。这让不少人感到十分吃惊，因为普遍的高薪养人制度，在巨人居然是行不通的，更是不准实行的。

在脑白金销售的红火时期，史玉柱的绩效制度就已经常态化、制度化，甚至比这一制度的最早践行者平安保险公司还要彻底、广泛、深入。史玉柱靠营销团队打天下，然而他的营销工资构成让人惊叹：第一线的销售人员做不好连300元的底薪也难保，做好了就可以拿到天价销售提成。在提成的刺激下，销售人员对工作有了内在动力，会想尽一切办法把工作做好。

史玉柱甚至别出心裁，制定出红黑锦旗制度，专门用以刺激团队竞争，激励员工的斗志：对于完成销售任务最好的前5位，史玉柱给予金光灿灿的奖杯以示表扬。而对于末尾的5个市场开拓团队，则交以黑色锦旗一面，上书烫金的“倒数第×名”字样。

召开公司内部大会时，史玉柱力求让每一个员工明白，评价做事的成果最终凭的是功劳而不是苦劳，公司只有一个考核标准，就是量化的结果。以结果论英雄，培养出《征途》营销团队超强的执行力，为《征途》快速进入二三线市场提供了强有力的保障。说到这一点，史玉柱很是自豪。

数万家网吧一夜之间可以贴满《征途》游戏的广告，这种可怕的营销能力，曾经一度让同业惊慌失措。如果别人是靠口碑和先行者的优势维持行业竞争力，史玉柱则是靠无孔不入，言出必行的营销能力，复制脑白金的辉煌。更有意思的是，此后全国大部分的网络游戏运营商居然都开始学习巨人的方式，用同样的工资标准来推销游戏。

第12章

巧开会：开会开不好，怎么做领导

开会是门技术活儿。

开场白出色很重要

明快生动的开场白给人的印象是深刻的，能起到先入为主、吸引听众的效果。精彩的开场白往往能像磁铁一样紧紧地吸引住听众，提高整个会议的调子和节拍，增强他们对会议的兴趣。正如俗话所说，良好的开端是成功的一半。

开场白最多不超过一分半钟，拖泥带水的开场白会削弱解决问题的紧迫感，使会议刚开始就面临失败。

开场白既要把开会目的讲明，又要把重点点出，使与会者有思想准备，为领会会议精神打下良好的基础。同时又不能三言两语，草草了事，意不明，言已尽，给人以茫然之感，使与会者不明白会议的议题，失去对会议的兴趣。好的开头可以一下子抓住与会者的心，给人以深刻的印象，吸引人们继续听下去。就像看一部引人入胜的电影，开始就兴味盎然，人们自然急于了解下面的情节。

开场白还要尽量避开那种陈旧死板、千篇一律的格式。要根据会议的实际或讲形势，或道特点，或提要求，或讲别处的此时此刻，总之要因境制宜、灵活构思、巧妙设计，让与会者在不知不觉中进入你精心设计的“圈套”。

主持人的任务是把问题清楚全面地向大家摊开。他还需讲清解决问题的迫切性，以促使大家立即行动。

开场白要陈述的内容，包括会议的背景、主题、目的、意义、议程和开法，其语言要简明扼要、条理清晰、语调和表情都要与会议气氛协调一致。

一般情况下，好的开场白主要有三条：一是直接点题，提纲挈领，要言简意赅地把会议的内容、主题讲清楚。二是借题发挥，调动全场的情绪，营造适宜会议开展的气氛，使与会者兴奋起来。三是运用富有启示性、诱导性的语言，引导全场迅速进入境界，让与会者集中精力。

控会力防止偏离主题

会议节奏的快慢能直接影响会议效果，是一个不可忽视的问题。节奏过慢，会延长会议时间，浪费人力物力；节奏过快，有可能造成认识肤浅，对问题议得不深，研究不透，决策草率，达不到会议的目的，严重的会造成重大失误。因此，领导者一定要注意控制好会议的节奏。启发引导大家，始终遵循会议既定的议题去进行充分讨论，才能达到预想的目的。

这就要求领导必须使与会者充分了解会议目的，一开始就要讲明会议都有哪些议题以及与会者需要承担什么任务，等等。你可以在会前拟定一个会议计划表，对会议议题的难易、议程的前后安排、可能出现的问题及对策要有充分估计。在表述会议目的时，要做到表述清楚，有条有理。把会议的目的、要求、内容等全部告诉与会者，并且要做到层次清晰、逻辑严密、表达准确、中心突出。绝不能逻辑混乱，主次不分，使与会者不知所云、无所适从。

会议进行中要时刻留心会议的进程，控制好节奏。发现节奏过慢，应采取措施调动与会人员的注意力，主动提问，多加启发引导，必要时也可提醒大家抓紧时间，围绕中心议题，发表不同意见，相同意见从简或不再重复。如果节奏过快，就要提醒大家沉住气，时间充足，认真思考。

会议的时间有其限度。一般会议的时间以2小时为限度，是从考虑人的生理以及心理的条件而来的。超过2小时以上拖拖拉拉、松松散散的会议，只会增加疲劳而不会产生好的智慧。为了保证在有限的时间获得满意的结果，作为主持的领导者有责任控制会议的节奏，有张有弛，既使与会者充分交流意见，又要避免发生互相扯皮的现象。

有些发言者话太多。他们喜欢自己说话，似乎要利用每次会议来垄断讨论。对于这种情况，主持人出于对发言者的尊重，一般不应当面直说，而应寻找机会做出巧妙的暗示。如果他发言了，给他适当的时间，然后说，“你提出的几点很好。现在让我们听听其他人的。”以此打断他。如果这一招不灵，就限定时间，比如，每人发言两分钟。若是任由这些口若悬河者不着边际、没完没了的鸿篇大论，结束讨论怕是要“等到花儿也谢了”。

与会者在针对某个问题展开讨论时，由于各自的学识、背景、素质、经验与价值观不同，看问题的角度不同，做出的判断、提出的解决方案也不尽相同，与会者往往会各持己见，据理力争。这是讨论深入的表现。但如果意见已趋向集中，这时主持人就应适时终止争辩。否则，针锋相对的双方互不相让，争得面红耳赤，既浪费了时间，又妨碍会议下面议程的进行。在一些情况下，会议或许会成为发泄私人恩怨的最好场合，有人会利用它来给部门、单位的工作制造麻烦。作为领导，很可能会成为恶语中伤的对象，遭到攻击，你可能会恼羞成怒，大发雷霆，站出来和对方理论，这实际上已经偏离了会议的主题，不知不觉中正中对方下怀。他的目的就是要让你狼狈不堪，在众人心目中留下一个坏印象。作为会议主持者，要保证会议完成既定目的，巧妙的语言技巧，可以使你从不利境地中从容地走出来，避免一场无谓的争吵。

有效地控制会议的进程，很重要的一点就是使各项活动尽可能地依照事先预定进程推进，不要轻易加以变更。在有限的时间内，围绕主题展开充分讨论，那种天马行空的“座谈”，只会使会议脱离轨道，进程缓慢，作为主持人，可以采用下面的方法来纠正离题的人。你可以说：“这是个颇有意思的意见。这对讨论我们的问题适用吗？”这样可能会使对方觉察到他们离题了，从而回到正轨上来。

小心四大症结降低会议效率

会议主持者尽管事先对会议进行了认真的准备，但在会议进行中往往还会出现一些意想不到的局面和情况。对这些情况，主持者要沉着冷静，靠自己的应变能力恰当地加以处理，避免降低会议效率。

1. 开局冷场

在讨论中遇到无人发言或无任何反应，陷入冷场时，主持人应分清原因，分别采取相应的对策措施。

一是与会者无思想准备，一时难以发言。特别是事先没有打招呼，临时召开的会议容易出现冷场，这时会议主持者可以鼓励大家先谈不成熟意见，在讨论中再补充完善，也可以让大家先做短暂的准备，然后发言。

二是与会者对所讨论的议题不理解、不明白而感到无从开口，会议主持者应详细、明确地交代议题，对与会者进行耐心启发。

三是会议议题直接涉及与会者多数人的利益，因有顾虑而造成的冷场，会议主持者应先启发与其利益关系不太大的，或者是大家公认比较正直、公道的人发言，然后再逐步深入。只要有人开了头，冷场就会变成热烈的场面。

四是会议议题有一定的难度和复杂性，一时不易提出明确意见而出现冷场，这时会议主持者可以由浅入深，启发大家开动脑筋，逐步接触问题的实质，也可以选择分析能力强、比较敏锐的同志率先发言，打开突破口再引导大家讨论发言。

2. 气氛沉闷

会议中经常会出现沉闷的现象，这很正常。但是作为主持人，如果让会议陷入沉默那就是失败的、不合格的主持人。当一部分人在会议上沉默时，主持者应当思索沉默的原因，有针对性地采取对策。会议中的沉默通常有以下几种情况：

（1）害羞、胆小的沉默。有些人胆小，当他们想在众人面前讲话时，舌头就发紧。不要问一些使人难于回答的直接问题使这种人感到难为情，相反，问一些你认为他们能够回答的问题，例如，有关他们的工作、家庭或他们如何处理某一特殊情况的问题。有机会就表扬他们，拍拍他们的肩膀，帮助他们克服发言时的不安心理。

有的人有较好的意见和看法，但因为某种顾虑而沉默不语。对于这种情况，主持人应想办法打消这些人的顾虑，支持他们发言。有的人怕讲不好，被人讥笑，既想讲又不敢讲，会议主持人要寻找机会鼓励他发言，表示出对他的发言很感兴趣，促使他大胆发言。

（2）清高的沉默。如果是与会人员清高闭守、不肯多言而保持沉默，这一类人往往是阅历较深、比较严谨、有自己的见解。他们一方面想表现自己，另一方面又摆出一副清高不凡的架子。对这类人，主持者应该多给他们一些鼓励和尊重，让他感觉到自己的意见很重要。

（3）无所谓的沉默。当会议议题与部分人关系不大时，有人会认为议题与己无关，抱无所谓的态度而不愿开动脑筋。会议主持者应采取恰当的方法把他们引导到会议议题上来，促使其思考问题。

（4）对立的沉默。这类人要么是对议题有不同意见不想说，要么是对主持人有意见不愿说，就会采取不予理睬的态度。主持人应从团结的愿望出发，不计个人恩怨，主动、热情地引导他们发言，以亲切的感情和语气使他们改变态度，并对他们的发言持重视态度，鼓励他们讲出自己的真实看法，对不正确的意见也不要介意。

当然，会议中还有一些出自其他原因的沉默现象。如有的人不吭声是表示同意，有的暂时不表态是想听别人意见后再说，有的人不表态是没有新的意见等，这些情况均属正常，不必在意。

3. 离题万里

开会时经常出现离题的现象，这种现象出现过多的时候，会议就会脱离轨道，进程很慢，作为主持人，你的职责是巧妙地把会议引上正轨。离题时不可强扭，也不能不扭。强扭会挫伤积极性，不扭就可能开成无效会议。你可以采用下面这几种方法：

一是接过讨论的某句话，顺势巧妙自然地引回到正题上来。你可以说："这是个颇有意思的意见。可这对讨论我们的问题适用吗？"这样可能会使别人察觉到他们离题了，使他们回到讨论的议题上。

二是联系议论的某一层意思，提出新的话题引入到正题中。

三是用一句风趣的话截住议论而引入正题。

对付离题现象的处理绝对不能简单粗暴，而应尽可能采用不影响情绪和气氛的方式，用礼貌的形式提醒发言者。或者，如果可能的话，逐步把较远的讨论与眼前的问题结合起来，可以把大家引回轨道上来。如果还不行，就总结一下到目前为止已经说过的内容。这就会调整其方向，把注意力集中到主要议题上来。

4. 窃窃私语

当一个人开始与周围的人交谈干扰了会议时，你该怎么办？最好的办法是尽可能不理睬他。总有些人不体谅他人的感受，你不得不容忍他们。

如果交谈达到必须加以制止时，你可以通过直接提问来试着打断交谈者。或者你也可以停止发言，等着他们安静下来。如果这也不管用，你可以对他们说，"如果你们有什么要说的，请大声说出来，好让每个人都能从你们的讨论中获益。"

还有，如果你想制止他们，就请他们总结一下最后几个建议，并估计其可行性。他们在脑子里对这些或许不大清楚，说出来，他们就会注意了。

以上就是领导者在会议上最应遵守的几条准则，这些准则适用于各种会议，也具有一定的概括性。所以领导者应该用心去记住，但是最为重要的是，领导要明白：开会的目的是什么。

主持好政策性会议

一般来说，政策性会议又被称为产生思想观念的会议，是指制定一个组织未来发展的方针、目标的会议。主持这种会议，领导者应注意做到：

领导者和与会者要建立平等的关系。这种会议上，一般与会者都是为了组织的前途来出谋划策，因此在地位上没有上、下级之间的关系，与会者是不分级别，一律平等的。只有这样才能使大家开阔思路，制定出一个令人满意的蓝图。领导者不应限制讨论的问题范围，要鼓励和引导与会者充分地表达他们的想法。

在对某个计划的可行性进行讨论时，论证范围一定要广，论证一定要充分，虽然这样有可能导致与会者之间产生分歧，但只要会议主持者能善于发现新问题、新观点，并促使与会者公开论战、论证，以充分认清各方的观点，这样才能做出合理的决定。但是要注意，这种争论是应该建立在不影响与会者之间感情基础上的，所以，领导者还要注意对讨论气氛的把握和控制。

会议的形式一定要开放。政策性会议，最主要的是集思广益，因此要鼓励所有人都发表自己的意见。领导者一定不要简单地做出肯定或否定的意见，从而封闭了与会者的思想，而应该尽量让大家发挥自己的创新能力。

应注意促进各方取长补短、团结协作。产生政策的会议，虽然不一定在会议上当场确定，但依然有明确的目标。领导者在会议开始时，应当强调会议要想达到目的要靠与会者的共同力量，让他们形成一个共同的愿望，这样可以避免一些不必要的相互争执。

会议即将结束时，主持会议的领导者还应系统归纳与会者的意见，强调会议的成功并对大家的努力予以肯定。这样可以增强与会者的归属感和自豪感，一旦以后决定实施这些意见时，会对具体的执行工作有很大的帮助。

主持好总结性工作会议

在会议即将结束时，领导要对会议召开的有关情况及所取得的成果做出全面、客观的总结，对不能确定的或未解决的问题做出解释说明。对会议总结得如何，是衡量领导水平高低的重要方面。有的领导能把会议的有关情况总结得很精练、很有高度，让人一听就明白。而有的领导则不善于总结，对会议的精华把握不准，要么一再重复别人的话语，要么说些不着边际的话，既没有深度，也没有高度。会议总结要体现简明扼要、全面准确、重点突出、实事求是的特点。好的总结可以帮助与会者加深对会议精神的理解和把握，有利于会议的贯彻落实。

1. 内容

会议总结虽然没有一个固定的模式，但其内容大体应包括以下几个方面：

（1）会议基本情况。这一部分主要是讲会议的进程和与会者的表现。会议进程主要是对会议进行的几个重要环节综述和分析，对每个环节实施情况做出评估；与会者会议期间的表现如何，要列举典型实例进行评述。要对会议进行了多长时间，进行了哪些议程，办了哪些事情，办得怎么样，与会者的参与程度等情况向与会者做出说明。

（2）会议的主要收获。这一部分是会议总结的重点。主要讲通过大家的共同努力，会议统一了哪些思想，提高了哪些认识，研究解决了哪些问题。要高屋建瓴地概括归纳出几条，让人听了觉得条理清晰，便于记忆。谈收获要紧扣会议主题，突出反映问题，切实符合会议的实际情况。每条收获都应有具体的事例加以说明，要注意引用与会者的发言，特别是一些好的意见、建议及具体的措施和打算，给人以具体生动的感觉。

（3）今后工作意见。这一部分主要是根据会议总的精神，结合工作实际，提出实施会议主题的意见。对会议的传达学习、贯彻落实提出具体要求，对会议确定的目标、任务、政策措施进行分解，落实到有关责任单位和责任人。

2. 方法

会议总结要得法，一般可采用如下方法：

（1）直叙法。即简要概括地回顾叙述会议办了哪些事，达成了哪些共识，解决了什么问题，加深与会者的印象。比如，“这次会议我们传达学习了哪些文件，研究讨论了哪些决定，某某领导做了重要讲话，对下一步的工作做出了具体安排和部署：一是……二是……三是……这些意见完全符合我们的实际，对于促进工作具有重要意义，希望大家认真抓好落实，切实抓出成效。对贯彻好这次会议精神，我再提几点意见：一……二……三……”。

（2）归纳法。即在简要回顾会议的基础上，对整个会议进行高度归纳、概括。比如，“我们这次会议开得很成功，概括起来有几个特点：一……二……三……我们这次会议形成了几个方面的共识：……初步解决了几个方面的问题：……现在，对解决这几个方面的问题，大家都形成了一致意见，拿出了具体的对策措施，下一步关键是抓好落实”。

（3）鼓动法。对会议不作全面总结的情况下，用鼓舞人心的话作总结，对大家提出希望和要求，号召大家为实现某个目标或完成某项任务而努力工作。

对会议的总结是详细还是简要，这要根据会议的要求、会议气氛、与会人员、时间安排等情况而定。可以根据上述介绍的一般结构和方法进行调整、完善。

善于召开头脑风暴会议

在群体讨论中，由于群体成员心理相互作用影响，易屈于权威或大多数人意见，形成所谓的“群体思维”，“群体思维”削弱了群体的批判精神和创造力，损害了讨论的质量和决策的效果。头脑风暴法是克服群体思维局限性的一个著名方法。

头脑风暴法有可分直接头脑风暴法和质疑头脑风暴法。前者是在专家群体决策尽可能激发创造性，产生尽可能多的设想的方法；后者则是对前者提出的设想、方案逐一质疑，分析其现实可行性的方法。

采用头脑风暴法组织群体决策时，要集中有关专家召开专题会议，主持者以明确的方式向所有参会者阐明问题，说明会议的规则，尽力创造融洽轻松的气氛，主持者一般不发表意见，以免影响会议的自由气氛，由专家们自由提出尽可能多的方案。

头脑风暴法应遵守如下原则：

（1）无错判决原则。对各种意见，方案的评价必须放到最后阶段，此前不能对别人的意见提出批评和评价。认真对待任何一种设想，而不管其是否适当和可行。

（2）欢迎各抒己见、自由鸣放原则。创造一种自由的气氛，激发参加者提出各种荒诞的想法。

（3）追求数量原则。意见越多，产生好意见的可能性越大。

（4）探索取长补短和改进方法原则。除提出自己的意见外，鼓励参加者对他人已经提出的设想进行补充、改进和综合。

为便于提供一个良好的创造性思维环境，应该确定专家会议的最佳人数和会议进行的时间。经验证明，专家小组规模以10~15人为宜，会议时间一般以20~60分钟效果最佳。

专家的人选应严格限制，便于参加者把注意力集中于所涉及的问题；具体应按照下述三个原则选取：

（1）如果参加者相互认识，要从同一职位（职称或级别）的人员中选取，领导人员不应参加，否则可能对参加者造成某种压力。

（2）如果参加者互不认识，可从不同职位（职称或级别）的人员中选取。这时不应宣布参加人员职称，不论成员的职称或级别的高低，都应同等对待。

（3）参加者的专业应力求与所论及的决策问题相一致，这并不是专家组成员的心要条件，但是，专家中最好包括一些学识渊博、对所论及问题有较深理解的其他领域的专家。

头脑风暴法的主持工作，最好由对决策问题的背景比较了解并熟悉头脑风暴法的处理程序和处理方法的人担任。

头脑风暴法专家小组应由下列人员组成：

方法论学者：专家会议的主持者。

设想产生者：专业领域的专家。

分析者：专业领域的高级专家。

演绎者：具有较高逻辑思维能力的专家。

头脑风暴法的所有参加者，都应具备较高的联想思维能力。在进行“头脑风暴”时，应尽可能提供一个有助于把注意力高度集中于讨论问题的环境。有时候某个人提出的设想，可能正是其他准备发言的人已经思考过的设想。其中一些最有价值的设想，往往是在已提出设想的基础之上，经过思维共振的“头脑风暴”，迅速发展起来的设想。以及对两个或多个设想的综合设想。因此，头脑风暴法产生的结果，应当认为是专家成员集体创造的成果，是专家组这个宏观智能结构互相感染的总体效应。

头脑风暴主持者的发言应能激起参加者的思维“灵感”，促使参加者感到急需回答会议提出的问题。通常在“头脑风暴”开始时，主持者需要采取询问的做法，因为主持者很少有可能在会议开始5~10分钟内创造一个自由交换意见的气氛，并激起参加者踊跃发言。

主持者的主动活动也只局限于会议开始之时，一旦参加者被鼓励起来以后，新的设想就会源源不断地涌现出来。这时，主持者只需根据“头脑风暴”的原则进行适当引导即可。应当指出，发言量越大，意见越多种多样，所论问题越广越深，出现有价值设想的概率就越大。会议提出的设想应由专人简要记载下来或录在磁带上，以便由分析组对会议产生的设想进行系统化处理，供下一阶段使用。系统化处理程序如下：

（1）对所有提出的设想编制名称一览表。

（2）有所有参会者都理解的术语说明每个设想的要点。

（3）找出重复的和互为补充的设想，并在此基础上形成综合设想。

在决策过程中，对上述直接头脑风暴法提出的系统化的方案和设想，还经常采用“质疑头脑风暴法”进行质疑和完善。这是头脑风暴法中对设想或方案的现实可行性进行估价的一个专门程序。“质疑头脑风暴法”包括四个阶段：

第一阶段：要求参加者对提出的每一个设想都要质疑，并进行全面评论。评论的重点是研究有碍设想实现的所有限制性因素。在质疑过程中，可能产生一些可行的新设想。这些新设想包括对已提出的设想无法实现的原因的论证、存在的限制因素、排除限制因素的建议等。其结构通常是：“××设想是不可行的。因为……如要使其可行，必须……”

第二阶段：是对每一组或每一个设想，编制一个评论一览表，以及可行设想一览表。“质疑头脑风暴法”应遵守的原则与直接头脑风暴法一样，只是禁止对已有的设想提出肯定意见，而鼓励提出批评和新的可行设想。在进行质疑头脑风暴法时，主持者应首先简明介绍所计问题的内容，扼要介绍各种系统化的设想和方案，以便把参加者的注意力集中于所论问题进行全面评价上。质疑过程一直进行到没有问题可以质疑为止。质疑中抽出的所有评价意见和可行设想，应专门记录或录在磁带上。

第三个阶段：是对质疑过程中抽出的评价意见进行估价，以便形成一个对解决所讨论问题实际可行的最终设想一览表。对于评价意见的估价，与对所讨论设想质疑一样重要。因为在质疑阶段，重点是研究有碍设想实施的所有限制因素，而这些限制因素即使在设想产生阶段也是放在重要地位予以考虑的。

第四阶段：由分析组负责处理和分析质疑结果。分析组要吸取一些有能力对设想实施做出较准确判断的专家参加。如果需在很短时间就重大问题做出决策时，吸取这些专家参加尤为重要。

实践经验表明，头脑风暴法可以排除折中方案，对所讨论问题通过客观、连续的分析，找到一组切实可行的方案，因而头脑风暴法在军事决策和民用决策中得出了较广泛的应用。例如，在美国国防部制定长远科技规划时，曾邀请50名专家采取头脑风暴法开了2周会议。参加者的任务是对事先提出的长远规划提出异议。通过讨论，得到一个使原规划文件变为协调一致的报告，在原规划文件中，只有25%~30%的意见得到保留，由此可以看出头脑风暴法的价值。

当然，头脑风暴法实施的成本（如时间、费用等）是很高的。另外，头脑风暴法要求参与者有很好的素质。这些因素是否得到满足，会影响头脑风暴法实施的效果。

一个问题解决型会议的实例

在帝国保险公司内，有一个工作小组正围绕汽车保险业务的索赔流程改造问题展开激烈的讨论。

一个小组成员说："我认为应该把那些有人受伤的索赔案同那些没人受伤的案子分开。"他提议说，"我们理赔最多的，就是那些有人受伤的案子。"

他邻座的小组成员这样说道："那么，何不依照理赔额的高低来分类?"他指出，"除了小案子、大案子外，有时，也可能有些人员受轻伤或没受伤但却导致大笔财物损失的案子。"

"好，"小组长说，"我们可以依理赔额的高低，来决定案子的大小。不过，究竟什么叫小案子?就这么说吧，没人受伤或仅受轻伤，而且财物损失不严重的，就叫小案子。至于其他的，全都算是大案子。如果我们做了这种分类，下一步要怎样?我们该如何以不同的方式来分别处理这两类案子呢?"

"嗯……"有个对面的女成员说话了，"目前，把间接成本和其他零杂的花费都计算在内，处理一个小索赔案，其每小时的费用和处理一个大案子的费用几乎不相上下。因此我认为，我们应尽快处理完那些小案子——把那么多的时间花在它们上面，实在不值得。"

“要是我们根本不处理这些小案子呢?”坐在桌旁的一个男成员问道，“如果小于某个金额的索赔，我们全都如数照付，会怎样?”

“我不知道，”小组长问大家，“假使我们真这么做，会怎样?”

“我们总得做点事，”对桌的女士这么说。

“让经纪人去办，”那桌角的男士接口说，“要是索赔小于某个金额，那就让经纪人去处理。经纪人可以理赔。这样一来，事情很快便能摆平，同时，经纪人与顾客间的关系也会更加巩固，至于我们，根本就不必在那上面花时间了。”

正当小组长将大家的建议概要地写在黑板上时，坐在窗户边上的一男士突然高声说：“让修车厂去处理!”

听到他的话，每个人都将眼光集中在他身上。有没有搞错?按照传统，修车厂和保险公司几乎是“势不两立”。

小组长愣了几秒，终于吐出一句话：“让修车厂去处理?真有趣!”

“不错，”那人接着说，“反正修理费是他们开出的。或许我们可以化敌为友，省得顾客动脑筋设法来榨钱。”

这点子疯狂吗?在座的各位心里盘算着：就目前的情形来看，每当投保人的汽车毁损时，帝国保险公司便会指派鉴定员去验车并结算修车费。而且，顾客也自有一套他的估价。因此，保险公司与顾客间总是为了修理费而争执不休。最后，是谁高兴呢？通常，双方都不高兴。

有个来自推销部的成员说，他认为这个主意并不疯狂。“现在我们给顾客的是什么?”他自问自答道：“是一张支票。不过，顾客真正要的是什么?一辆修好的车。我们不妨把这些索赔作这样的分级：如果投保人并未受伤或仅受轻伤，那么，我们便可以告诉顾客，只要把车送到这个修车厂去，他们就会帮你处理。或者更好一些，你甚至可以告诉顾客，这儿有张特约修车厂的名单，选一家对你最方便的，他们会替你处理妥当的。”

当然，有人也问道：“若有欺诈——如修车厂造假账，或者顾客捏造意外以求索赔——情形会怎么样?”紧接着，一连串的讨论便随之展开。而整个计划的框架也基本上成形：首先，公司可以委托那些珍惜固定生意，并想维持这些生意的修车厂，让它们负责估价和修理。其次，这些与帝国保险公司合作的修车厂，要定期接受报价及修车质量的检验。至于对那些不诚实的顾客，公司将审核其索赔及额度是否合理。

“很好”，小组长试着总结道，“这儿有个计划，我们认为或许可行。我们拟定了分级制。假设我们接到一个索赔案，投保人未受伤，车子也仅有一点毁损，而且这位顾客已经多年没索赔，那么，我们便可以假定这案子不是捏造的。因为其间并未涉及太大的理赔额，同时我们将进行统计查账，所以，也相当确定修车厂不会坑我们。这样，我们就可以给顾客一张特约修车厂的名单，他们若有索赔的车子送修，我们就付账。而这一切，不但能直接省下一大笔行政管理开销，并且也缩减了顾客索赔得到处理的时间。”

小组长在黑板上又写了一会儿，然后问大家：“在加速处理赔上，目前是否还有待改进的地方?”

大家都承认，在传统的保险索赔处理中，时间被看作是越长对公司越有利。大多数保险公司在处理索赔时，往往以为理赔得越慢越好，因为这样他们便可以充分调度资金做其他投资以获得更多的利润。

针对这一点，小组长问：“我们为何要加速理赔？”问毕，他环视在座的成员，于是，有个坐在侧角始终未发一言的人开口了。

“我来告诉你为的是什么，”他说，“因为这么做可以让顾客离律师远些。就整个汽车保险业来说，统计数字显示，只要有律师插手，其理赔的金额一定比没有律师插手的多出好几倍。”

“顾客什么时候最可能去找律师呢?”那人有点夸张地说，“就是一开始的时候。你碰上车祸，打电话给保险经纪人。你当时又紧张、又气愤，一肚子不高兴。没错，经纪人是记下了一堆资料，但是又怎么样!还不是一点眉目也没有。而我们呢，则用1周左右的时间展开复杂的公文旅行。至于索赔者呢?根本就无法得到音讯。这也难怪他们会找上律师!”

“在开头的那些天里，究竟发生了什么事!”小组长提醒其他成员，“那些报告，或许给搁在篮子里了。我们总得找对索赔代表，不过，他们可能度假去了，要不然就是在忙别的案子。虽然事情正在处理之中，但顾客却注意不到。结果，我们吃力不讨好，换来的却是额外的索赔费。好了，我们若想加速这流程，该做些什么呢?”

于是有人提议，公司该设一条免费服务热线，并广为宣传，鼓励顾客有问题就打电话来。另外有人建议，公司应该设个意外调查小组，24小时轮班待命。还有人说，公司该试着与警方的通讯系统连线，随时掌握车祸报告。

“很好，很好，”小组长边忙着将这些意见一一记在黑板上，边说，“这主要的思想就是，要尽快得知车祸的发生，并将索赔案分类处理。简单的案子可让保险经纪人去理赔，或者让顾客将车子送到修车厂去。对那些我们无法迅速脱手的案子呢，我们该怎么办?谁有什么主意?”

经过一阵沉默之后，有个年轻人说：“我对保险知道得不多，但就我所知，我认为有个惯例似乎要打破。这就是，除非公司确定了是谁的过错，否则是不会为索赔者做什么的。而从顾客的角度来看，我认为这规则应该是——先处理索赔，再决定是谁的错。”

“说得好，”小组长鼓励地说，“要是我们干脆省掉这条规则如何?我是说，或许我们根本就不需要一个孰先孰后的规则。事实上，我们可以同时进行两件事——一边处理一边索赔。”

“等等，等等！”另一名小组成员喊了出来。他对公司可能做“冤大头”颇不以为然。接着，大家便展开了又一场冗长的讨论，最后普遍认为，公司或许会白付一些钱，但在大多数的情况下，这却可以从其他保险公司夺得顾客而补回来。此外，假使加速理赔能减少诉讼案件，那么整个算算也还是划得来。

小组长继续问道：“这当中，从索赔者的角度来看，还有什么问题?”

有人回答：“没发生接触。”

“什么意思?”

“我们可能正在忙着处理案件，可是索赔者还是会认为，我们什么也没做。”

“假设你是索赔者，”小组长试图提高大家的兴趣，“你躺在医院里，伤口疼得要命，心里还挂念着不知车子撞成什么样子了。这时，你有什么感觉?坏透了?而我们该做些什么呢?”有位成员半开玩笑地说：“派个人来握你的手。”

“对了，”另一名成员说，“我们的目标必须改变。目标不该仅仅是签张支票，同时还是让顾客高兴。”

于是，小组长问道：“我们要怎么做到这一点?”

刚才发言的那位答道：“解决他们的问题。”

“怎么解决?”

有小组成员指出，目前帝国保险公司所做的，是在顾客修车期间为他们付租车费。他提议说：“如果顾客来电话说他的车子毁了时，我们便说：‘哎呀，那太可怕了。1个钟头内，我们会开辆代用车到您家里。’顾客对此自然受宠若惊。由于我们交给他的或许是辆中型车，而不是他可能去租的林肯轿车，因此，我们每天并不需要付出30美元，相反只要花10美元就够了。顾客得到了关怀，我们则省了钱。”

接着有人说，还有件事是他们不曾注意到的。那就是，在一场车祸中，另一方——可能是受害者抑或肇事者——所投保的是另一家保险公司。在这次意外中，她的车不仅全毁，更惨的是，她头部和背部都受了较严重的伤害，正躺在医院里。这位小组成员分析说：“在这个关头，我们尚不知道她是不是我们的顾客。这时，公司该做什么吗?”

“去做她的朋友，”另一位成员接口说，“躺在医院里的病人，这时最需要的是，我们帝国保险公司派员探访。表面上看，我们传达给她的是关怀与同情。其实，潜藏的信息则是——别告我们，如果她是我们公司的投保人。即使目前不是，或许正因为我们这次伸出温暖的手，她会从此成为我们新的顾客。这样一来，既避免了诉讼的发生，又增扩了销售良机。”

小组讨论继续下去。在七嘴八舌的议论之中，有人提出对大的案子要创设一个叫专案经理人的职务，由他全面负责与这个案子有关的一切事宜……

（本案例系根据迈克尔·哈默和詹姆斯·钱派著：《再造公司：企业革命的宣言》一书有关材料改编而成。）

会议管理的37条经验

什么东西放什么地儿，什么时间干什么事儿。——说给那些整天瞎忙的人

（1）熟悉正式会议的各种程序规则。

（2）开会前先通知与会者，要他们注意会议讨论的重点。

（3）组织视频会议和打出会议电话时要考虑世界各地的时差。

（4）电话会议上发言时要重复你自己的姓名。

（5）仔细考虑你要召开会议的类型。

（6）凡辅助文件均应与议程一并发出。

（7）会前先拉几个盟友。

（8）开会前必须确信一定能达到会议目的。

（9）只要有人偏离会议方向，立即提醒他们注意议程。

（10）决定开会时间前要先考虑交通时间。

（11）如果人们不能出席则应该重新安排会议。

（12）在议程各个项目旁列出发言人姓名。

（13）任何议程变动都必须通知主持人。

（14）尽量将议程限制于一页纸上。

（15）要考虑须长途跋涉赶来开会的人所花的时间。

（16）要确保残疾与会者的便利设施。

（17）必须将电话转移出会场。

（18）将有可能出问题的会议安排在中间开。

（19）要求你的后勤人员核实会场当地公共交通的线路站点.运行时刻表和季节变化。

（20）要求与会者关闭手机。

（21）开会前要检查所有的视听辅助是否完好。

（22）要确保特殊饮食在需要时能有供应。

（23）会前不要喝太多酒，酒很难提高工作效率。

（24）会前拟出自己的发言稿。

（25）为自己排练录像，以检查说话是否清楚。

（26）开始发言前先做深呼吸。

（27）会场吵闹时要站起身显示主席的权威。

（28）向与会者提供收发信件服务。

（29）根据会上所做笔记，会后立即写出会议记录。

（30）确保各项决议记录在案。

（31）将会议安排在午餐之前，这样较容易按时结束。

（32）让迟到者知道他们的行为对会议不利。

（33）趁全体与会者在场时安排好下次会议。

（34）为正式会议录音，以确保会议记录的准确性。

（35）要掌握适用于会议的正式的纪律性程序规则。

（36）用片刻沉默将会议从争吵中带回到正轨上来。

（37）预先与保安人员商讨处理捣乱分子的程序规则。

附：该说的都说了，可还没有每个人都说一遍
——麦肯锡欧洲创始人谈开会

赫伯特·亨茨勒是麦肯锡德国及欧洲区总裁兼创始人。他开辟了德国乃至整个欧洲咨询界的先河。亨茨勒在麦肯锡30多年的职业生涯中，建立了自己独特的思维方法和工作方法，为德国企业全球化战略、重组及治理等方面提供了成功秘诀。

亨茨勒在他新修订的著作《麦肯锡思维》一书中，谈到他对企业开会的看法。此处摘录如下：

企业开会或搞活动时往往说得太多。长篇累牍的报告往往没有任何意义，顶多让人听得无聊，并把时间白白浪费掉。开会时装腔作势，缺乏自律，这使企业的效率大打折扣。

一位经理很晚才回到家，解释说："我们总裁讲的时间太长了。"太太问："他讲什么了？"丈夫的回答是："这个他没跟我们说。"可惜，这个笑话并不可笑，这种人确实有：他们能一口气讲上几个钟头，却连一个主题都没有，当听众的可以清清楚楚地感觉到时间正像沙子一般从指缝里漏下去。

让人没完没了地高谈阔论的机会如今是越来越多了：很多企业里总是在开会，碰头，交流思想，头脑风暴，还有其他名目，不一而足。其中很大一部分其实都是浪费时间和金钱。尽管如此，会议记录还是得做到尽善尽美，虽然谁也不会去读。

以我的观察，与会者一旦超过五个人，发言的数量与发言内容的价值之间就会呈现出反比例，这简直成了个自然法则。每个人都要发言，否则怎么能证明自己确实有资格参加这个会呢？等一切都已经说得够够的了，会议眼看就可以结束了，保证还会有一位急着发言："我能再说两句吗？"或者："我还想再补充一个想法。"或者："我只需要一分钟！"

大家都知道接下来会发生什么：补充的话不是两句，而是二十句；不是一个新的想法得到补充，而是一个老想法又重新说了一遍；延长的时间也不是一分钟，而是八到十分钟。讽刺喜剧演员卡尔·瓦伦丁（Karl Valentin）有句经典的话："该说的都说了，可还没有每个人都说一遍。"用这话概括描述企业里开会的状况，十有八九是贴切的。

在企业职工大会和管理人员会议上，我们会观察到，讲话的主要是那些不管到哪儿永远都有话要说的人，就好像他们在家里从来没有发言权，只好在外面滔滔不

绝。这样一来，开会耗掉的时间很容易就达到需要的时间两倍那么长。在一些级别很高的专题研讨会上，我们会经常看到，每个报告刚一结束，马上就会产生一份长长的发言者名单，而且已经有几位心急火燎地在那里打响指，唯恐不能马上就轮到他们发言。讲话不仅可以使人们凝聚到一起，像奥地利人说的那样：把讲话当作一种自我表现的形式也是相当普遍的。

过去，大企业董事会开会需要半天时间，现在开一整天都不够把所有议题说完的，而且很少是因为议题本身的丰富和重要性。

若是开那种“开放式”的会，那耗费的时间会尤其长。工作餐是有的，吃完了，会接着开，直到最后与会者一个个都累得不行了，善解人意的会议主持人才宣布散会。

所谓的“头脑风暴”会议可能开起来更饶有趣味，但却少有意义。这种会议的特点，不仅要求与会者努力开动他们的脑筋，另一方面也或多或少令他们置常识于不顾。因为“头脑风暴”要的就是，脑子里冒出一个想法，就得马上释放出来，这才显得特别有创造性。于是，释放出来的往往是最荒谬的想法，最莫名其妙的主意，最乏味的废话。我的瑞士朋友汉斯·维特默（Hans Widmer）形容“头脑风暴”会议是在连续打印纸上做除法，除数为零——真是形容到点子上了。

所谓的工作交流会能给各式各样的演讲家提供了极好的发挥空间，尤其是如果以那种讲普遍原则的报告开场的话。交流的题目越是广泛，交流内容涉及的具体实践经验及认识也就越少，但大家却会讨论得更加热火朝天，最后互相拍着肩膀说：“咱们能又一次讨论这个问题，多好啊！”

新近多起来的一个消磨时间的好方式是电话会议。谁有兴趣有心情，就登录上去（参加中），没兴趣了就退出（离开会议）。你经常可以听到纸张的窸窸窣窣和低声耳语，显然与会者还在同时处理别的事情。谁要是想在这种开放式的电话会议中看到做什么实事，那他真是个乐观主义者。

对德国会议事业进行的这些观察得出的结论是：必须对开会的目的有一个明确的描述，才能召开会议。等会议真的召开了，最关键的就是主持会议者的手段。他应该只批准就事论事的发言，并且要提醒大家：不需要使用无数的示意图，不需要没完没了地做分析，也能让人信服未来一项工作的重要性，也能带动卓有成效的讨论。因为过多的数据和分析也会让日程进行不下去，照美国人的说法就是“paralysis by analysis”（分析导致瘫痪）。

正如某种材料投入使用之前要进行数值分析一样，对会议也应该做价值分析，应该严肃追问会议的用途何在。如果能做到，其实就有赢头了：开会占用了巨大的时间和精力资源，以我的估计在企业中要占到百分之三十到四十，在公共机构中甚至要占到百分之五十。

（摘自民主与建设出版社2015年3月版《麦肯锡思维》第16章，赫伯特·亨茨勒著，郭颖杰译）

第13章

肯放权：有一种管理叫放手

有所为，有所不为。

事不必躬亲，权不必抱死

管理工作千头万绪，极为繁杂，如果管理者事无巨细都事必躬亲，即使有三头六臂，也会应接不暇，难免事与愿违。所以，管理者必须学会正确授权。

授权与分权是管理者的一项重要工作。只可惜，许多管理者并没有悟出授权的真义。他们总是放心不下，凡事都想亲自去做，认为只有自己做才放心；或者别人做时他在旁边指指点点，以示自己在履行管理者的职责。

管理者不是超人，精力都是有限的。一个人只有一双手，每天只有24小时，公司里的事情又是千头万绪，如果试图自己去做所有的事情，即使把自己累死也做不完。管理者不是超人，也有自己不擅长的领域，不熟悉的方面。正因为如此，所以要授权，并且授权的时候要能够人尽其才，大胆启用精通某一行业或岗位的人，并授予其充分的权力，使其具有独立做主的自由，能自己做出决定，能够激发他们工作的使命感。那么，每一级的管理者必定可以圆满地完成各自的任务，从而达到公司发展的目标。

梁林刚到一家酒店担任公关销售部经理，以前他就在这一行干了多年，从销售代表一步一步做上来的，建立了很好的客户关系网，因此，客户找他的也特别多。前几天有三个重要会议来洽谈，因为会议较重要，又是老客户，梁林就一个人全部谈了下来，并亲自做了三个会议的接待计划。他认为会议接待通知发下去后各个部门只要按照计划执行就是了，不曾料到其中一个会议在接待过程中出了些纰漏，造成客户投诉，结果老总把他叫去训了一通，说他并不适合做一个经理。

管理者，凡事必躬亲是不可取的。事必躬亲在一定意义上就是剥夺下属工作的权利，也相当于剥夺他们的成长权、成就权。况且，在一个团队中管理者随意介入下属分管的事务，一方面容易招致下属的反感，另一方面管理者过多地插手一线工作，会养成下属的依赖心理，甚至导致下属的懒惰，最终形成一种下属大事小情都汇报请示，管理者陷入琐碎事务的泥潭而不能自拔的局面。

其实，作为一个部门的管理者，更应该清楚自己的角色，作为管理者应该做好的是全面把握部门的管理，包括市场规划，对下属人员的培训，客户管理，做好与其他部门的沟通协调等事宜，而非事事亲力亲为。以前我们常称道“鞠躬尽瘁，死而后已”的敬业精神，很多企业的管理者就是这样，“天天两眼一睁，忙到熄灯”。但是，要知道作为现代管理者更应把握的是全局，而非眉毛胡子一把抓，你必须学会如何将手中的权力尽可能地下放，这样才能更好地提高管理的绩效。

因此，企业的管理者掌握有效授权的技巧就非常重要，那么，有效授权的技巧都有哪些呢？

第一，必须克服害怕授权心理。管理者往往害怕下属能力比自己强，将来会夺自己的权，因而处处压抑下属的首创精神，导致形成“武大郎开店——不容大个儿”的格局，这也是西方著名行政管理定律——“帕金森定律”之一。所以，管理者首先必须克服害怕授权的心理。

第二，正确认识下属。正确授权很关键的一步是对下属的正确认识，管理者在授权之前必须对下属进行仔细的观察，通过西方人力资源管理中的“360度”考核方法，认识被授权者的能力，工作成熟度，所处于的成长阶段等。

第三，明确权责，使权责一致。授权的前提是明确职责，这也是搞好授权反馈与控制的前提。若是职责不清，就会不断发生摩擦，相互“扯皮”或“掣肘”，这是授权的大忌。明确权责既可以调动被授权者的工作积极性和创造性，又利于授权者对工作进行评价。另外，授权还须保证被授权者的权力与责任相一致，即有多大的权力就应担负多大的责任，做到权责统一。

第四，讲究方法。管理者在授权时必须因时、因事、因人、因地、因境、因条件不同，而确定授权的方法，权限大小、内容等。

第五，反馈与控制。为保证下属能及时完成任务，了解下属工作进展情况，管理者必须对被授权者的工作不断进行检查，掌握工作进展信息，或要求被授权者及时反馈工作进展情况，对偏离目标的行为要及时进行引导和纠正。同时，管理者必须及时进行调控，当被授权者由于主观不努力，没有很好地完成工作任务，必须给予纠正，并承担相应的责任；对不能胜任工作的下属要及时更换；对滥用职权，严重违法乱纪者，要及时收回权力，并予以严厉惩处，对由客观原因造成工作无法按时进展，必须进行适当协助。

是否懂得授权之道，是优秀干部与平庸干部的差别。现在已非单打独斗的年代，作为干部更应懂得如何有效授权，只有通过授权发挥团体的力量，群策群力，才能更好地实现企业的快速成长。

大权独揽，小权分散

大权独揽，小权分散。如何分配好手中的权力，是古往今来任何管理者都无法回避的问题。作为主管，正确认识权利，合理恰当地利用权力就至关重要了。管理者分配权力过程中的首要问题，并不在于究竟是多分一点好，还是多留一点好，而是要首先搞清楚具体应该分什么权力，留什么权力。

一个人遇到的事有大，有小，管理者要全力以赴抓大事。大事就是全面性、根本性的问题。对于大事，管理者要抓准抓好，一抓到底，绝不半途而废。一般说来，大事只占百分之二十，你以百分之一百的精力，处理好百分之二十的事情，当然会轻松自如了，只要是做管理者，无论是刚刚上任，还是已经做了很长时间，一定会面对许多事情要处理，但千万不要认为，把自己搞得狼狈不堪是最佳的选择。从原则上讲，大权独揽，小权分散，抓大放小无疑是很好的策略。

从权力的性质来看，通常情况下，一个组织的权力有三个层次：决策权、运行权、执行权。所谓大权实际上主要是指决策权，还有就是运行中关键问题的把关性权力，具有“不可替代性”。

对于事关企业、部门生死的权力，领导人、主管必须牢牢地抓在手里。“大权集中”有利于集中力量办大事，同时保证决策的连续性和稳定性。我们知道，无论是政府还是企业，无论是民主式决策还是集中式决策，最终都得要有一个拍板的人，这就注定这个人应该掌握比较大的权力。对于一个组织的发展而言，最重要的是决策。

就像中国共产党每一代领导人都要有一个领导核心一样，一个企业也要有一个自己的领导核心、决策核心，这在中国的企业中特别是正在成长的企业中表现特别突出，掌握大权的管理者几乎成为企业的代名词和名片。

联想的第一代领导人柳传志，虽然已经退居二线，但影响力依然在；

万科的第一代创业者和领导者王石，虽然已经交班给郁亮，但依然是万科的精神领袖；

海尔集团老总张瑞敏、华为集团老总任正非……这些依然在一线的企业创业者对企业的影响力更不用说。

集权而不专权，放权而不放任；一手软，一手硬，一手放权，一手监督；大权独揽，小权分散，以权统人，调动部属，这就是中国领导者的授权之术。

那么，对于一个正在发挥重要作用的管理者或者主管来说，哪些大权是他必须抓的呢?

一是财权，古时候的人掌权时，一抓军权，二抓财权，可见财权之重要。钱是企业的命脉，把财权交出去，不是开玩笑吗?

二是人事任免权，这主要涉及非常重要的人事调动和安排。

三是知情权，即使某些时候不参与决策，对所有重大决策也应该有知情权。

四是最终决策权，亦即对一般及重要决策进行最后拍板的权力。

“权”字好说，不好用，怎样用得游刃有余，得心应手，才是领导所关心的。权乃身外之物，用则有，不用则无，轻轻松松来掌权，又何乐而不为呢？作为领导，并不意味着他什么都得管。应该大权独揽，小权分散。做到权限与权能相适应，权力与责任密切结合，奖惩要兑现。

中国的企业领导者明白，能否驾驭下属，最关键的一环就是有没有权力。有权力，就能驾驭人，无权力就不能驾驭人。中国的管理者为了达到上令下达的目的，通常都把权利集中在自己的手中。身为领导者，就必须要大权独揽，才能有效地驾驭下属，如此，方能上令下达，保证命令和措施得以快速地贯彻实行。

与大权独揽相对应，中国的管理者也喜欢把小权分散给部下，如曾仕强教授所言：“中国的管理者是善于用巧劲儿，拿出一部分权力分给属下，他们做的只是以权统人。领导应该是帅才，总揽全局；其他管理者则是将才，他们应当各司其职，管好‘线’上的工作；而员工则是士兵，应当做好自己的本职工作，做好‘点’上的事情。”

身为主管，首先要明白大权须独揽、小权要分散这个道理。大权独揽，也可称之为集权，是指部门中的一切事务的决策权都集中在自己手中，部下的一切行为措施必须按照主管指令、决定去办。小权分散，也就是分权，是指部下在其管理的范围内的一切措施均有自主决定权，不必请命于主管，而主管对其下属权限内的事项也不随便加以干涉。处理好大权与小权的关系，要做到大权揽得住，小权散得开，不能大小权力一把抓，大权管不住，小权乱插手。领导者只有做到大权独揽，小权分散，才能利用有限的精力实现有效管理。

无为而治的境界

“无为”作为一种政治原则，在春秋末期已经出现。“无为而治”要求统治者无所作为，效法自然，让百姓自由发展。“无为而治”的理论根据是“道”，现实依据是变“乱”为“治”；“无为而治”的主要内容是“为无为”和“无为而无不为”，具体措施是“劝统治者少干涉”和“使民众无知无欲”。

“无为而治”不但是一种政治原则，也是一种管理境界，而且是一种最高的境界。在中国的企业界中，在这方面做得比较好的要数潘石屹了。

潘石屹曾这样说道：“汉文帝和他的儿子景帝推行‘无为而治’，出现了中国历史上前所未有的繁荣和富强。被后人称为‘文景之治’。”

潘石屹的一个管理创举，就是把“无为而治”的精髓引入了自己的企业管理中。“能够发挥每个人的创造力。不管在任何时候，每个人的积极性都能被调动起来，这就是一个好的企业。”2003年时，他们的销售人员大概是100人，当年的销售收入大概有33亿元，100个人创造了33亿元的销售额，这是全中国的销售冠军。全中国没有其他任何一个项目一年的销售额能够超过33亿元。

熟悉潘石屹的人都知道他非常随和，也非常客气。在向陌生人介绍他的员工的时候，从来不说“这是我的员工某某某”，而是说“这是我的同事某某某”，一词之差，反映出来的却是一个人的修养和胸怀。

在日常工作中，潘石屹对下属很少急赤白脸，即使确实因为什么事情着急了，过后他总要在合适的时候向对方说明一下。他这样做，一个最直接的结果，就是放下了架子，缩短了与员工的距离，增加了与员工的平等交流机会。他的平易近人使员工不需要花费时间去考虑如何提高“与领导沟通的能力”，从而消除了不必要的人为障碍，增强了工作效率。

在内部管理方面，潘石屹的公司没有什么成套的管理制度。这是一个高效率的发条公司，是一个没有中间环节的以解决问题为最终目的的公司。

在潘石屹的公司里，员工需要努力的方向是：在公司里站住脚；公司需要努力的方向是：在市场上站住脚。

当然，要想成为“无为而治”的最高境界也非易事，这需要建立在下列几个前提之上：

一是建立系统化、规范化、制度化和科学实用的运作体系。包括企业制度的规范运行和标准化的企业工作流程并实行标准化管理。用科学有效的制度来规范员工的行为，来约束和激励大家。每个部门、每个岗位和每个人都有自己目标，有配套的、合理的绩效考核并实行目标管理。让所有员工都知道该做什么，不该做什么和该怎么做。

二是组建一只强有力的领导者组成的高绩效的团队。企业快速运行，80%靠体系推动，20%靠卓越领导者带领的团队来拉动，推拉结合，形成合力，才会跑得更快。高绩效的领导者，既要有高瞻远瞩的战略眼光，制定中长、短期战略目标，又要有极强的执行力，把组织制定的目标落实到位，才会有好的结果。不仅要会发挥自己的影响力，激励下属和辅导下属，又要会进行有效的授权，把下属潜能发挥至极致，带领大家快速高效的完成团队目标。高绩效的领导者所拥有的强大的领导力，也是企业良性运行的基础。

三是建构良好的企业文化。用好的文化和理念来统领员工的行为。当企业在运行过程中，要及时总结提炼企业自己的经营理念系统，包括价值观、使命、企业宗旨、企业精神和人才观等等，通过组织活动及制度等形式的灌输、通过传播企业内外的公众和员工，形成一种健康的和积极向上的氛围，让员工们不单单为一份薪资而工作。

“无为而治”还要求管理者做到“恩威并重，软硬兼施”。只有严格要求和人性化管理，制度规范执行到位，同时更加关心员工，把员工当成企业真正的主人，才能真正实现人企合一。

GE是世界上少有的多元化非常成功的企业，韦尔奇在总结GE成功的经验时说，GE虽然业务是多样化的，但是文化非常统一，任何人都绝对不允许对价值观有所怀疑，有所违背，也就是说，用统一的文化代替了多元的业务，也能实现企业的健康发展。GE也是高度授权的，各事业部权力很大，总部是战略和文化中心，看似“无为”，但已经是“无所不为”。

老子曰：“以正治国，以奇用兵，以无事取天下。”“无为而治”要建立在规范管理的基础上，管理者要具备高超的领导艺术，要平衡集权与授权的度，有为而不妄为，有所为有所不为，无为而无所不为。

授权的二十大原则

不会授权的管理者不是一个好管理者。

从长远的角度来看，如果你不花点时间指导别人如何完成任务，你将给自己增加额外的负担。因为没人能取代你，如果你每一周要花一小时去做某件事情，而教会别人你要花2~3个小时，一年下来你将为自己节省最少50个小时。把任务分配给其他成熟的同事或者员工，你才有更多的精力去做更高层的活动，做更有价值的事情，你才能够运筹帷幄。

（1）交给工作性质相近的人员。领导者应把适当的权力授予同工作性质最接近的决策人员和执行人员，因为他们掌握第一手信息，熟悉业务，因而能够有效地行使上级授予的权力。

（2）用人不疑。授权一定要做到用人不疑。法国总统希拉克曾经说过："我的办法是授权和信任，因为，如果你用人得当，那么，在他们所做的决定中有９５％是你在他们的位子上也会做的。"

（3）因事择人，视力授权。唐太宗说过：为官择人者治，为人择官者乱。授权的工作量，不能超过被授权者的能力所承担的限度，使其疲于奔命，理想的状态是要使所授的工作难度略大于被授权者平时的工作能力，使其能挑起担子的同时又须尽力去挑。

（4）适当原则。委托下属去办的事情，不能只是一些鸡毛蒜皮的小事，否则久而久之，下属就会感到领导不重视自己，从而丧失积极性。要使下属感到，领导者授予自己的工作是比较重要的工作，这样下属才会因为领导者看重自己而努力工作，起到授权的激励作用。

（5）动态原则。授权在相对稳定的前提下，可依实际情况变化的需要进行变动。一般的动态授权有：单项授权，即把解决某一特定问题的权力授予某人，问题解决，权力收回；定时授权，即在一定时间内将权力授予某人，时间一到，权力收回。

（6）明确责任。这是一条十分关键的原则。领导者必须向被授权者讲清其所担负工作的责任、权力范围，让他知道自己对什么资源，比如人、财、物等有何权力，并对权力运用的效果负有什么责任。这样，下属才能在规定的范围内有充分的自主决策权和临机处理权。如果责任不清，让人不知所措，就起不到授权的效果。

（7）适才适度。授权要适度，授权太少会造成领导者工作太忙，下属的积极性受到挫伤；授权太多又会造成工作杂乱无章，下属思想混乱，甚至难以对其控制。授权要做到下放的权力刚好够下属完成任务，绝不可无原则地随便放权。

（8）注意各种关系。领导授权时应注意下列关系：上下级之间的直线关系，授权某些专家对某一问题进行咨询的横向咨询关系，注意对秘书、助理等人的授权不应与直线授权发生矛盾，注意平级之间的相互协调关系。

（9）加强激励。领导者在授权的同时，应做到对下属进行适当的激励，比如称赞他完成任务的优点和有利条件，当然也要指出他应注意和克服的短处等，恰当运用表扬与批评的技巧，调动其积极性。

（10）区分类别。为方便授权，提高工作效率，授权时最好按工作程序、类别等分设工作机构，进行分类授权。

（11）及时授权。一个团队里每一个人都有不同的任务在身，而不同的任务综合起来，就是这个团队需要完成的任务。但是有很多突发性的事情，一个领导者如何善用这个团队的资源去把整个任务完成。一个领导者首先要有魅力，有自己做事的风格。一个领导者对团队的人员的信任是非常重要的，所以要尽量及时授权。

（12）明确分配工作，必须了解下属的能力与才干，说明“做什么”，而非“怎样去做”。因为达成目标的方法有千百种，今天你要到一个地方去，你可以骑自行车去，可以开车去，也可以乘出租车去，所以你有不同的方式可以达到目标，而你强调的是一种做什么，而不是怎样去做，如何去做。

（13）要授予权力，提供资源。授权不是你撒手不管，而是你要给他适当的权力，说明目标与期望，以及评估的标准。

（14）说明目标与期望以及评估的标准。这样就会带给被授权人一种工作的方向感，方向感是一个人的行为动力。

（15）注重成效。成是成果，效是效率。授权要强调成效和结果。

（16）不能重复授权。重复授权会造成被授权人的紧张和思维混乱，一个人不可能在同一段时间干超过3件事。

（17）由简至繁，循序渐进向下授权。领导者要注意不能给一个新人很多的任务，要从最简单的任务开始；一个资深成熟的人，相信他有经验，要不断加重他的责任，或是赋予他更多的权力。

（18）出现困难时，要帮助寻找解决困难的方法。授权者倘若在授权以后起到很好的督促和检查进展的作用，被授权人就会有一种安全感。

（19）不能姑息“倒授权”的行为。倒授权无异于没有授权，它的发生说明授权者本身的影响力不够。

（20）你仍然要承担责任。这一条是最起码的授权须知。

授权不等于放权

权力是一把“双刃剑”，用得好，则披荆斩棘无往不胜；用得不好，则伤人害己误事。成功的企业管理者不仅仅是授权高手，更应是控权的高手。曾经有人这样形容授权：“授权就像打篮球一样，不是把球交到谁手里，责任就是谁的，就什么也不管了。一定要考虑整体局势，进行控制，相互照应。这样，被授权员工的智慧才会获得增长，才能有足够的力量去完成授权任务。”

现实中，许多的企业管理者常常会将授权与放权混为一谈。放任下属的后果是：不但把授权的成绩冲得一干二净，还会殃及整个企业。

法国第二大银行法国兴业银行曾经遭遇了法国史上最大的金融欺诈案。一名叫热罗姆·凯维埃尔的职员2000年进入银行，在监管交易的部门工作5年后，凯维埃尔转入交易部门，从事套汇交易。2007年上半年开始，他在上级不知情的情况下从事违规的股指期货交易，通过了银行“5道安全关”获得使用巨额资金的权限。最终给银行造成71.4亿美元的损失。

上面银行案中的凯维埃尔曾经在公司监管部门工作过，熟悉银行监管交易的流程。因此他知道怎样违规不会被人发现。这不就说明了企业在将一些权利交给员工时，缺乏有效的监控措施的问题吗。

授权不等于放权，并不是说将权力授给其他人后，授权者可以撒手不管或者对局面失去控制与把握，如若那样，就不能说是有效授权，而是盲目放权。盲目放权的后果极有可能是给企业或者组织带来混乱。

“没有监控的权力必然滋生腐败”。好的制度，可以使坏人变成好人，坏的制度则能使好人变成坏人。对于授权者来说，在授权时既没有建立有效的监控机制，也没有采取相应的监控措施，就等于弃权，实际上是放任或助长被授权者滥用职权，至少给被授权者滥用职权提供了方便。授权者必须清醒地认识到，组织内部自上而下的授权，职权是可以向下移动的，但管理者的责任是绝对的、不能转移的。在授权管理中，为了保证被授权者不至于滥用职权或偏离原定的目标取向，必须先建立起有效的监控机制，然后才能实施授权行为。

授权，是一种方式，而放权是一种放任式的管理！其优点也有，让员工更大的发挥自己的能力。但是如果你不适时跟踪和跟进，难免日久会出现问题，给员工的感觉是你这个老板和高管已经不存在，某某才具有话事权。如果说管理是一个游戏，那么高管和老板就是游戏的控制者。如何控制好那些下面的玩家则是需要讲究方法。

控制方法一：面对中层干部，每周一会。为什么说每周一会重要，如果你三天两头不在公司，你怎么知道公司的每个部门在做什么？一定要把重要的问题记录下来并跟踪和检查该中层干部是否及时完成。

控制方法二：月计划，当然要有月计划，要先从公司的年度计划开始，然后是月度计划。要让部门经理明白这一年公司要做什么，这个月的计划目标是什么。比如业务部：为了保证公司的高速发展这个月业绩提升10%。那么下面才会有方向。

控制方法三：季度总结，每一个季度让所有中层干部做一个总结，知道他们这一个季度的工作情况。

控制方法四：建立内部建议与投诉渠道，了解基础员工的想法，发现问题。但并不一定要正面去与中层干部冲突，也可以运用其他方式。

控制方法五：表扬与批评，如果员工做得对要及时表扬，如果做得不对及时批评。但表扬与批评要具体有针对性，一针见血最好。表扬可以举行全公司表彰大会，批评却只需在办公室内关门批评。

美国某著名管理学家说道：控制是授权管理的“维生素”。授权管理的本质就是控制。如果想成为一名称职的企业管理者，希望自己的公司不断成长，生命持久，渗透“一手软，一手硬，一手放权，一手控制”的授权之道，是迟早要做的工作。只有渗透这一授权之道，才能完成授权实施者与工作控制者的角色转换，只有完成这一角色转换，授权才能真正走上合理、有效的运行轨道。

授权只是提高管理效率的一种手段，而不是目的。因此，企业老板们在实行授权之后，还必须继续加强对各项工作的全面管理，尤其要加强授权过程中的管理，努力提高授权的有效性。只有这样，才能达到提高管理效率的目的。居于幕后，既能掌握对下属的统御之权，又不致陷于事务堆里，这样的管理者才是最高明的。

先秦时期的改革家商鞅就说过：英明的君主，总是处箪席之上，闻丝竹之声，驱使天下百姓，指挥千军万马。真可谓悠哉，怎么会终日忙忙碌碌不得闲呢？古今中外有许多事例证明，管理者超脱一些，轻松自如地驾驭部下不是不可能的。其办法就是，在保证大权在握，也就是有效监控和牵制的前提下，将不必由自己掌握的权力交给下属，即有所不为然后才有所为。

总之，管理下属既不能太死，也不能太放松，一定要掌握授权与控制的分寸，授权不等于放权，做到适当集权。

授权管理的26条经验

千万别把一个企业看作是自己家里的，不然你绝对做不大。——国美电器创始人黄光裕经常挂在嘴边的话。

（1）每天拨出足够时间关注长期性的计划。

（2）若授权不奏效，应自问：“我哪里做错了？”

（3）鼓励自称工作过量的人记日志。

（4）很有把握地向员工宣告委任代理人这件事。

（5）亲笔手写称赞部属的字条，不要打字。

（6）每周一定拨出时间用于教导主要的受任者。

（7）尽可能只参加与工作有直接关系的会议。

（8）不要把简单事务列于较繁重工作之前。

（9）不要企图在一天内完成七件以上的工作。

（10）挑选能坦诚说出不同意见的受任者。

（11）必须使被授权者明了其责任和义务。

（12）以书面形式确认职责范围。

（13）确定书面资料能传至所有相关成员面前。

（14）当被授权人求助你的专业时，务必乐于协助。

（15）切不可让你的职员承担过量工作。

（16）说明时尽可能把目标解释准确。

（17）撰写给予受委任者的说明表时，不要设立太多限制。

（18）将计划报告纳入说明书中。

（19）务必使受任者充分明了并同意该说明书。

（20）说明书定案前先与受委任部属进行沟通。

（21）指派工作责任时不要犹豫——要积极正面。

（22）在大幅修改任务交代说明时，考虑所有牵涉到的层面。

（23）若被指派者在说明会议上持负面态度，这项指派便须重新考虑。

（24）受任部属报告任务进度时，询问他的新意见。

（25）定期会晤以便双方互给回馈意见，但次数不可太频繁。

（26）只在绝对需要时才召开临时检讨会。

附：“我就做三件事”
——商界思想家冯仑谈授权

万通自1991年成立，至今已有二十多个年头了，在这二十多年里，冯仑一直做董事长，没有做过一天经理。这二十多年里，冯仑一方面在积极行动，一方面又随时调整思维，反思、讨论、读书，全方位提高自己。他曾写过一篇文章，叫作“董事长懂事才能长”，其中有这样的话：

作为一个董事长，要把书当作营养，而不是吃了面包长面包，吃了鸡蛋长鸡蛋。慢慢地把书融合在生命当中，把生命当作一本活的书，我们的企业才能走得很远。

这里所提到的书，其内涵已经远远超越了学院意义上的书本，而是提升到了思想和生命的高度。冯仑认为，在这二十多年里他能做的和实际做的工作，主要就是三件事情，虽然数量不多，却件件都是难事。

第一件事是“看别人看不见的地方”。别人看不见的地方是未来，是生活经验以外的地方，是中国以外的地方。因此，董事长要看未来的事，看生活经验以外的事，看中国以外的事。当一家企业正常发展时，企业的领导者要看那些看不见的东西，包括风险和机会，以及人们还未发现的关于未来的变化趋势。这些工作需要花费企业领导者大量精力和很多时间，所以冯仑经常说：

看别人看不见的地方，这事最难。只有真主和上帝才能看见别人看不见的地方，所以我是在与真主、上帝竞争。虽然我竞争不过，但是我的理想是成为真主、上帝的邻居，更多地去研究那些趋势、变化、危机以及机会。就像反周期，别人没看见，我看见了，然后我研究。其实这项工作是最费时间的，需要到处去看、去琢磨一些事情，并且需要了解历史、了解世界、了解全球很多问题等。

正是因为冯仑肯花时间“到处去看，去琢磨一些事情”、“了解历史、了解世界、了解全球很多问题”，努力去看别人看不见的地方，所以万通才会取得成功。

看别人看不见的地方，这句话说起来容易，但是怎样才能落实到实践中呢？冯仑总结出三个方法，第一个是“笨办法”，把别人的过去当成自己的未来，然后才能站在未来看现在。所谓别人的过去，近的说就是前辈或者失败者的过去。第二是多做逻辑研究，就相当于研究趋势，找到表面现象当中支持这个现象的内在规律。第三是多学习和切磋，不同的人之间多交流，这个方法也是最节省时间的方法。

第二件事是“算别人算不清的账”。在冯仑看来，凡是会计能算清楚的账，一张桌子和一把椅子的成本，那自然不用董事长去算，董事长要算就算复杂的账。复杂的账有很多，比如找人投资，可能有几种钱供选择，有土钱、洋钱，有笨钱、聪明钱等。土钱的特点是决策快、变化大、干预多；洋钱的特点是决策慢，按规则出牌，干预不多，但是该管的地方又绝不妥协。另外，掺和了道德伦理和价值观等因素的账很难算。同样是一块钱，如果非要分出好钱、坏钱，甚至臭钱，这也是算不清的。作为董事长，要有在算不清的账里找到确定性因素和标准的能力，这也是一个企业领导人能力的体现。冯仑认为，算别人算不清的账与价值观的取舍有关，因此他说：

算不清的账是一种生活态度、一种价值判断。这种账非常难算。比如，中国人讲滴水之恩，涌泉相报，问题是多年前的滴水之恩，如今的涌泉到底该是多大？如果你赚了一亿，给他一千万，他认为你忘恩负义，因为大家价值判断的差别非常大。所以当一个朋友从不幸中出来，你将会怎么帮助他，这成了学问。怎么办呢？这就牵扯到对价值观的判断。后来我就想了一个办法，就照着我爹的标准给他帮助。我给我爹多少，我就给他多少，直到养老送终。为什么呢？在中国文化中，朋友或恩人不能比我爹还多吧，也就是我把你都当爹来养就到头了。爹是什么成本呢？一套房子，一个月几千块生活费，有一个保姆，生病了就给他看病，走不动的时候有个车，这就是爹的标准。因为我们的爹是苦出来的，不是荣华富贵的爹。所以在中国这就叫合适。

其实，选择不同的合作伙伴也像算别人算不清的账一样，因为前景和命运也是一种永远算不清的账。假如同时有本地投资人、外国投资人和国企这三个投资者共同投资一个项目，跟这三个投资者合作的模式也应该不同，因为每个人的性格、要求不同。

第三件事是“做别人不做的事情”。凡是员工能做的事，董事长就没有必要去做。冯仑认为，如果董事长做的事情与设计师一样，天天设计门窗，那又何必请设计师呢？董事长要做设计师不做的事情，比如创造吸引全中国、全世界最好的设计师过来工作的制度。董事长做事的原则应该是离钱近，但离事远，最终走向“不劳而获”，而不是离钱远、离事近，最终劳而无获。

此外，履行企业公民的责任，做救灾和环保等各种各样的事是经理人不太愿意做的事情，因为这些事既费精力又要出钱，而董事长就要做这些他们不愿意做的事情。在这方面，王石就是一个很好的榜样，因为他在业务上知道的事越来越少，可是万科的产品却越来越好。这就是说，王石也在制度当中。由此可见，董事长的另一个职责是“制造”制度，“制造”一家公司，从而给公司带来常胜之道。

第14章

做培训：培训是最好的福利

培养人才，让队伍后继有人。

管理工作中最重要的投资

美国的一项研究资料表明，企业技术创新的最佳投资比例是5：5，即人本投资和硬件投资各占50%。以人本为主的软技术投资，作用于机械设备的硬技术投资后，产出的效益成倍增加。在同样的设备条件下，增加人本投资，可达到投1产8的投入产出比。

员工培训就是企业发展不可忽视的人本投资。从不同侧面看，员工培训有不同的含义。

1. 员工培训为实现组织目标服务

从培训开发和组织目标的关系看，培训过程首先应当有利于组织目标的实现。培训不是一种时尚，为培训而培训是不会收到良好效果的，必须从组织的功能着手，找出对员工进行培训的具体目标。如果一种培训活动不能对组织目标产生积极的影响，就没有理由开展培训活动。对员工的培训和开发，必须是实现组织目标的有效途径。与可以帮助实现组织目标的其他方法和途径相比，要考虑培训是不是成本最小，或者障碍最小的方式。再者，既然要求培训支持组织目标的实现，那么培训活动应该从什么角度帮助实现组织目标？帮助的程度究竟有多大？这也是必须认真分析和解决的问题。

因此，当组织实施一项培训计划的时候，必须详尽准确地分析培训所耗费的成本、所能取得的收益。这会纠正实际培训工作的偏差，使组织的培训活动有效地促进组织目标的实现。

2. 员工培训和开发活动是员工职业发展的助推器

现代人力资源管理认为，员工作为组织成员，不但要为实现组织目标而努力，同时也会努力使自己的人力价值增加，使自己的职业能力增加，把自己推向更高的职业发展阶段。为此，必须有一种可行的心理契约，即个人对组织的期望与组织对个人期望的承诺之间，需要一种心理契约，这是组织凝聚力赖以形成的基础。培训和开发活动强化了这种心理契约。真正有效的员工培训活动不仅能够促使组织目标实现，而且能够提高员工的职业能力，拓展他们的发展空间。

3. 员工培训是一种管理工具

不论何时何地，都应当把培训看成是一种管理手段，而且是一种有效的管理手段，因为它不是在消极地约束人的行为，而是在积极地引导人的行为。世界各地的企业，每年培训开发活动的经费数以百万计，对这些巨额支出的效果，必须依据能否促进组织所需要的工作行为，这个人的工作行为又由这个人在具体工作情境下所选定的行为目标决定。管理者期望通过培训和开发活动促进组织目标的实现，这一过程必须通过影响员工在特定工作情景下的行为选择完成。如果说接受培训之后的员工工作绩效有所提高，那总是通过行为目标和方式的改进实现的。把员工培训看成是一种管理工具，也就是要通过培训员工塑造员工的合理行为。

4. 员工培训和开发是一种重要的投资方式

与传统的人事管理不同，现代人力资源管理把员工视为一种资源。许多高科技公司没有巨额的物质财富，但拥有具有先进科技开发能力，娴熟管理技巧的员工。这是公司赖以生存发展的最宝贵的资源。这种公司的发展壮大是难以阻挡的。微软公司等的成长已证明了这一点。企业的培训和开发活动，在增加受培训者人力价值的同时，也使企业所拥有的人力资本得以增加。在知识经济时代的信息社会里，企业资产的增加不仅意味着物质资产规模的扩大，更重要的是资本增值能力的提高，以及对物质资本吸引力的增加。而这些，离开人力资源都办不到。许多著名的跨国企业之所以舍得对员工培训进行大规模的投资，正是因为意识到了这一点。在未来的企业竞争中，对人力资本的投资包括员工培训投资，这是更有潜力、更有收益的投资方式，是保持竞争优势和提高竞争地位的重要手段。

培训让员工展翅高飞

员工培训虽然提了许多年，但不少企业界人士并未将管理训练与考绩、升迁、加薪、奖惩等人事决策适当挂钩，顶多只是将培训当作参考而已。而且企业往往只注意短期培训，忽略长期规划。由于知识与管理技巧的日新月异，不论何时何地都应保持与时代潮流同变的雄心，不断接受不同性质的培训，规划出长期、见树又见林的组织培训计划。

培训的目的旨在提高生产力，培训是工作的一部分。如果要员工无后顾之忧、精神饱满地进入培训教室，就要尽量以尊重员工私生活、休闲生活的原则来开始培训。每个企业所面临的外在挑战不同，内部人员素质也不尽相同，因此，在举办培训课程时，务必顾及企业与员工的需求，事前透过需求分析，拟定培训计划，这样才能真正达到训练目标。

如何才能有效地达到培训目的呢？有效的培训，对个人与企业都会有很大助益：它发展了新的来源，可协助该体系进步；它强化了企业体的完整性；它加强了隶属于该企业文化的骄傲；它改进了想法与决策。它可驱使我们经由对现状的一种健康的不满，来达到更高的成就。

因此，认同教育培训的企业，相信对个人的注意及认可是改进工作表现的有力工具。所以“培训”换言之就是肩并肩工作、扮演教练的角色及检定工作的技巧的过程。培训是每个人的工作，任何时候，它都是一个持续的过程，在企业体中的每一阶层均会发生，同时也是使企业保持活力、持续成长的主要原因。

有效的训练，需靠个人与企业双方共同努力。而人员接受培训的质与量则影响了两件事：工作表现的结果及员工离职率。因为适当的培训对员工的留职有正面的影响：接受适当训练的人员，能以更多的信心、热心及骄傲去从事他们的工作。这些良好的感觉除了可提高个人工作品质外，同时使公司更进步，成果更好，也更容易管理。较低的员工离职率与高度的工作表现，对一个成功的企业是十分重要的。

有效训练应该如何设计才能达到预期目标？它是有原则的：

人员对于第一次学的东西，记得最清楚。第一次就教导人员如何正确地做，比事后再回来纠正他们更容易。这就是为什么有些成功的企业，会再三强调职前培训。

人员经由各种不同的活动和方式，可得到最好的学习效果。在培训过程中，使用感官（视觉、听觉、嗅觉及触觉）的次数越多，则会越快获得新的技巧。因此在培训中若能同时使用录影带、资料、示范，那实习的方式、效果更佳。

人员在学习新事物时，如果内容和他们已经知道的事有关的话，学习效果较好。因此若使用阶梯式的培训方法，逐渐增加其知识与技巧，效果更扎实。

人员对他们所做的事需要回顾。良好的工作表现需要正面认可，而不好的工作表现，必须尽快更正。在成功的培训系统中，追踪是非常重要的步骤。

人员在一个有趣及刺激多的环境中，学习效果最好。所以你可以经常组织一些有意思的团队活动，培训他们的团队合作精神，让每个员工都能感受到自己的一份热量。

在公司的组织发展和人才培养方面，要立足于公司内一整套规范、严谨、完善的培训体系和内部晋升制度，从而形成自己的培训文化，构成企业文化的重要特点。

培训长期化、制度化才能形成良好的企业培训文化。同时，形成良好的培训制度是吸引人才和留住人才的重要举措。

联合航空运输公司是一家服务性机构。在对待顾客方面，公司的价值观和事业能否取得成功，取决于公司全体成员有效履行本职职责的程度。

公司秉持"以人为本"的原则，注重人力资源开发。各级管理部门必须明白，把时间和金钱明智地运用于公司的人力资源开发，是这个系统最重要的投资之一。

公司的每位员工最终都必须为自己的发展负责，成为公司团队中才干日益增长的一员。各位经理和督导都有责任发展下属，为他们的工作创造氛围、提供条件并指出方向。负责培训的管理者和专业人士，有责任和经理及督导们一起，共同创造条件和提供机会，发展员工的技能、知识和态度。

公司的工作必须具有灵活性，能够适应变化。这取决于公司有效培训员工的能力。因此，公司的政策很重要的一点是，聘请一批培训专家，确保很好地组织、协调及执行培训计划，确保运用最适合的培训方法。

公司各级管理机构都必须认识到，培训需要很大的投资，必须仔细地规划、评估并做好预算。为使培训工作有效进行，公司规定：

（1）培训政策要使公司各个系统都理解。

（2）经理和督导都要知道如何培训下属，并承担起培训的职责。

（3）培训的方式应该是，从一开始就对培训需求有一个清楚的了解，最终能够实现培训目标。

（4）有关的程序应为公司的各级管理机构所理解，能就培训的所有费用作出预算、说明和报告。

（5）公司内要有一套系统的方法，能评估员工工作能力，说明为改进员工工作能力而进行培训的有效性。

（6）公司内的组织氛围应能鼓励、肯定、奖赏各部门在执行培训计划中的合作精神及表现。

（7）为使公司的培训现代化，须建立专业的培训部门，负责定期审查培训者的素质、技术和方法以及培训媒介的质量。

（8）公司的组织结构和程序应确保各部门间的合作，以及有效利用具体的培训潜力。

（9）公司的报酬制度应能吸引有能力的专家从事培训工作，鼓励他们发展专业培训能力。

“人”是企业最重要的资产，在职培训是人力资源最重要的投资。在竞争空前惨烈的情况下，企业唯有提高管理品质作为应变之道。而在追求管理品质完善的过程中，如何通过培训来增强人的素质，是不能忽视的一环。

不同对象不同培训方式

不同的培训对象和培训内容，需要不同的培训方式，从而形成了不同的培训类型。实际工作中，培训的类型多种多样。其中，从培训内容出发进行培训类型划分，在实际工作中特别重要。

1. 培训内容的一般分类

员工培训的完整内容是，通过各种引导或影响，从知识、技能、态度等方面改进职工的行为方式，以达到期望的行为标准。

一个企业的员工培训工作，应包括三方面的内容：

（1）知识培训。通过这方面培训，应该使员工具备完成本职工作所必需的知识，包括基本知识和专业知识。还应让员工了解企业的基本境况，如企业的发展战略、目标、经营状况、规章制度等，使员工能较好地参与企业活动。

（2）技能培训。通过这方面培训，应该使员工掌握完成本职工作所必备的技能，包括一般技能和特殊技能，如业务操作技能，人际关系技能等，并培养开发员工这方面的潜力。

（3）态度培训。员工的工作态度对员工士气及企业影响甚大。通过这方面的培训，应该树立起企业与员工之间的相互信任，培养员工的团队精神，培养员工应具备的价值观，增强其作为企业一员的归属感和荣誉感。

2. 培训内容的具体分类

知识、技能和态度是培训员工工作的三大内容。每一个方面的内容，又可以进行具体划分。其中关于技能内容的划分，对培训工作有直接的指导作用。

（1）最高层管理人员技能培训。培训内容主要是领导艺术培训，包括如何指导下属就职、如何完成特殊委派等；同时，也培养最高层的管理技能，如转变管理体制和制定战略决策的方法等。

（2）经理技能培训。培训内容包括决策计划技能和交流协作技能；时间管理、项目管理、辅导员工、制定工作目标和指导下属等。

（3）主管技能培训。培训内容包括基本人际交流技能、执行政策、辅导员工、时间管理等。

（4）职业技能培训。培训内容广泛，如各科专业技术培训、处理紧急情况的技能培训、计算机技能等专项技能（如财务、采购、工程等技能）培训等。

（5）行销技能培训。现代企业注重营销工作，因而营销技能培训受到普遍重视。其内容包括培训销售人员，介绍新产品，提高销售经理的规划能力和市场调查能力等。

（6）安全和健康培训。目的是在降低劳动保护成本的同时，确保工作场所的安全和人员健康，内容越来越多地涉及如何处理工作压力和建立健康的工作生活方式。

（7）新员工上岗技能培训。是为确保新员工有一个良好开端而进行的工作技能培训。涉及的内容可以小到工作场所和操作方式的基本介绍，大到介绍公司文化的方方面面。

把握员工培训的规律

员工培训作为一种特殊的学习活动，有着特定的规律；掌握这些规律，对于提高培训活动的效率具有重要意义。从总体上看，在员工培训工作中，应该注重如下几个方面。

1. 明确目标

人们的行为目标规范着他的行为方式。一般说来，高标准的目标总是比低标准的目标更容易导致高水平的绩效。因此，培训者的一个重要任务，是使受训者认同培训项目的目标。在实际操作中，有一些问题尤其需要注意。首先，从培训开始起，就要注意在每个关键时刻向被培训者传达学习的目标，建立起一种目标导向的学习模式。其次，在设计目标时要注意难度。一方面需要受训者花费气力方能达到；另一方面也不要过难，使受训者无法达到。这样的培训项目才既有挑战性，又不致使受训者产生挫折感，影响员工的学习信心。为此，常常需要将整体目标分解为一个个子目标，通过小测试或样本工作任务的事实，使员工不断保持成就感。

2. 行为示范

人们通常通过树立榜样来表明什么是理想的和恰当的行为模式。如果榜样的行为能得到某种奖励和补偿，必然会强化与榜样类似的行为。在员工培训中，为了增加受训者对榜样的认同感，必须注意所树立的榜样与学习这个方面的人条件相似。最好使用关键行为表，对榜样的行为进行清楚和详细的描述。示范行为应从易到难，而且要有一定的重复率。

3. 事实材料

事实材料能使受训者产生丰富的联想，有利于受训者理解和接受培训内容。因此，应首先概述培训主题，使受训者理解培训活动中相关题材之间的联系。然后尽可能使用较多的受训者熟悉的事例来讲授材料，以使学习要点鲜明生动。

4. 亲自实践

积极地实践是掌握所学知识和技能的重要环节。虽然这种做法会增加培训成本，但是只有通过充分的实践活动，员工所学的行为方式才能成为自然的行为习惯，才能确保受训者真正掌握所学内容。在培训的初期，培训者应该直接监督受训者的实践活动，以及时纠正受训者的偏差，防止其错误固定化。通过培训者的指导和调整，使员工所学的内容成为一种条件反射，这对受训者实现从学习到实践的转换是很有意义的。

5. 效果反馈

反馈也是提高培训效果的重要一环。员工应该在其行为发生后及时知道后果，并能够将行为与结果两者紧密地联系起来。反馈的重点是告诉受训者何时何地以何种方式正确地完成了何种工作。

反馈的方式有如下几种：

（1）直接给受训者有关某行为正确与否的信息，从而提高调整今后行为的依据。

（2）强调他人对自己学习的关注，以增强学习的动力和信心。

（3）反馈要及时，以防止受训者混淆行为因果之间的联系。

在实践中，还要处理好正向反馈和负向反馈的关系。正向反馈给予补偿，目的是强化受训者正确的行为。最有效的补偿来源是受训者的直接上司。负向反馈则是惩罚，它会导致对某种行为的抑制。在培训过程中，惩罚往往会引起受训者强烈的挫折感。

职业规划为员工成长导航

职业生涯管理是留住员工的重要措施。企业在进行职业生涯管理时，就必须为员工制定职业生涯规划。一般来说，企业职业生涯规划要经过以下步骤：

企业应帮助员工进行比较准确的自我评价，同时还必须对员工所处的相关环境进行深层次分析，并根据员工自身特点设计相应的职业发展方向和目标。

1. 进行员工定位

（1）员工个人评估。职业生涯规划的过程是从员工对自己的能力、兴趣、职业生涯需要及其目标的评估开始的。员工的自我评估过程，实际上是自我暴露和解剖的过程。员工个人评估的重点是：分析自己的条件，特别是性格、兴趣、特长等。性格是职业选择的前提，不同的工作要求由不同性格的人来从事；兴趣是工作的动力，但它并不等于特长；特长主要是分析自己的能力与潜力。因此，个人评估是职业生涯规划的基础，直接关系到员工的职业成功与否。

在员工的自我评估中，要为员工提供指导，如提供问卷、量表等。以便员工能更容易更客观地评价自己。

（2）评估员工表现。企业对员工的评估是为了确定员工的职业生涯目标是否现实。为了评估员工的潜力，许多国际著名的企业都建立或使用评估中心来直接测评员工将来从事某种职业的能力。

（3）分析环境。环境为每个人提供了活动的空间、发展的条件、成功的机遇。社会的快速变迁、科技的高速发展、市场竞争的加剧，都对员工的发展产生了巨大的影响。在这种情况下员工如果能很好地了解和利用外部环境，就会有助于事业的成功；否则，就会处处碰壁。环境分析主要是通过对企业环境、社会环境、经济环境等有关问题的分析与探讨，弄清环境对职业发展的作用、影响及要求，以便更好地进行职业目标规划。

2. 确定生涯目标

职业发展必须有明确的方向与目标，目标的选择是职业发展的关键。帮助员工确定职业生涯目标，主要包括职业的选择和职业生涯发展路线的选择两个方面的内容。职业的选择是事业发展的起点，选择正确与否，直接关系到事业的成败。因此，企业应开展必要的职业指导活动，通过对员工的分析与企业岗位的分析，为员工选择适合的职业岗位。职业生涯路线是指一个人选定职业后从什么方向实现自己的职业目标。职业生涯路线选择的重点是企业通过对职业生涯路线选择要素进行分析，帮助员工确定职业生涯路线并画出职业生涯路线图。

（1）企业应根据既定的经营方针和发展战略，预测并作出未来可能存在的职位以及这些职位所需的技能类型的规划，并对每一职位进行工作分析，公布其结果。员工可以根据它们来确定自己的职业目标或职业规划。

企业帮助员工设立的职业生涯目标可以是多层次、多阶段的，这样既可以使员工保持开放灵活的心境，又可以保持员工的相对稳定性，提高其工作效率。

（2）企业还要鼓励员工去思考不同职位的成功者所经历的职业发展道路，为员工勾画出职业发展的道路与前景。

3. 生涯策略

在积极实施员工职业生涯规划的同时，根据员工的不同情况采取不同的职业生涯策略，对企业和员工的发展具有十分重要的意义。在不同年龄阶段，员工的志趣、价值取向等会有所转变，因此，应采用不同的管理方法。向新加入企业的年轻人提供富于挑战性的工作，对他们形成良好的工作态度会产生深远的影响，并能使他们在今后的职业生涯中保持旺盛的工作热情。人到中年之后，他们非常渴望能获得以职务升迁为标志的职业成就。为弥补职位空缺，可以安排他们对年轻员工进行“传”“帮”“带”，使他们认识到自己的重要性；鼓励或资助他们经常“充电”，防止知识老化，增强他们的就业保障感。对于已有一定地位，但不可能继续晋升的员工，可以通过工作轮换来提高他们的工作兴趣。对于行将退休的员工，可以为他们创造一些机会或提供一些条件来培养他们对从事有益身心健康的娱乐活动的兴趣，以便营造一个充满人情味的企业氛围。

4. 评估生涯规划

有意识地检验员工的职业定位与职业方向是否合适。这样，在实施职业生涯规划的过程中评估现有的职业生涯规划，企业就可以修正对员工的认识与判断。通过反馈与修正，纠正最终职业目标与分阶段职业目标的偏差。

通过职业生涯规划的评估与修正，架设企业发展战略及员工职业目标之间的桥梁是实现企业规划目标的重要手段。企业在了解了员工的自我评价与职业目标之类的信息后，就可以据此并结合企业的发展战略来全盘规划与调整其人才资源。有些员工对本职工作并不喜欢，而对企业的另一些工作很感兴趣，如果这些工作的要求与这些员工的条件相匹配并且有空缺的话，企业也可安排他们转岗，以使企业获得最佳人选，员工获得最佳发展。当然，为员工制定职业生涯规划要重点考虑员工的个人需求和兴趣爱好，否则，规划将很难成功。

职业生涯规划在很多企业叫得火热，因为它能有效抑制和纠正企业与员工在远期目标上的偏差，充分激励员工自觉开发其精神资源，挖掘员工潜在能力，从而使企业获得具有更强凝聚力和更深忠诚度的员工团队，然而，真正将之落实的企业却微乎其微，理论透视好处种种，践行却难上加难。很多企业还在观望，效率至上的"奥克斯"早已悄然启动这一计划，"企"字去人则为"止"，员工职业生涯规划被列为公司人才战略的一大环节，所以解决为先，即便是困难，也要迎头赶上，积极破解。

职业生涯规划是一种自我提价与增值，是追逐理想的奋斗方式，是梦想照进现实的亦步亦趋。"玉不凿不成器，人不磨不成才"，企业为员工提供成长平台，进行职业生涯规划，开发员工心智模式，培养他们成为追求卓越的人，更大程度上需要依靠员工自己的选择。所谓"生活什么味道，全靠自己放调料"，如果你饱含激情，追求上进，对人生负责，那么你将搭乘企业发展的列车，实现个人与企业的共赢，因为，职业生涯规划只青睐于对自己有规划的人。在奥克斯，关键岗位储备人员（培养周期长、可替代性差、市场稀缺、对企业运营有重要影响），追求进步、有成长潜质的人，是进行职业生涯规划的首要人选。

员工进入企业，并不是简单地挣一份工资，寻找一份收入，而是把一生中最宝贵的时间，最有价值的生命奉献给企业。因此，员工事实上是在寻找一种氛围，寻找一种人事环境，寻找一种价值理念，寻找一种能够发挥自己长处的环境。应该说，员工职业生涯规划对于企业来说，是一项长期效益，企业养精蓄锐，员工厚积薄发。企业要开发出员工的最大潜能，使员工最大限度地为企业创造财富，就必须从员工的职业生涯规划上下工夫，真正帮助员工规划好未来的人生蓝图，点燃员工心中的灯火，让这盏灯火照亮员工前进的道路。

培养员工自我管理的技能

“这些日子，我雇用的年轻人全令我不放心。莫西，你也有相同的问题吗？”莫西深有同感：“我必须时时过问他们的工作。我把项目交给他们中的一个，外出一天回来时，他们却什么都没做。类似的事发生过多少次了，你简直不会相信。”

“我们该怎么处理这种事情呢？我想，他们给我完成的工作量，最多只有8年～10年前的小组给我完成的工作量的80%左右。”

“我也希望知道该怎么处理。我威胁他们，可一点用处也没有。而且，每当我发现一个能干的人，他就跳到别的地方去了。”

例子中的两位经理并不清楚自己的问题。他们的员工可能是缺乏工作动力和责任心，也可能缺乏他们希望获得的良好培训。但这些都不是问题的关键所在。他们的员工缺乏的是自我管理技能。他们不知道如何安排自己的时间和工作。如果没人教会他们自我管理的技能，其他任何手段都是无效的。

现在很多加入工作队伍的人都不愿意被人监管，但他们却缺乏在没有监管的条件下工作的自我管理技能。

同时，很多组织都在对自身进行重组，对各个层次的员工的自主性提出了更多的要求。这促成了一种尴尬的困境，对一、二线上的经理而言尤其如此。如何才能培养新人的自我管理技能？

（1）要求员工学会管理自己，并且要向他们明确这一点。你可能会同每个员工进行如下谈话：

“我要求这儿的每个人都能管理自己。这是什么意思呢？我要求你能对每一天作出计划，并且在工作中执行这一计划。当交给你一项任务时，我要求你能动手来做，或者向我、向另一位员工找到解决问题的方法。我要求你能处理好自己的工作，而不需要我常常监督——这也是我希望你要求自己做到的。”

“我们发现，很多来这儿为我们工作的人都缺少自我管理的经验。我们会送你去参加培训，帮助你把培训中学到的知识用在这儿的工作上。如果你能花上些时间和精力，掌握这方面的技巧并不是一件很困难的事，另外还要记住，你掌握得越好，就会拥有越多的独立性，而你的工作也将越有乐趣。

（2）让每个新进员工都参加自我管理的培训。这种培训，尽管不一定被称作“自我管理”培训，但已在很多地方较为普遍地开展起来。寻找这样的培训机会：它教会员工如何合理安排自己的工作和时间，如何制定务实的计划并予以遵守，如何设定目标并激励自己去达到它们。

如果目前有一批缺乏自我管理技能的员工，可能就会组团把他们送去培训。他们能够互相帮助，学会运用这些技能，也能够在培训变得艰难时（这经常会发生）风雨同舟。你甚至还可以为这些需要培训的员工找一两位其他部门的经理来上课。但不管你会怎么做，现在就来完成这项工作。

（3）把需要马上运用自我管理技能的任务交给员工去做。即便经过最好的培训，如果没有及时实践的机会，学生们会很快把所学的内容忘得一干二净。作好培训后的安排，这样当他们回来工作时，就能运用学会的技能了。员工们培训结束后，上司可能就已经为每个人准备好了一项任务——做这项任务时，员工们会自觉地将所学知识在实践中进行验证。比如可能会要求一位员工为某个项目制定一个计划，并与其进行讨论。如果有其他善于自我管理的员工，他们可能会给你一些帮助。领导者要做的是，让员工运用学到的东西，并且坚持不懈。

（4）留意并认可自我管理中的每一个进步，而不管这一进步多么微小。没有什么比这更重要了。是不是有人以前对从何入手做项目一无所知，而现在却学会了怎样起步。留意这一点并对这位员工的成就表示认可。

接着，每进一步都要予以认可。在员工越来越擅长进行自我管理之后，对他们的认可可以逐步减少——但必须保证他们能够继续运用这些技能，并在他们成功运用时予以认可。同样，应该时时提醒每个员工，他们从开始到现在这个阶段，已经取得了多大的进步。

（5）当越来越多的员工擅长进行自我管理之后，让他们来帮助训练新进员工。这样做，能够得到双重的回报。那些员工不仅自己更加擅长自我管理，还能够帮助领导者对其他人进行自我管理的训练。因为自己曾经有过这样的经历，他们将会懂得如何来帮助那些新进的员工。

此时有两点要特别注意：

第一，很多员工不对自己进行管理的原因在于他们不知道如何管理。缺乏自我管理首先是一个能力问题。如果员工缺乏能力，当他们未能实施自我管理时，对他们大叫大嚷或放任不管都无济于事。

第二，如果没人要求他们这么做的话，他们没有理由进行自我管理，所以他们不必学会如何去做。简而言之，员工未能管理自己的现象也是一个激励问题。如果希望员工们学会自我管理，就必须帮助他们培养这种能力，同时要给予他们激励。

培训员工的四个步骤

企业进行员工培训时主要有四个步骤：培训需求分析，制定培训计划，设计培训课程，培训效果评价。

1. 培训需求分析

培训需求分析所要解决的问题是：是否需要培训，需要什么时候进行培训，需要在哪些方面对哪些员工进行培训。

培训需求分析可以在三个层次上进行：战略层次、企业层次、员工层次。

（1）战略层次。主要集中在企业未来有效运作所必需的知识和技能。为了满足企业未来的发展，应开发什么样的培训项目。培训要与企业的发展目标和远景规划相吻合，不然，培训就失去了重点和方向。

（2）企业层次。主要通过对企业的目标、资源、环境因素的分析，准确找出企业存在的问题，确定培训是不是解决这类问题最有效的方法。

（3）员工层次。主要分析员工个体现在状态与应有状态的差距，在此基础上确定谁需要接受培训及接受什么样的培训。

虽然培训需求分析可以从方方面面来展开，但是，培训的落脚点最终还是个人。因此，我们可以针对新员工和老员工的不同情况，采取不同的需求分析方法。对于新员工需要进行哪些培训，可以采用任务分析的方法。对于现职员工需要进行哪些培训，可以采用绩效分析的方法。对于环境变化所带来的对员工的影响，可以采用前瞻性培训需求分析的方法。

2. 培训计划制定

在进行完备和详尽的培训需求分析之后，要有效地实施培训，就必须制定详细的培训计划。

所谓培训计划是按照一定的逻辑顺序排列的记录，它是从组织的战略出发，在全面、客观的培训需求分析基础上作出的对培训时间、培训地点、培训者、培训对象、培训方式和培训内容等的预先系统设定。

（1）培训计划的作用。它保证不会遗忘主要任务；它清楚地说明了谁负责、谁有责任、谁有职权；它预先设定了某项任务与其他任务的依赖关系，这样也就规定了工作职能上的依赖关系；它是一种尺度，可用于衡量对照各种状态，最后则用于判断项目、管理者及各成员的成败；它是用做监控、跟踪及控制的重要工具，也是一种交流和管理的工具。

（2）影响培训计划制定的因素。在制定培训计划时，必须顾及以下的因素：

第一，管理者的参与。各部门主管对于部门内员工的能力及所需何种培训，通常较负责培训计划者或最高管理阶层更清楚，故他们的参与、支持及协助，对计划的成功有很大的帮助。

第二，员工的参与。让员工参与设计和决定培训计划，除了加深员工对培训的了解外，还能增加他们对培训计划的兴趣和承诺。此外，员工的参与可使课程设计更切合员工的真实需要。

第三，成本。培训计划必须符合组织的资源限制。有些计划可能很理想，但如果需要庞大的培训经费，就不是每个组织都负担得起的。能否确保经费的来源和能否合理地分配和使用经费，不仅直接关系到培训的规模、水平及程度，而且也关系到培训者与学员能否有很好的心态来对待培训。

第四，时间。在制定培训计划时，必须准确预测培训所需时间及该段时间内人手调动是否有可能影响组织的运作。编排课程及培训方法必须严格依照预先拟订的时间表执行。

（3）培训的方法。第一是讲授法。就是教师运用阐述、说明、分析、论证和概括等手段讲授知识内容的培训方法。这种方法的优点：在相对较短的时间内能向一大批人提供大量的信息，在人、财、物、力和时间等方面都很经济。这种方法的缺点：比较单调，受训者处于被动地位，参与程度低，与实际工作结合不密切，缺乏一定的针对性。

第二是角色扮演法。就是为受训者提供一种真实的情景，要求一些学习者扮演某些特定的角色并出场表演，其他学习者观看表演，注意与培训目标相关的行为。表演结束后，其他学习者对角色扮演者完成任务的情况进行评价，表演者也可以联系表演时的情感体验来讨论表现出的行为。运用这种方法，可以帮助学习者处在他人的位置上思考问题，可以体验各类人物的心理感受，训练学习者自我控制能力和随机应变能力，从而提高管理人员处理各类问题的能力。这种方法一般用于改善人际关系和处理冲突事件的训练。

第三是研讨法。就是先由教师综合介绍一些基本概念与原理，然后围绕某一专题进行讨论的培训方式。这种方式是一种运用很普遍的方式，仅次于讲授法，因而它在培训中起着重要的作用。适用于概念性或原理性知识的把握和学习，通过研究讨论，加强学习者的理解能力，其效果优于讲授法。

第四是案例分析法。就是把现实中的真实情景加以典型化处理，编写成供学习者思考和决断的案例，通过独立研究和相互讨论的方式，来提高学习者分析问题和解决问题的能力的一种方法。这里所涉及的案例，一般是对企业内部个体、群体或组织中的一个或几个乃至更多的变量之间相互关系的一种描述和说明。它可以是成功的典范，也可以是失败的总结。案例分析法是一种调动学习者广泛参与，变单项信息传递为双向交流，变被动学习为主动学习，变注重知识为注重能力的培训方式。

3. 培训课程设计

所谓培训课程设计，就是根据培训的根本目的，对目标、内容、教材、模式、策略、评价、组织、时间、空间等这些要素采取不同的方式，作出不同的处理。通过对这些要素的不同选择和处理，就可以设计出各种不同的课程来。特别注意以下几点：

（1）培训课程的效益和回报。培训是需要有投资的，而这种投资是进入成本的。因此，最有效的培训课程应该始终把受训者当成资本的一种形式来看待，把培训作为使这种资本保值和增值的一个环节。

（2）培训对象的特点。员工培训的对象是成人，因此，培训课程的设计要充分考虑到成人这一特点，课程的设计要符合成人受训者的认知规律，以充分利用他们的优势。

（3）培训课程的岗位相关性。企业中参加培训的员工都有自己的岗位，因此，他们的学习目的性很强，“学以致用”非常明确，在课程设计时要把这种目的性充分考虑到位。

（4）最新科学技术手段的发挥。现代培训课程设计的另一个重要特色就是教学媒体的先进性和多样性，如何结合成人的心理特点和生理特点，运用好各种教学媒体，也是培训课程设计必须要考虑的一大问题。

4. 培训效果的评估

对培训效果的评价，可以采用以下几个评价指标：

（1）反应。既测定受训者对培训项目的反应，又要了解培训对象对整个培训项目和项目的某些方面的意见和看法。这个指标带有一定的主观性和片面性，只能作参考，不能作为评价的结果。

（2）学习。即测试受训者对所学的原理、技能、态度的理解和掌握程度。这项指标可以用培训后的考试、实际操作测试来考察。

（3）行为。即测定受训者经过培训后在实际岗位工作中行为的改变，以判断所学知识技能对实际工作的影响。这是一项考察培训效果的最重要的指标。

（4）成果。即测定受训者对企业经营成果具有何种具体而直接的贡献。可以用统计方法、成本效益分析法来测定。

再培训时规避三种错误

许多管理顾问都同意这样的观点：在产品产量很低的时期，公司所获得的巨大生产力和优良品质并不是来自于新技术新设备或是资金投入，而是得益于经过高度培训和再培训的员工，他们努力工作使得公司业务逐渐好转。

1. 没有提出、制订再培训计划

如何避免这种行为？培训专家评论说，要制定再培训计划的经理可以采取以下方法：

（1）确定本公司具体的再培训需要。研究每一项工作并明确这项工作的内容以及做这项工作的员工所具有的技能水平、知识水平。对照比较员工的评价报告和工作要求。考虑此工作需要引进哪些新技术、新设备、新方法。

（2）试着与当地的一些大学院校建立一种伙伴关系，这些院校可以帮助你提出一些再培训要求或参考。他们可以派发一些本单位的员工去帮助你的创建定制培训课程及为工作设计好的再培训系统。

（3）与本地方及地方发展委员会保持联系。为了维护公司的竞争力和生产力，当员工的再培训成为日益迫切的需要时，发展委员会也会为了员工的培训和再培训而增加投资金额，许多时候还会引进许多有益中小公司的新项目。

（4）对公司的具体要求及每一位职员的具体要求制定详尽的再培训计划。上司或员工当中已进行再培训并有培训能力的人可以用来充当指导者及教授者。

评价再培训以确定再培训的效果。

2. 某部门中没有交叉培训过的员工

教一些人做本部门中其他人正在做的工作，以使本部门更有弹性，尤其是在危急时期、缺席时期或者裁员时期。在招聘时，向新员工解释，尽管他们是被招来做某一特定工作的，但若他们精通本部门其他工作，那他对公司更有价值。

快速的交叉培训与在需要时才做培训都是无效的。交叉培训的最快捷的方法就是让那些人在长期的工作中与其他人一起磨合实践。当有需要时，他们不经过多余的指导或者只要稍稍一点即可立即接任新的工作。

3. 不寻求更新培训方法的新途径

如果应用新的方法，那么培训程序将会变得更有趣、更有成果性。如果你从来没有用过录像机，那么试着用一用，效果会更好。你可以采纳以下方法：

（1）1周抽出1~2个小时，阅读一些有关培训的商业文章和新书，听一些有关管理及其他商务的录音带。

（2）参加一些培训班及一些工业商业展。

（3）与朋友及各种类型公司的经理一起在网上交流，发现一些他们正在做的新的、与众不同的、更有效的东西。向你不认识的人问询信息时，不要犹犹豫豫。许多专业人士都是很乐意、很热心的。

（4）加入本领域、本行业内的一些社团组织。参加一些会谈，多与其他成员聊天。

附：人力资本的增值大于财务资本的增值
——华为总裁任正非谈人才培养

任正非在一次内部讲话中说道：

“我们坚持人力资本的增值大于财务资本的增值。我们尊重知识、尊重人才，但不迁就人才。不管你有多大的功劳，绝不会迁就。我们构筑的这种企业文化，推动着员工的思想教育。

“华为公司十分重视对员工的培训工作，每年为此的付出是巨大的。原因一是中国还未建立起发育良好的外部劳动力市场，不能完全依赖在市场上解决。二是中国的教育还未实现素质教育，毕业的学生上手的能力还很弱，需要培训。三是信息技术更替周期太快，老员工需要不断地充电。公司有多少种员工培训中心，我也不清楚。总之，员工之间的相互培训，已逐渐形成一种制度。

“我们尊重有功劳的员工，给他们更多一些培训的机会，但岗位的设置一定要依据能力与责任心来选拔。进入公司以后，学历、资历自动消失，一切根据实际能力、承担的责任来考核识别干部。”

华为除了科研、客户服务等方面的投入之外，对人才的培养与管理方面的投入也是巨大的。华为每年都要从高校招入一大批毕业生，仅1997年华为招入的应届毕业生就有7 000人。这些刚毕业的学生有潜力，但缺乏相应的工作经验，要达到华为的要求，需要一大笔培训开支，且华为员工受训的时间越来越长，也增加了资金的投入。员工正式上岗后，华为还为员工提供了具有竞争力的工资待遇。这样的高投入可能短期内无法产生效益，但从长远来看还是值得的。

任正非在经营企业的过程中对人才和技术的渴求是极其强烈的。任正非坚持认为，尽管可能会暂时增加生产成本，但华为聚集优秀人才、提高人才比重的政策是正确的。而这一点，也为许多大学教授所推崇赞赏。有那么几年，对于几所大学相应专业的大学毕业生，华为几乎是一锅端。这无形中提高了知识力的价值，提高了专业的价值，也提高了大学教授的待遇，因而许多教授对任正非心怀感激。

所谓人力资本增值大于财务资本增值，一定意义上，可以解释为对人力资本的投入比例，要超过在公司赢利等方面的投入。在人力资源方面，华为的投入可谓大手笔。

2004年元旦前，广州大学敲定在大学选修课程中设置关于华为产品的相关课程，由华为免费提供价值200万～300万元的产品设备，学生通过选修相应的课程，可以更加直接地了解到华为的通信产品。作为回报条件，毕业时，华为的合作公司可以从中挑选相应的合格者，这是华为培养后备军的一个途径。这样的培训，每个人的成本接近1万元，而这样规模的培训，华为每年都要进行成千上万项。据不完全统计，华为每年在员工培训上的支出就有上亿元之巨。

华为公司员工的培训体系包括新员工培训系统、管理培训系统、技术培训系统、营销培训系统、专业培训系统、生产培训系统。华为培训集一流的教师队伍、一流的技术、一流的教学设备和环境为一体，拥有专、兼职培训教师千余名。建在深圳总部的培训中心占地面积13万平方米，拥有含阶梯教室、多媒体教室在内的各类教室110余间，能同时进行2 000人的培训。教室的装备和设计满足教师授课、基于技能的培训（Technologies Based Training）、辅助教学等多种教学手段的需要。培训中心还拥有三星级学员宿舍、餐厅、健身房等生活、娱乐、体育设施，为培训学员提供舒适的学习、生活条件。

华为员工的主要培训方式为：课堂教学、案例教学、上机操作、工程维护实习和网络教学等多种教学形式，广泛采用多媒体CD培训、视频培训、音频培训等教学手段，并逐步发展基于互联网和电视网络的远程教学，使学员无论何时何地均可受到华为系统化、个性化的培训。